Zu diesem Buch

Roald Dahl wurde am 13. September 1916 in Llandaff bei Cardiff in Wales als Sohn norwegischer Eltern geboren. Sein Vater war Schiffsausrüster. Nach dem Besuch der Public School Repton absolvierte Dahl eine kaufmännische Lehre bei der Shell Oil Company in London, die ihn 1936 nach Tanganjika schickte. Bei Ausbruch des Zweiten Weltkriegs meldete er sich freiwillig und wurde Pilot der Royal Air Force. Nach einer schweren Verwundung wurde er bis zum Kriegsende als stellvertretender Luftwaffenattaché an die britische Botschaft in Washington versetzt. Anschließend lebte Dahl abwechselnd in den USA und in England als Drehbuchautor, Publizist und freier Schriftsteller. Roald Dahl starb am 21. November 1990 in der Nähe von London.

Weltberühmt wurde Roald Dahl mit seinen meisterlich-makaberen, scharf pointierten Erzählungen in Büchern wie «… und noch ein Küßchen!» (rororo Nr. 989) oder «Kuschelmuschel» (rororo Nr. 4200). Heiß geliebt wird Dahl als Autor spannender, phantasievoller Kinderbücher wie «Danny oder Die Fasanenjagd» (rotfuchs Nr. 315) und «Sophiechen und der Riese» (rotfuchs Nr. 701), für das er mit dem Deutschen Jugendliteraturpreis 1985 ausgezeichnet wurde.

Weitere im Rowohlt Verlag und Wunderlich Verlag erschienene und lieferbare Werke von Roald Dahl sind auf Seite 471 verzeichnet.

Roald Dahl

Küßchen, Küßchen!

Elf ungewöhnliche
Geschichten

Deutsch von
Wolfheinrich von der Mülbe

Rowohlt

Die Originalausgabe erschien unter dem Titel
«Kiss Kiss» bei Alfred A. Knopf, New York.
Weitere Hinweise siehe Seite 471

Ungekürzte Ausgabe
Veröffentlicht im Rowohlt Taschenbuch Verlag GmbH,
Reinbek bei Hamburg, November 1994
Copyright © 1962 by Rowohlt Verlag GmbH,
Reinbek bei Hamburg
«Kiss Kiss» © Felicity Dahl and the other Executors
of the Estate of Roald Dahl 1953, 1954, 1958, 1959
Umschlaggestaltung Susanne Müller
(Illustration: Jürgen Wulff)
Satz Excelsior (Linotronic 500)
Gesamtherstellung Clausen & Bosse, Leck
Printed in Germany
1490-ISBN 3 499 33110 1

Dieses Buch ist für P. N. D.

Die Wirtin

Billy Weaver hatte London nachmittags mit dem Personenzug verlassen, war unterwegs in Swindon umgestiegen, und als er in Bath ankam, war es etwa neun Uhr abends. Über den Häusern am Bahnhof ging der Mond auf; der Himmel war sternklar, die Luft schneidend kalt, und Billy spürte den Wind wie eine flache, eisige Klinge auf seinen Wangen.

«Entschuldigen Sie», sagte er, «gibt es hier in der Nähe ein nicht zu teueres Hotel?»

«Versuchen Sie's mal im *Bell and Dragon*», antwortete der Gepäckträger und wies die Straße hinunter. «Da können Sie vielleicht unterkommen. Es ist ungefähr eine Viertelmeile von hier auf der anderen Seite.»

Billy dankte ihm, nahm seinen Koffer und machte sich auf, die Viertelmeile zum *Bell and Dragon* zu gehen. Er war noch nie in Bath gewesen und kannte niemanden im Ort. Aber Mr. Greenslade vom Zentralbüro in London hatte ihm versichert, es sei eine herrliche Stadt. «Suchen Sie sich ein Zimmer», hatte er gesagt, «und wenn das erledigt ist, melden Sie sich sofort bei unserem Filialleiter.»

Billy war siebzehn Jahre alt. Er trug einen neuen marineblauen Mantel, einen neuen braunen Hut und einen neuen braunen Anzug. Seine Stimmung war glänzend, und er schritt energisch aus. In letzter Zeit bemühte er sich, alles energisch zu tun, denn seiner Ansicht nach war Energie das hervorstechendste Kennzeichen erfolgreicher Geschäftsleute. Die großen Tiere in der Direktion waren immer phantastisch energiegeladen. Billy bewunderte sie sehr.

In der breiten Straße, die er entlangging, gab es keine Läden, sondern nur zwei Reihen hoher Häuser, von denen eines wie das andere aussah. Alle hatten Portale und Säulen, zu den Haustüren führten vier oder fünf Stufen hinauf, und zweifellos hatten hier einmal vornehme Leute gewohnt. Jetzt aber bemerkte man sogar im Dunkeln, daß von den Türen und Fensterrahmen die Farbe abblätterte und daß die weißen Fassaden im Laufe der Jahre rissig und fleckig geworden waren.

Plötzlich fiel Billys Blick auf ein Fenster zu ebener Erde, das von einer Straßenlaterne hell beleuchtet wurde. An einer der oberen Scheiben klebte ein Zettel. *Zimmer mit Frühstück* lautete die gedruckte Aufschrift. Unter dem Zettel stand eine Vase mit schönen großen Weidenkätzchen.

Er blieb stehen. Dann trat er etwas näher. An beiden Seiten des Fensters hingen grüne Gardinen aus einem samtartigen Gewebe. Die gelben Weidenkätzchen paßten wunderbar dazu. Er ging ganz dicht heran und spähte durch die Fensterscheibe ins Zimmer. Das erste, was er sah, war der Kamin, in dem ein helles Feuer brannte. Auf dem Teppich vor dem Feuer lag ein hübscher kleiner Dakkel, zusammengerollt, die Nase unter dem Bauch. Das Zimmer war, soweit Billy im Halbdunkel erkennen konnte, recht freundlich eingerichtet. Außer einem großen Sofa und mehreren schweren Lehnsesseln war noch ein Klavier da, und in einer Ecke entdeckte er einen Papagei im Käfig. Billy sagte sich, daß Tiere eigentlich immer ein gutes Zeichen seien, und auch sonst hatte er den Eindruck, in diesem Haus könne man eine anständige Unterkunft finden. Sicherlich lebte es sich hier behaglicher als im *Bell and Dragon*.

Andererseits war ein Gasthof vielleicht doch vorteilhafter als ein Boardinghouse. Da konnte man abends Bier trinken und sich mit Pfeilwerfen vergnügen, man hatte Gesellschaft, und außerdem war es gewiß erheblich billiger. Er hatte schon einmal in einem Hotel gewohnt und war recht zufrieden gewesen. Ein Boardinghouse dagegen kannte er nur dem Namen nach, und ehrlich gesagt, hatte er ein wenig Angst davor. Schon das Wort klang nach wässerigem Kohl, habgierigen Wirtinnen und penetrantem Bücklingsgeruch im Wohnzimmer.

Nachdem Billy diese Überlegungen zwei oder drei Minuten lang in der Kälte angestellt hatte, beschloß er, zunächst einen Blick auf das *Bell and Dragon* zu werfen und sich dann endgültig zu entscheiden. Er wandte sich zum Gehen.

Da geschah ihm etwas Seltsames. Als er zurücktrat, um seinen Weg fortzusetzen, wurde sein Blick plötzlich auf höchst merkwürdige Weise von dem Zettel gefesselt, der am Fenster klebte. *Zimmer mit Frühstück*, las er, *Zimmer mit Frühstück, Zimmer mit Frühstück, Zimmer mit Frühstück.* Jedes Wort war wie ein großes schwarzes Auge, das ihn durch das Glas anstarrte, ihn festhielt, ihn zum Stehenbleiben nötigte, ihn zwang, sich nicht von dem Haus zu entfernen – und ehe er sich's versah, war er von dem Fenster zur Haustür gegangen, hatte die Stufen erstiegen und die Hand nach dem Klingelknopf ausgestreckt.

Er läutete. Die Glocke schrillte in irgendeinem der hinteren Räume, und gleichzeitig – es mußte gleichzeitig sein, denn er hatte den Finger noch auf dem Knopf – sprang die Tür auf und vor ihm stand eine Frau.

Wenn man läutet, dauert es gewöhnlich mindestens eine halbe Minute, bevor die Tür geöffnet wird. Aber diese Frau war wie ein Schachtelmännchen: Man drückte auf den Knopf, und schon sprang sie heraus! Geradezu unheimlich war das.

Sie mochte fünfundvierzig bis fünfzig Jahre alt sein, und sie begrüßte ihn mit einem warmen Willkommenslächeln.

«Bitte treten Sie näher», sagte sie freundlich. Sie hielt die Tür weit offen, und Billy ertappte sich dabei, daß er automatisch vorwärts gehen wollte. Der Drang oder vielmehr die Begierde, ihr in dieses Haus zu folgen, war außerordentlich stark.

«Ich habe das Schild im Fenster gesehen», erklärte er, ohne die Schwelle zu überschreiten.

«Ja, ich weiß.»

«Ich suche ein Zimmer.»

«Alles ist für Sie bereit, mein Lieber», antwortete sie. Ihr Gesicht war rund und rosig, der Blick ihrer blauen Augen sehr sanft.

«Ich war auf dem Weg zum *Bell and Dragon*», berichtete Billy. «Aber dann sah ich zufällig dieses Schild in Ihrem Fenster.»

«Lieber Junge», sagte sie, «warum stehen Sie denn in der Kälte? Kommen Sie doch herein.»

«Wieviel kostet das Zimmer?»

«Fünfeinhalb für die Nacht einschließlich Frühstück.»

Das war unglaublich billig. Weniger als die Hälfte des Betrages, mit dem er gerechnet hatte.

«Wenn es zuviel ist», fügte sie hinzu,

«kann ich's vielleicht auch ein bißchen billiger machen. Wollen Sie ein Ei zum Frühstück? Eier sind zur Zeit teuer. Ohne Ei kostet es einen halben Shilling weniger.»

«Fünfeinhalb ist ganz gut», erwiderte er. «Ich möchte gern hierbleiben.»

«Das habe ich mir gleich gedacht. Kommen Sie herein.»

Sie schien wirklich sehr nett zu sein. Und sie sah genauso aus wie eine Mutter, die den besten Schulfreund ihres Sohnes für die Weihnachtstage in ihrem Hause willkommen heißt. Billy nahm den Hut ab und trat ein.

«Hängen Sie Ihre Sachen nur dorthin», sagte sie. «Warten Sie, ich helfe Ihnen aus dem Mantel.»

Andere Hüte oder Mäntel waren in der Diele nicht zu sehen. Auch keine Schirme, keine Spazierstöcke – nichts.

«Wir haben hier *alles* für uns allein», bemerkte sie und lächelte ihm über die Schulter zu, während sie ihn die Treppe hinaufführte. «Wissen Sie, ich habe nicht sehr oft das Vergnügen, einen Gast in meinem kleinen Nest zu beherbergen.»

Die Alte ist ein bißchen verdreht, dachte Billy. Aber für fünfeinhalb die Nacht kann man das schon in Kauf nehmen. «Ich hätte geglaubt, Sie wären von Gästen überlaufen», sagte er höflich.

«Bin ich auch, mein Lieber, bin ich auch. Die Sache ist nur so, daß ich dazu neige, ein ganz klein wenig wählerisch und eigen zu sein – wenn Sie verstehen, was ich meine.»

«O ja.»

«Aber bereit bin ich immer. Ja, ich halte Tag und Nacht alles bereit für den Fall, daß einmal ein annehmbarer junger Mann erscheint. Und es ist eine große Freude, mein Lieber, eine sehr große Freude, wenn ich hie und da die Tür aufmache und jemand vor mir sehe, der *genau* richtig ist.» Sie hatte den Treppenabsatz erreicht, blieb stehen, die eine Hand auf dem Geländer, wandte den Kopf und lächelte mit blassen Lippen auf ihn herab. «Wie Sie», setzte sie hinzu, und der Blick ihrer blauen Augen glitt langsam von Billys Kopf bis zu seinen Füßen und dann wieder hinauf.

In der ersten Etage sagte sie zu ihm: «Hier wohne ich.»

Sie stiegen noch eine Treppe höher. «Und dies ist Ihr Reich», fuhr sie fort. «Ich hoffe, Ihr Zimmer gefällt Ihnen.» Damit öffnete sie die Tür eines kleinen, aber sehr hübschen Vorderzimmers und knipste beim Eintreten das Licht an.

«Morgens scheint die Sonne direkt ins Fenster, Mr. Perkins. Sie heißen doch Mr. Perkins, nicht wahr?»

«Nein», sagte er. «Weaver.»

«Mr. Weaver. Wie hübsch. Ich habe eine Wärmflasche ins Bett getan, damit sich die Bezüge nicht so klamm anfühlen. In einem fremden Bett mit frischer Wäsche ist eine Wärmflasche sehr angenehm, finden Sie nicht? Und falls Sie frösteln, können Sie jederzeit den Gasofen anstecken.»

«Danke», sagte Billy. «Haben Sie vielen Dank.» Er bemerkte, daß die Überdecke bereits abgenommen und die Bettdecke an einer Seite zurückgeschlagen war – er brauchte nur noch hineinzuschlüpfen.

«Ich bin so froh, daß Sie gekommen sind», beteuerte sie und blickte ihm ernst ins Gesicht. «Ich hatte mir schon Gedanken gemacht.»

«Alles in Ordnung», antwortete Billy munter. «Gar kein Grund zur Sorge.» Er legte seinen Koffer auf den Stuhl und schickte sich an, ihn zu öffnen.

«Und wie sieht's mit Abendbrot aus, mein Lieber? Haben Sie irgendwo etwas gegessen, bevor Sie herkamen?»

«Danke, ich bin wirklich nicht hungrig», sagte er. «Ich glaube, ich werde so bald wie möglich schlafen gehen, weil ich morgen beizeiten aufstehen und mich im Büro melden muß.»

«Gut, dann will ich Sie jetzt allein lassen, damit Sie auspacken können. Aber ehe Sie sich hinlegen, seien Sie doch bitte so freundlich, unten im Salon Ihre Personalien ins Buch einzutragen. Das muß jeder tun, denn es ist hierzulande Gesetz, und in *diesem* Stadium wollen wir uns doch nach den Gesetzen richten, nicht wahr?» Sie winkte leicht mit der Hand und verließ rasch das Zimmer.

Das absonderliche Benehmen seiner Wirtin beunruhigte Billy nicht im geringsten. Die Frau war ja harmlos – darüber bestand wohl kein Zweifel –, und zudem schien sie eine freundliche, freigebige Seele zu sein.

Vermutlich hatte sie im Krieg einen Sohn verloren oder einen anderen Schicksalsschlag erlitten, über den sie nie hinweggekommen war.

Wenig später, nachdem er seinen Koffer ausgepackt und sich die Hände gewaschen hatte, ging er ins Erdgeschoß hinunter und betrat den Salon. Die Wirtin war nicht da, aber im Kamin brannte das Feuer, und davor schlief noch immer der kleine Dackel. Das Zimmer war herrlich warm und gemütlich. Da habe ich Glück gehabt, dachte Billy und rieb sich die Hände. Besser hätte ich's gar nicht treffen können.

Da das Gästebuch offen auf dem Klavier lag, zog er seinen Füllfederhalter heraus, um Namen und Adresse einzuschreiben. Auf der Seite standen bereits zwei Eintragungen, und Billy las sie, wie man es bei Fremdenbüchern immer tut. Der eine Gast war ein gewisser Christopher Mulholland aus Cardiff, der andere hieß Gregory W. Temple und stammte aus Bristol.

Merkwürdig, dachte er plötzlich. Christopher Mulholland. Das klingt irgendwie bekannt.

Wo in aller Welt hatte er diesen keineswegs alltäglichen Namen schon gehört?

Ein Mitschüler? Nein. Vielleicht einer der vielen Verehrer seiner Schwester oder ein Freund seines Vaters? Nein, ganz gewiß nicht. Er blickte wieder in das Buch.

Christopher Mulholland, 231 Cathedral Road, Cardiff.

Gregory W. Temple, 27 Sycamore Drive, Bristol.

Wenn er es recht bedachte, hatte der zweite Name einen fast ebenso vertrauten Klang wie der erste.

«Gregory Temple», sagte er laut vor sich hin, während er in seinem Gedächtnis suchte. «Christopher Mulholland…»

«So reizende junge Leute», hörte er eine Stimme hinter sich. Er fuhr herum und sah seine Wirtin ins Zimmer segeln. Sie trug ein großes silbernes Tablett, das sie weit von sich ab hielt, ziemlich hoch, als hätte sie die Zügel eines lebhaften Pferdes in den Händen.

«Die Namen kommen mir so bekannt vor», sagte er.

«Wirklich? Wie interessant.»

«Ich möchte schwören, daß ich sie irgendwoher kenne. Ist das nicht sonderbar? Vielleicht aus der Zeitung. Handelt es sich etwa um berühmte Persönlichkeiten? Kricketspieler, Fußballer oder dergleichen?»

«Berühmt...» Sie stellte das Teebrett auf den niedrigen Tisch vor dem Sofa. «Ach nein, berühmt waren sie wohl nicht. Aber sie waren ungewöhnlich hübsch, alle beide, das kann ich Ihnen versichern. Groß, jung und hübsch, mein Lieber, genau wie Sie.»

Billy beugte sich von neuem über das Buch. «Nanu», rief er, als sein Blick auf die Daten fiel. «Die letzte Eintragung ist ja mehr als zwei Jahre alt.»

«So?»

«Tatsächlich. Und Christopher Mulholland hat sich fast ein Jahr früher eingeschrieben – also vor reichlich drei Jahren.»

«Du meine Güte», sagte sie kopfschüttelnd mit einem gezierten kleinen Seufzer. «Das hätte ich nie gedacht. Wie doch die Zeit verfliegt, nicht wahr, Mr. Wilkins?»

«Ich heiße Weaver», verbesserte Billy. «W-e-a-v-e-r.»

«O ja, natürlich!» Sie setzte sich auf das Sofa. «Wie dumm von mir. Entschuldigen

Sie bitte. Zum einen Ohr hinein, zum anderen hinaus, so bin ich nun mal, Mr. Weaver.»

«Wissen Sie», begann Billy von neuem, «was bei alledem höchst merkwürdig ist?»

«Nein, was denn, mein Lieber?»

«Ja, sehen Sie, mit diesen beiden Namen – Mulholland und Temple – verbinde ich nicht nur die Vorstellung von zwei Menschen, die sozusagen unabhängig voneinander existieren, sondern mir scheint auch, daß sie auf irgendeine Art und Weise zusammengehören. Als wären sie beide auf demselben Gebiet bekannt, wenn Sie verstehen, was ich meine – etwa wie... ja... wie Dempsey und Tunney oder wie Churchill und Roosevelt.»

«Sehr amüsant», sagte sie. «Aber kommen Sie, mein Lieber, setzen Sie sich zu mir aufs Sofa. Sie sollen eine Tasse Tee trinken und Ingwerkeks essen, bevor Sie zu Bett gehen.»

«Bemühen Sie sich doch nicht», protestierte Billy. «Machen Sie bitte meinetwegen keine Umstände.» Er lehnte am Klavier und sah zu, wie sie eifrig mit den Tassen und Untertassen hantierte. Sie hatte kleine weiße, sehr bewegliche Hände mit roten Fingernägeln.

«Ich bin überzeugt, daß ich die Namen in der Zeitung gelesen habe», fuhr Billy fort. «Gleich wird's mir einfallen. Ganz bestimmt.»

Es gibt nichts Quälenderes, als einer Erinnerung nachzujagen, die einem immer wieder entschlüpft. Er mochte nicht aufgeben.

«Warten Sie einen Moment», murmelte er. «Nur einen Moment. Mulholland... Christopher Mulholland... war das nicht der Etonschüler, der eine Wanderung durch Westengland machte und der dann plötzlich...»

«Milch?» fragte sie. «Und Zucker?»

«Ja, bitte. Und der dann plötzlich...»

«Etonschüler?» wiederholte sie. «Ach nein, mein Lieber, das kann nicht stimmen, denn *mein* Mr. Mulholland war kein Etonschüler. Er studierte in Cambridge. Na, wollen Sie denn nicht herkommen und sich an dem schönen Feuer wärmen? Nur zu, ich habe Ihnen schon Tee eingeschenkt.» Sie klopfte leicht auf den Platz an ihrer Seite und schaute Billy erwartungsvoll lächelnd an.

Er durchquerte langsam das Zimmer und setzte sich auf die Sofakante. Sie stellte die Teetasse vor ihn hin.

«So ist's recht», sagte sie. «Wie hübsch und gemütlich das ist, nicht wahr?»

Billy trank seinen Tee, und auch sie nahm ein paar kleine Schlucke. Eine Zeitlang sprachen die beiden kein Wort. Aber Billy wußte, daß sie ihn ansah. Sie hatte sich ihm halb zugewandt, und er spürte, wie sie ihn über den Tassenrand hinweg beobachtete. Hin und wieder streifte ihn wie ein Hauch ein eigenartiger Geruch, der unmittelbar von ihr auszugehen schien und der keineswegs unangenehm war. Ein Duft, der Billy an irgend etwas erinnerte – er konnte nur nicht sagen, an was. Eingemachte Walnüsse? Neues Leder? Oder die Korridore im Krankenhaus?

Schließlich brach sie das Schweigen. «Mr. Mulholland war ein großer Teetrinker. Nie im Leben habe ich jemanden soviel Tee trinken sehen wie den lieben Mr. Mulholland.»

«Ich nehme an, er ist erst vor kurzem ausgezogen», meinte Billy, der noch immer an den beiden Namen herumrätselte. Er war jetzt ganz sicher, daß er sie in der Zeitung gelesen hatte – in den Schlagzeilen.

«Ausgezogen?» Sie hob erstaunt die Brauen. «Aber nein, lieber Junge, er ist gar nicht ausgezogen. Er wohnt noch hier. Mr. Temple auch. Sie sind beide im dritten Stock untergebracht.»

Billy stellte die Tasse vorsichtig auf den Tisch und starrte seine Wirtin an. Sie lächelte, streckte eine ihrer weißen Hände aus und klopfte ihm beruhigend aufs Knie. «Wie alt sind Sie, mein Freund?»

«Siebzehn.»

«Siebzehn!» rief sie. «Ach, das ist das schönste Alter! Mr. Mulholland war auch siebzehn. Aber ich glaube, er war ein wenig kleiner als Sie, ja, bestimmt war er kleiner, und seine Zähne waren nicht *ganz* so weiß wie Ihre. Sie haben wunderschöne Zähne, Mr. Weaver, wissen Sie das?»

«So gut, wie sie aussehen, sind sie gar nicht», sagte Billy. «Auf der Rückseite haben sie eine Menge Füllungen.»

Sie überhörte seinen Einwurf. «Mr. Temple war natürlich etwas älter», erzählte sie weiter. «Er war schon achtundzwanzig. Aber wenn er mir das nicht verraten hätte, wäre ich nie darauf gekommen, nie im Leben. Sein Körper war ganz ohne Makel.»

«Ohne was?» fragte Billy.

«Er hatte eine Haut wie ein Baby. *Genau* wie ein Baby.»

Es entstand eine Pause. Billy nahm seine Tasse, trank einen Schluck und setzte sie behutsam auf die Untertasse zurück. Er wartete auf irgendeine Bemerkung seiner Wirtin, aber sie hüllte sich in Schweigen. So saß er denn da, blickte unentwegt in die gegenüberliegende Zimmerecke und nagte an seiner Unterlippe.

«Der Papagei dort...» sagte er schließlich. «Wissen Sie, als ich ihn zuerst durchs Fenster sah, bin ich tatsächlich darauf hereingefallen. Ich hätte schwören können, daß er lebt.»

«Leider nicht mehr.»

«Eine ausgezeichnete Arbeit», bemerkte Billy. «Wirklich, er sieht nicht im geringsten tot aus. Wer hat ihn denn ausgestopft?»

«Ich.»

«Sie?»

«Natürlich», bestätigte sie. «Haben Sie schon meinen kleinen Basil gesehen?» Sie deutete mit einer Kopfbewegung auf den Dackel, der so behaglich zusammengerollt vor dem Kamin lag. Billy schaute hin, und plötzlich wurde ihm klar, daß sich das Tier die ganze Zeit ebenso stumm und unbeweglich verhalten hatte wie der Papagei. Er streckte die Hand aus. Der Rücken des Hundes, den er vorsichtig berührte, war hart und kalt, und als er mit den Fingern das Haar beiseite schob, sah er darunter die trockene, gut konservierte, schwarzgraue Haut.

«Du lieber Himmel», rief er, «das ist ja phantastisch!» Er wandte sich von dem Hund ab und blickte voller Bewunderung die kleine Frau an, die neben ihm auf dem Sofa saß. «So etwas muß doch unglaublich schwierig sein.»

«Durchaus nicht», erwiderte sie. «Ich stopfe *alle* meine kleinen Lieblinge aus, wenn sie von mir gehen. Möchten Sie noch eine Tasse Tee?»

«Nein, danke», sagte Billy. Der Tee schmeckte ein wenig nach bitteren Mandeln, und das mochte er nicht.

«Sie haben sich in das Buch eingetragen, nicht wahr?»

«Ja, gewiß.»

«Dann ist es gut. Weil ich später, falls ich

Ihren Namen einmal vergessen sollte, immer herunterkommen und im Buch nachschlagen kann. Das tue ich fast täglich mit Mr. Mulholland und Mr. ... Mr. ...»

«Temple», ergänzte Billy. «Gregory Temple. Entschuldigen Sie, aber haben Sie denn außer den beiden in den letzten zwei, drei Jahren gar keine anderen Gäste gehabt?»

Sie hielt die Tasse hoch in der Hand, neigte den Kopf leicht nach links, blickte aus den Augenwinkeln zu ihm auf, lächelte ihn freundlich an und sagte: «Nein, lieber Freund. Nur Sie.»

William und Mary

Viel Geld hinterließ William Pearl nicht, als er starb, und sein Testament war sehr unkompliziert. Mit Ausnahme einiger kleiner Legate an Verwandte hatte er alles, was er besaß, seiner Frau zugedacht.

Der Anwalt und Mrs. Pearl gingen zusammen im Anwaltsbüro das Testament durch, und als das Geschäftliche erledigt war, wollte sich die Witwe verabschieden. In diesem Moment nahm der Anwalt aus einem Aktendeckel einen versiegelten Umschlag und reichte ihn seiner Klientin. «Ich habe den Auftrag, Ihnen dies zu übergeben», sagte er. «Ihr Mann hat es uns kurz vor seinem Hinscheiden geschickt.» Der Anwalt war blaß und steif, und da man einer Witwe Respekt schuldet, legte er beim Sprechen den Kopf schräg und blickte zu Boden. «Offenbar handelt es sich um etwas Persönliches, Mrs. Pearl. Sie werden das Schreiben wohl lieber zu Hause lesen wollen, wo Sie ungestört sind.»

Mrs. Pearl nahm den Brief und ging. Auf der Straße blieb sie stehen und betastete den Umschlag mit den Fingern.

Ein Abschiedsbrief von William? Wahrscheinlich. Ein formeller Brief? Ja, bestimmt war er formell – kühl und formell. Anders hätte William gar nicht schreiben können, denn er hatte zeit seines Lebens nichts Unformelles getan.

Meine liebe Mary, ich hoffe und wünsche, daß Dich mein Abschied von dieser Welt nicht zu sehr aufregen wird, und ich bitte Dich, auch weiterhin die Grundsätze zu beachten, von denen Du Dich während unserer Ehe so treulich hast leiten lassen. Sei und bleibe fleißig und wahre in jeder Beziehung Deine Würde. Geh sparsam mit dem Geld um. Sorge vor allem dafür, daß Du nicht... und so weiter und so weiter.

Ein typischer Brief von William.

Oder sollte er etwa in letzter Minute weich geworden sein und ihr etwas Schönes geschrieben haben? Vielleicht war dies eine zärtliche Botschaft, eine Art Liebeserklärung, ein inniger, warmer Dank für die dreißig Jahre ihres Lebens, die sie ihm geschenkt hatte, und für die ungezählten gebügelten Hemden, sorgsam zubereiteten Mahlzeiten und gemachten Betten – ein Brief, den sie wieder und wieder lesen könnte, täglich wenigstens einmal, und den sie für immer in dem Schmuckkasten auf ihrem Toilettentisch aufbewahren würde.

Wenn es ans Sterben geht, ist der Mensch zu allem fähig, sagte sich Mrs. Pearl, klemmte den Umschlag unter den Arm und eilte nach Hause.

Sie schloß die Tür auf, ging geradewegs ins Wohnzimmer und setzte sich auf das Sofa, ohne Hut und Mantel abzulegen. Dann öffnete sie den Umschlag und zog den Inhalt heraus. Sie stellte fest, daß es sich um fünfzehn bis zwanzig linierte weiße Bogen handelte, die in der Mitte gefaltet waren und an der linken oberen Ecke von einer Heftklammer zusammengehalten wurden. Jedes Blatt war mit der kleinen, vorwärts geneigten Schrift bedeckt, die sie so gut kannte. Als sie jedoch sah, wieviel es war, wie geschäftsmäßig sauber sich Zeile an Zeile reihte und wie sachlich das Schreiben begann – ganz anders, als man es von einem solchen Brief erhofft –, da wurde sie mißtrauisch.

Sie hob den Kopf, zündete sich eine Zigarette an, tat einen Zug und legte die Zigarette in den Aschbecher.

Wenn es in diesem Brief um das geht, was ich befürchte, sagte sie sich, dann möchte ich ihn lieber nicht lesen.

Kann man sich weigern, den Brief eines Verstorbenen zu lesen?

Ja.

Also...

Sie warf einen Blick auf Williams leeren Sessel vor dem Kamin. Es war ein großer brauner Ledersessel mit einer Einbuchtung, die von Williams Gesäß herrührte und die mit den Jahren immer tiefer geworden war. Oben an der Rückenlehne hatte Williams Kopf einen dunklen Fleck auf dem Leder hinterlassen. In diesem Stuhl hatte er es sich abends gern mit einem Buch bequem gemacht, während sie ihm gegenüber auf dem Sofa saß, Knöpfe annähte, Socken stopfte oder seine Jacken an den Ellbogen flickte. Hin und wieder hatten dann ein Paar Augen von dem Buch aufgeschaut und zu ihr hinübergeblickt, aufmerksam, aber merkwürdig unpersönlich, als berechneten sie irgend etwas. Diese Augen hatte sie nie gemocht. Sie waren eisblau, kalt, klein und standen ziemlich eng zusammen, durch zwei tiefe senkrechte Linien der Mißbilligung getrennt. Dreißig Jahre lang hatten diese Augen sie beobachtet. Und selbst jetzt, nach einer Woche des Alleinseins, hatte sie manchmal das unbehagliche Gefühl, sie seien noch da, folgten ihr, starrten sie aus den Türen an, von leeren Stühlen oder nachts durch ein Fenster.

Langsam griff sie in die Handtasche, nahm ihre Brille heraus und setzte sie auf. Sie hielt die Blätter ziemlich hoch, damit das Licht des späten Nachmittags über ihre Schultern hinweg darauf fiel, und begann zu lesen:

Diese Aufzeichnungen, meine liebe Mary, sind nur für Dich bestimmt, und Du wirst sie bald nach meinem Ableben erhalten.

Erschrick nicht, wenn Du all dies Geschriebene siehst. Es ist nur ein Versuch, Dir genau zu erklären, was Landy mit mir vorhat, warum ich ihm die Erlaubnis dazu gegeben habe und worin seine Theorien und seine Hoffnungen bestehen. Du bist meine Frau und hast ein Recht, das alles zu erfahren. In den letzten Tagen habe ich mich immer wieder bemüht, mit Dir über Landy zu sprechen, aber Du hast Dich beharrlich geweigert, mich anzuhören. Wie ich Dir bereits sagte, ist das eine sehr törichte Einstellung, die mir obendrein nicht ganz frei von Selbstsucht zu sein scheint. Du wehrst Dich hauptsächlich aus Unwissenheit, und ich bin fest überzeugt, daß Du Deine Ansicht sofort ändern würdest, wenn Dir alle Tatsachen bekannt wären. Deswegen hoffe ich, daß Du bereit sein wirst, diesen Brief mit verständnisvoller Aufmerksamkeit zu lesen, wenn ich nicht mehr bei Dir bin und Du Dich innerlich ein wenig beruhigt hast. Dann, das schwöre ich Dir, wird sich Deine Antipathie verflüchtigen und heller Begeisterung Platz machen. Ich wage sogar zu hoffen, daß Du ein wenig stolz auf das sein wirst, was ich getan habe.

Bevor Du weiterliest, bitte ich Dich, die Kühle meines Stils zu verzeihen. Nur so, in dieser Form, wird es mir gelingen, Dir meine

Botschaft klar und unmißverständlich zu übermitteln. Da meine Stunde naht, ist es nur natürlich, daß ich anfange, mich allen möglichen Sentimentalitäten hinzugeben. Ich werde von Tag zu Tag empfindsamer, vor allem in den Abendstunden, und ich muß mich streng kontrollieren, damit meine Gefühle diese Seiten nicht überfluten.

So möchte ich zum Beispiel etwas über Dich, liebe Mary, schreiben, Dir sagen, was für eine gute Frau Du mir all die Jahre hindurch gewesen bist, und ich nehme mir vor, das als nächstes zu tun, wenn ich noch Zeit und Kraft dazu habe.

Es verlangt mich auch, von meinem Oxford zu sprechen, wo ich siebzehn Jahre lang gelebt und gelehrt habe. Wie gern würde ich etwas zum Ruhm dieses Ortes sagen und zu erklären suchen, was es für mich bedeutet hat, daß ich dort wirken durfte. Alles, was ich so sehr an Oxford geliebt habe, dringt unablässig in meinem düsteren Krankenzimmer auf mich ein. Schön sind diese Bilder, strahlend wie immer, und aus irgendeinem Grunde sehe ich sie heute klarer denn je. Der Weg um den See in den Gärten des Worcester

College, den Lovelace zu gehen pflegte. Der Torweg in Pembroke. Der Blick westwärts über die Stadt vom Turm des Magdalen College. Die große Halle von Christchurch. Der kleine Steingarten in St. John's, wo ich mehr als ein Dutzend Varietäten der Campanula gezählt habe, einschließlich der zierlichen und so seltenen C. Waldsteiniana.

Aber Du siehst, kaum habe ich begonnen, da lasse ich mich schon hinreißen. Genug davon, ich fange nun mit meinem Bericht an. Lies ihn langsam, meine Liebe, ohne jede Trauer oder Ablehnung, die Dir das Verständnis erschweren würden. Versprich mir, daß Du langsam lesen und Dich zuvor in eine kühle, geduldige Stimmung versetzen wirst.

Die Einzelheiten der Krankheit, die mich mitten in meinem Leben so unerwartet niedergeworfen hat, sind Dir bekannt. Daran brauche ich also keine Zeit zu verschwenden – es sei denn, daß ich zugeben muß, wie töricht es von mir war, nicht früher zum Arzt zu gehen. Krebs ist eines der wenigen Leiden, gegen die selbst unsere neuesten Medikamente nichts auszurichten vermögen. Ein rechtzeitig vorgenommener Eingriff kann erfolgreich sein; doch ich habe nicht nur zu lange gewartet, sondern das Ding hatte obendrein die Unverschämtheit, meine Bauchspeicheldrüse zu befallen, was Operation und Überleben in gleicher Weise unmöglich macht.

So lag ich denn da, mit der Aussicht, noch einen bis sechs Monate zu leben, und wurde stündlich melancholischer – als plötzlich Landy erschien.

Er kam vor sechs Wochen, an einem Dienstagmorgen, sehr früh, lange vor Deiner Besuchszeit, und schon als er eintrat, witterte ich irgend etwas ganz Ungewöhnliches. Er ging nicht auf den Zehenspitzen wie alle anderen Besucher, die immer blöde und verlegen dreinschauen und nicht wissen, was sie sagen sollen. Frisch und lächelnd kam er an mein Bett, blickte mich mit lebhaft glänzenden Augen an und sagte: «William, mein Junge, das ist ausgezeichnet. Sie sind genau der Mann, den ich brauche.»

Vielleicht ist es besser, Dir zu erklären, daß ich seit mehr als neun Jahren mit John Landy auf recht freundschaftlichem Fuße stehe, obgleich er nicht bei uns verkehrt hat, Du ihm also selten oder nie begegnet bist. Ich selbst beschäftige mich natürlich vorwiegend mit Philosophie, habe aber, wie Du weißt, in letzter Zeit auch ziemlich viel in die Psychologie hineingepfuscht, so daß Landys und meine Interessen sich gelegentlich überschnitten. Er ist ein hervorragender Neurochirurg, einer der besten, und war vor kurzem so liebenswürdig, mir einige seiner Forschungsergebnisse zugänglich zu machen, besonders über die Wirkungen der Präfrontal-Lobotomie auf verschiedene Typen von Psychopathen. Du siehst also, daß wir uns keineswegs fremd waren, als er an jenem Dienstagmorgen unerwartet bei mir auftauchte.

«Na, mein Lieber», sagte er, während er sich einen Stuhl ans Bett zog, «in ein paar Wochen werden Sie also tot sein. Stimmt's?»

Aus Landys Mund klang die Bemerkung keineswegs unfreundlich. Im Grunde war es erfrischend, daß endlich einmal ein Besucher den Mut hatte, das verbotene Thema anzuschneiden.

«In diesem Zimmer», fuhr er fort, «werden

Sie den letzten Atemzug tun, und dann wird man Sie hinausbringen und verbrennen.»

«Begraben», sagte ich.

«Noch schlimmer. Und dann? Glauben Sie, daß Sie in den Himmel kommen?»

«Das bezweifle ich», war meine Antwort, «so tröstlich dieser Gedanke auch wäre.»

«Oder vielleicht in die Hölle?»

«Womit sollte ich das wohl verdient haben?»

«Kann man nie wissen, mein lieber William.»

«Was soll das alles?» fragte ich.

«Nun», sagte er, und ich sah, daß er mich aufmerksam betrachtete, «ich persönlich glaube nicht, daß Sie nach Ihrem Tode jemals wieder von sich hören werden – es sei denn...» Er machte eine Pause, lächelte und beugte sich ein wenig vor, «... es sei denn, Sie wären so vernünftig, sich meinen Händen anzuvertrauen. Sind Sie bereit, einen Vorschlag zu erwägen?»

Er blickte mich unverwandt an, forschend, abschätzend, mit einem merkwürdigen Ausdruck der Begierde, als wäre ich ein besonders gutes Stück Fleisch auf dem Ladentisch, das er gekauft hatte und nun einpakken lassen wollte.

«Ganz im Ernst, William, sind Sie bereit, einen Vorschlag zu erwägen?»

«Ich weiß nicht, wovon Sie sprechen.»

«Sie werden es gleich erfahren. Wollen Sie mich anhören?»

«Meinetwegen, wenn Ihnen soviel daran liegt. Schaden wird's mir ja wohl nicht.»

«Im Gegenteil, es kann Ihnen viel nützen – vor allem *nach Ihrem Tode*.»

Sicherlich hatte er erwartet, ich würde erschrecken, aber irgendwie war ich vorbereitet. Ich sah ihm ruhig ins Gesicht und beobachtete, wie sein bedächtiges, freundliches Lächeln auf der linken Mundseite die goldene Klammer entblößte, die im Oberkiefer um den Eckzahn griff.

«Ja, William, es handelt sich um eine Sache, an der ich seit Jahren im stillen arbeite. Ein oder zwei Kollegen haben mir hier im Hospital geholfen, vor allem Morrison, und wir können eine Anzahl recht erfolgreicher Versuche an Tieren verzeichnen. Nun bin ich so weit, daß ich mich an einen Menschen wagen kann. Es ist eine grandiose Idee, die Ihnen zuerst etwas ausgefallen erscheinen mag, doch vom Standpunkt des Chirurgen gibt es keinen Grund, warum sie nicht mehr oder weniger ausführbar sein sollte.»

Landy beugte sich noch weiter vor und stützte beide Hände auf meine Bettkante. Er ist ein gutaussehender Mann, einer von der knochigen Sorte, und er hat nicht den üblichen Arztblick. Du kennst diesen Blick, die meisten haben ihn. Aus ihren Augäpfeln schimmert einem so etwas wie ein melancholisches elektrisches Signal entgegen. *Nur ich kann dich retten*, bedeutet das. John Landys Augen aber waren groß und strahlend, und es tanzten kleine Begeisterungsfunken darin.

«Vor ziemlich langer Zeit», erzählte er, «habe ich einen kurzen medizinischen Film gesehen, der aus Rußland stammte. Eine recht grausige, aber hochinteressante Angelegenheit. Man hat einen Hundekopf gänzlich vom Körper abgetrennt, jedoch den Blutkreislauf durch Arterien und Venen vermittels eines künstlichen Herzens aufrechterhalten. Worauf ich hinauswill, ist folgendes: Der Hundekopf, der ganz für sich auf einer Art Brett ruhte, *lebte*. Das Gehirn funktionierte, wie durch mehrere Versuche bewiesen wurde. Schmierte man zum Beispiel dem Hund Fressen ums Maul, so kam die Zunge heraus und leckte es ab. Ging jemand durchs Zimmer, so folgten ihm die Hundeaugen.

Dieses Experiment läßt ohne weiteres den Schluß zu, daß Kopf und Gehirn nicht unbedingt mit dem übrigen Körper verbunden sein müssen, um weiterzuleben – vorausgesetzt natürlich, daß für eine Zufuhr von genügend sauerstoffhaltigem Blut gesorgt wird.

Nun, als ich den Film sah, kam mir der Gedanke, nach dem Tode eines Menschen sein Gehirn aus dem Schädel herauszulösen und es als unabhängige Einheit für unbegrenzte Zeit am Leben und in Funktion zu erhalten. Zum Beispiel *Ihr* Gehirn nach *Ihrem* Tode.»

«Davon will ich nichts hören», sagte ich.

«Unterbrechen Sie mich nicht, William. Lassen Sie mich ausreden. Wie meine anschließenden Experimente ergeben haben, ist das Gehirn ein besonders selbstgenügsames Objekt. Es stellt seine eigene Hirnrükkenmarkflüssigkeit her. Die magischen Prozesse des Denkens und Erinnerns, die in ihm vorgehen, werden offenbar nicht durch das Fehlen der Gliedmaßen, des Rumpfes oder sogar des Schädels beeinträchtigt, vorausgesetzt, wie ich bereits sagte, daß man die richtige Art sauerstoffhaltigen Blutes unter den entsprechenden Bedingungen hineinpumpt.

Und jetzt, mein lieber William, denken Sie einen Augenblick an Ihr eigenes Gehirn. Es ist in tadellosem Zustand. Und vollgestopft mit allem, was Sie in Ihrem Leben gelernt haben. Jahrelange Arbeit war erforderlich, es zu dem zu machen, was es ist. Es hat gerade angefangen, erstklassige eigene Ideen zu produzieren. Und nun soll es bald mit Ihrem übrigen Körper sterben, nur weil Ihre alberne kleine Bauchspeicheldrüse von Krebs zerfressen wird.»

«Nein», sagte ich, «danke. Sprechen Sie nicht weiter. Ich finde den Gedanken einfach widerlich, und selbst wenn Ihnen das Experiment gelänge, was ich bezweifle, hätte es gar keinen Sinn. Wozu sollte man denn mein Gehirn am Leben erhalten, wenn ich nicht mehr imstande wäre, zu sprechen, zu sehen, zu hören oder zu fühlen? Wirklich, ich könnte mir nichts Unangenehmeres vorstellen.»

«Ich glaube aber, es wäre möglich für Sie, mit Ihrer Umwelt in Verbindung zu bleiben», antwortete Landy. «Und wahrscheinlich bringen wir es sogar fertig, Ihnen eine gewisse Sehkraft zu bewahren. Aber gehen wir langsam vorwärts. Auf das alles komme ich später zurück. Fest steht jedenfalls, daß Sie bald sterben werden, und mein Plan geht nicht darauf aus, Sie vor Ihrem Tode auch nur anzurühren. Nehmen Sie doch Vernunft an, William. Kein wirklicher Philosoph kann etwas dagegen haben, seinen toten Körper der Wissenschaft zur Verfügung zu stellen.»

«Das ist nicht ganz korrekt ausgedrückt», erwiderte ich. «Zuerst müßte nämlich geklärt werden, ob ich nach Ihrem Eingriff tot oder lebendig wäre.»

«Schön», sagte er mit einem leichten Lächeln. «Da haben Sie wohl recht. Aber ich meine trotzdem, Sie sollten mich nicht so schnell abweisen. Lassen Sie mich doch erst mal einige Einzelheiten berichten.»

«Ich habe gesagt, daß ich nichts mehr hören will.»

«Möchten Sie rauchen?» Er hielt mir sein Etui hin.

«Wie Sie wissen, bin ich Nichtraucher.»

Er nahm eine Zigarette und zündete sie mit einem kleinen silbernen Feuerzeug an, das nicht größer als ein Shillingstück war. «Ein Geschenk von den Leuten, die meine Instrumente anfertigen», erklärte er. «Geschickt gemacht, wie?» Ich besah das Feuerzeug und gab es zurück.

«Darf ich weitersprechen?» fragte er.

«Lieber nicht.»

«Liegen Sie still und hören Sie zu. Sie werden es bestimmt sehr interessant finden.»

Ich nahm einen Teller mit blauen Weintrauben vom Nachttisch, stellte ihn auf meine Brust und begann, von den Beeren zu essen.

«Ich müßte», fuhr Landy fort, «im Augenblick Ihres Todes bereitstehen, damit ich sofort eingreifen und versuchen könnte, Ihr Gehirn am Leben zu erhalten.»

«Sie haben die Absicht, es im Kopf zu lassen?»

«Anfangs muß ich das.»

«Und wohin wollen Sie es nachher tun?»

«Wenn Sie es wissen wollen, in eine Art Becken.»

«Ist das wirklich Ihr Ernst?»

«Aber gewiß.»

«Gut. Weiter.»

«Wenn das Herz stillsteht, bekommt das Gehirn kein frisches Blut und keinen Sauerstoff mehr, und dann sterben seine Gewebe bekanntlich sehr rasch ab. Ungefähr vier bis sechs Minuten, und das ganze Ding ist tot. Schon nach drei Minuten können gewisse Störungen auftreten. Deswegen muß ich sehr schnell arbeiten. Dank unserer Maschine wird es jedoch keine Schwierigkeiten geben.»

«Was ist das für eine Maschine?»

«Das künstliche Herz. Wir haben hier ein sehr gutes, genau nach dem von Alexis Carrel und Lindbergh erfundenen gearbeitet. Es versieht das Blut mit Sauerstoff, hält es in der richtigen Temperatur, pumpt es mit dem erforderlichen Druck weiter und leistet noch andere wertvolle Dienste. Es ist wirklich kein bißchen kompliziert.»

«Erzählen Sie mir, was Sie im Moment des Todes vorhaben», sagte ich. «Was würden Sie zuerst tun?»

«Wissen Sie ungefähr, wie die Gefäße und Adern im Gehirn angeordnet sind?»

«Nein.»

«Dann hören Sie zu. Die Sache ist gar nicht schwierig. Die Blutzufuhr zum Gehirn erfolgt aus zwei Quellen, aus den inneren Halsschlagadern und den vertebralen Arterien. Von beiden gibt es zwei, so daß wir insgesamt vier Arterien haben, die das Gehirn versorgen. Ist das klar?»

«Ja.»

«Die Rückleitung des Blutes ist noch einfacher. Dafür gibt es nur zwei große Venen, die inneren Jugularvenen. Wir haben also vier aufwärts führende Arterien, im Hals natürlich, und zwei abwärts führende Venen. Um das Gehirn herum verzweigen sie sich zwar in andere Kanäle, aber die gehen uns nichts an. Sie spielen bei dem Eingriff keine Rolle.»

«Gut», sagte ich. «Nehmen wir an, ich sei soeben gestorben. Was würden Sie tun?»

«Ich würde sofort Ihren Hals öffnen und

die vier Arterien lokalisieren, die Halsschlagadern und die vertebralen Arterien. Ich würde Blut hineinleiten, indem ich in jede eine große Hohlnadel steche, die durch einen Schlauch mit dem künstlichen Herzen verbunden ist.

Dann würde ich rasch die linke und die rechte Jugularvene freilegen und auch diese an die Herzmaschine anschließen, um den Blutkreislauf zu ermöglichen. Nun braucht man nur noch die Maschine einzuschalten, die bereits mit dem geeigneten Blut versehen ist, und dann haben wir's. Der Blutkreislauf durch Ihr Gehirn wird wieder funktionieren.»

«Dann wäre ich also wie dieser russische Hund.»

«Nein, mein Lieber. Vor allem würden Sie beim Sterben zweifellos das Bewußtsein verlieren und es wahrscheinlich erst nach geraumer Zeit wiedererlangen – wenn überhaupt jemals. Aber ob bei Bewußtsein oder nicht, Ihre Lage wäre sehr interessant, nicht wahr? Sie hätten einen kalten, toten Körper und ein lebendes Gehirn.»

Landy machte eine Pause, um diesen herrlichen Gedanken auszukosten. Der Mann war von seinem Plan derart entzückt, daß er offenbar gar nicht auf die Idee kam, ich könnte anderer Meinung sein.

«Und nun brauchen wir uns nicht mehr so sehr zu beeilen», fuhr er fort. «Das ist auch ganz gut. Wir würden Sie gleich in den Operationssaal fahren, natürlich mitsamt der Maschine, die ja nicht aufhören darf zu pumpen. Das nächste Problem...»

«Schon gut», unterbrach ich ihn. «Das genügt. Weitere Einzelheiten brauche ich nicht zu hören.»

«O doch», erwiderte er. «Ich muß Sie unbedingt bis ins kleinste über die ganze Prozedur informieren. Denn, sehen Sie, wenn Sie nachher das Bewußtsein wiedererlangen, wird es für Sie doch viel angenehmer sein, genau zu wissen, *wo* Sie sich befinden, und *wie* Sie dorthin gekommen sind. Sie müssen mich anhören, und sei es auch nur zu Ihrer eigenen Beruhigung. Einverstanden?»

Ich schaute ihn an, ohne mich zu rühren.

«Das nächste Problem wäre also, Ihr Gehirn intakt und unbeschädigt von Ihrem toten Körper zu trennen. Den Körper brauchen wir nicht. Bei dem hat der Verfall nämlich schon eingesetzt. Schädel und Gesicht sind also nutzlos, ja hinderliche Dinge, die beseitigt werden müssen. Ich will nur das Gehirn haben, das schöne saubere Gehirn, lebend und unversehrt. Wenn Sie auf dem Operationstisch liegen, werde ich darangehen, mit Hilfe einer Säge, einer kleinen, biegsamen Säge, Ihre Schädelkapsel zu entfernen. Da Sie noch immer bewußtlos sind, brauche ich kein Betäubungsmittel anzuwenden.»

«Das kommt überhaupt nicht in Frage», widersprach ich.

«Sie werden nichts spüren, William, ich schwöre es Ihnen. Vergessen Sie nicht, daß Sie kurz zuvor *gestorben* sind.»

«Ohne Betäubungsmittel darf niemand meinen Schädel aufsägen», erklärte ich. Landy zuckte die Achseln. «Mir ist das egal. Wenn Sie es wünschen, gebe ich Ihnen mit Vergnügen etwas Procain. Ich kann sogar Ihren ganzen Kopf, vom Hals aufwärts, in Procain tränken, falls Sie das glücklicher macht.»

«Herzlichen Dank», sagte ich.

«Wissen Sie», fuhr er fort, «manchmal passieren merkwürdige Sachen. Erst vorige

Woche brachte man mir einen bewußtlosen Mann; ich öffnete seinen Kopf ohne jedes Betäubungsmittel und operierte ein Blutklümpchen heraus. Ich war noch bei der Arbeit, als er aufwachte und anfing zu reden.

‹Wo bin ich?› fragte er.

‹Im Krankenhaus.›

‹Nanu›, rief er, ‹ist denn das die Möglichkeit?›

‹Sagen Sie›, fragte ich ihn, ‹belästigt Sie das, was ich da mache?›

‹Nein›, antwortete er. ‹Nicht im geringsten. Was machen Sie denn überhaupt?›

‹Ich bin gerade dabei, ein Blutklümpchen aus Ihrem Gehirn zu nehmen.›

‹Ist das wahr?›

‹Liegen Sie still. Bewegen Sie sich nicht. Ich bin gleich fertig.›

‹Dann war's wohl dieses Biest, das mir all die Kopfschmerzen gemacht hat›, sagte er.»

Landy schwieg einen Augenblick und dachte lächelnd an sein Erlebnis zurück.

«Ja, das hat der Mann wörtlich gesagt», begann er von neuem. «Am nächsten Tag aber konnte er sich nicht mehr an den Vorfall erinnern. Seltsames Ding, das Gehirn.»

«Ich will Procain haben», beharrte ich.

«Wie Sie wünschen, William. Kurz und gut, ich werde also eine kleine, biegsame Säge nehmen und sorgfältig Ihr Calvarium entfernen – das gesamte Schädeldach. Dadurch wird die obere Hälfte des Gehirns freigelegt, richtiger gesagt, seine Umhüllung. Sie wissen – oder auch nicht –, daß das Gehirn von drei einzelnen Häuten umgeben ist. Die äußere heißt Dura mater oder Dura, die mittlere Arachnoidea und die innere Pia mater oder Pia. Die meisten Laien bilden sich ein, das Gehirn sei ein nacktes Ding, das in einer Flüssigkeit im Kopf schwimmt. Dem ist nicht so. Es ist hübsch sauber in diese drei starken Hüllen verpackt, und die Hirnrückenmarkflüssigkeit befindet sich in dem kleinen Zwischenraum zwischen den beiden inneren Hüllen, dem sogenannten Subarachnoidalraum. Wie ich schon sagte, wird diese Flüssigkeit vom Gehirn hergestellt und durch Osmose in das venöse System geleitet.

Alle drei Hüllen – haben sie nicht hübsche Namen, die Dura, die Arachnoidea, die Pia? – lasse ich unberührt. Aus vielen Gründen, nicht zuletzt deshalb, weil sich in der Dura die venösen Kanäle befinden, die das Blut vom Gehirn in die Jugularvenen ableiten.

Nun haben wir also die Schädelkalotte entfernt, so daß der obere Teil des Gehirns mit den Hirnhäuten sichtbar wird. Der nächste, ziemlich schwierige Schritt ist, das ganze Paket loszulösen, damit man es unversehrt herausnehmen und die Stümpfe der vier Arterien und der beiden Venen sogleich wieder mit der Maschine verbinden kann. Dieses Ausschälen ist eine ungemein umständliche und komplizierte Prozedur, weil man mit aller Vorsicht eine Menge Knochen wegmeißeln, viele Nerven abtrennen sowie zahlreiche Blutgefäße durchschneiden und abbinden muß. Es gibt nur eine Möglichkeit, dies mit einiger Hoffnung auf Erfolg zu tun: langsam den Rest des Schädels entfernen, indem man ihn wie die Schale einer Orange abpellt, bis auch unten und an den Seiten die Gehirnhülle freigelegt ist. Die Schwierigkeiten sind weitgehend technischer Natur, und darüber brauche ich mich hier nicht auszulassen. Auf jeden Fall traue ich mir zu, eine solche Operation durchzuführen. Es ist einfach eine Frage chirurgischer Geschicklichkeit und Geduld. Vergessen Sie außerdem nicht, daß ich reichlich Zeit hätte, soviel Zeit, wie ich wollte, weil ja das künstliche Herz fortwährend pumpen und das Gehirn am Leben erhalten würde.

Nehmen wir an, es sei mir geglückt, Ihren Schädel abzuheben und auch alles zu entfernen, was die Gehirnseiten umgibt. Ihr Gehirn ist also nur noch an der Basis mit dem Körper verbunden, hauptsächlich durch das Rückenmark und durch die beiden großen Venen und die vier Arterien, die es mit Blut versorgen.

Was kommt nun?

Ich trenne die Wirbelsäule dicht über dem ersten Nackenwirbel ab, wobei ich sehr darauf achte, nicht die beiden vertebralen Arterien zu verletzen, die dort verlaufen. Bedenken Sie aber, die Dura, also die äußere Hirnhaut, ist jetzt an der Stelle, wo das Rückenmark in das Gehirn übergeht, offen, so daß ich diese Öffnung mit einer Naht schließen muß. Kein Problem.

Und damit ist alles bereit für den letzten Schritt. Neben mir steht auf dem Tisch eine besonders geformte Schale, gefüllt mit der sogenannten Ringer-Lösung, einer Flüssigkeit, die wir in der Neurochirurgie zur Spülung benutzen. Nun löse ich das Gehirn vollends heraus, indem ich die Arterien und Venen durchtrenne. Ich hebe es dann einfach mit den Händen hoch und lege es in die Schale, und das ist bei dem ganzen Vorgang der einzige Augenblick, in dem die Blutzufuhr unterbrochen ist. Liegt Ihr Gehirn aber erst in der Schale, so brauche ich nur ein paar Sekunden, um die Stümpfe der Arterien und Venen wieder mit dem künstlichen Herzen zu verbinden.

Soweit bin ich nun also mit Ihnen», fuhr Landy fort. «Ihr Gehirn liegt in der Schale, es lebt, und alles spricht dafür, daß es noch sehr lange am Leben bleiben wird, viele Jahre vielleicht, sofern wir die Maschine in Gang halten und für die Blutzufuhr sorgen.»

«Aber würde es *funktionieren*?»

«Mein lieber William, wie soll ich das wissen? Ich kann Ihnen ja nicht einmal versprechen, daß es je wieder zum Bewußtsein kommen wird.»

«Und wenn das der Fall wäre?»

«Ja, dann! Das wäre phantastisch!»

«Wirklich?» Ich muß zugeben, daß ich meine Zweifel hatte.

«Aber natürlich! Stellen Sie sich doch vor, wenn es da liegt, mit all Ihren tadellos funktionierenden Denkprozessen und mit Ihrem Gedächtnis...»

«Und ohne die Fähigkeit, zu sehen, zu fühlen, zu schmecken, zu hören oder zu reden», sagte ich.

«Oh!» rief er. «Mir war doch gleich so, als hätte ich etwas vergessen. Das Auge – davon habe ich noch nicht gesprochen. Hören Sie zu. Ich will versuchen, einen Ihrer Sehnerven sowie das Auge selbst intakt zu lassen. Der Sehnerv, ein kleines Ding, nicht dicker als ein Bleistift, erstreckt sich vom Gehirn zum Auge, ist also ungefähr zwei Zoll lang. Das Schöne daran ist, daß er eigentlich gar kein Nerv ist, sondern eine Ausstülpung des Gehirns. Die Dura begleitet ihn und ist mit dem Augapfel verbunden. Die Rückseite des Auges steht daher in sehr engem Kontakt mit dem Gehirn und wird von der Hirnrückenmarkflüssigkeit erreicht.

Das alles kommt mir sehr zustatten, und ich halte es für durchaus möglich, daß ich eines Ihrer Augen retten kann. Ich habe sogar schon eine kleine Plastikschachtel für den Augapfel konstruiert. Sie soll die Augenhöhle ersetzen, und wenn Ihr Gehirn in der mit Ringer-Lösung gefüllten Schale liegt, wird Ihr Auge in seiner Schachtel auf der Flüssigkeit schwimmen.»

«Und die Decke anstarren», fügte ich hinzu.

«Ja, das ist anzunehmen. Ich fürchte, es werden keine Muskeln mehr dasein, die es bewegen können. Vielleicht ist es aber ganz amüsant, so ruhig und bequem in einer Schale zu liegen und in die Welt zu gucken.»

«Sehr lustig», sagte ich. «Wie wäre es, wenn Sie mir auch ein Ohr ließen?»

«Mit einem Ohr möchte ich es diesmal lieber noch nicht versuchen.»

«Ich wünsche ein Ohr», erwiderte ich. «Ich bestehe auf einem Ohr.»

«Nein.»

«Ich will Bach hören.»

«Sie ahnen nicht, wie schwierig das wäre», sagte Landy freundlich. «Das innere Gehörorgan – die sogenannte Schnecke – ist ein viel empfindlicherer Mechanismus als das

Auge. Überdies ist es in Knochen eingeschlossen, und das gleiche gilt für einen Teil des Gehörnervs, der das Ohr mit dem Gehirn verbindet. Ich kann unmöglich das ganze Ding heil herausmeißeln.»

«Und wenn Sie es nun mitsamt dem Knochengehäuse in die Schale legen?»

«Nein», antwortete er energisch. «Die Geschichte ist ohnehin kompliziert genug. Die Hauptsache, Ihr Auge funktioniert, auf das Gehör kommt es nicht so sehr an. Wir können Ihnen ja schriftliche Mitteilungen zum Lesen hinhalten. Die Entscheidung darüber, was möglich ist und was nicht, müssen Sie schon mir überlassen.»

«Bis jetzt habe ich mich noch gar nicht einverstanden erklärt.»

«Weiß ich, William, weiß ich.»

«Ich glaube nicht, daß mir die Idee sehr zusagt.»

«Möchten Sie lieber ein für allemal tot sein?»

«Vielleicht ja. Ich bin nicht ganz sicher... Würde ich sprechen können?»

«Natürlich nicht.»

«Wie sollten wir uns dann verständigen?

Woher wollt ihr wissen, daß ich bei Bewußtsein bin?»

«Oh, das läßt sich mit Leichtigkeit feststellen», sagte Landy. «Der gewöhnliche Elektro-Encephalograph würde es uns sofort anzeigen. Wir brauchen nur die Elektroden an die vorderen Lippen Ihres Gehirns in der Schale anzuschließen.»

«Sie könnten das wirklich feststellen?»

«Einwandfrei. Das kann man in jedem Krankenhaus.»

«Aber *ich* wäre nicht fähig, mich mit *Ihnen* zu verständigen.»

«Wahrscheinlich doch», meinte Landy. «In London gibt es einen Mann namens Wertheimer, der interessante Versuche auf dem Gebiet der Gedankenübertragung durchführt. Ich habe mich mit ihm in Verbindung gesetzt. Sie wissen vermutlich, daß das denkende Gehirn auf Grund chemischer Vorgänge elektrische Entladungen produziert, nicht wahr? Und daß es sich dabei um wellenförmige Entladungen handelt, etwa wie beim Radio?»

«Ein wenig weiß ich davon», erwiderte ich.

«Gut. Wertheimer hat einen Apparat konstruiert, der ähnlich arbeitet wie der Encephalograph, jedoch sehr viel empfindlicher ist. Er behauptet, dieser Apparat könne ihm innerhalb gewisser enger Grenzen helfen, die Gedanken eines Gehirns zu verdolmetschen. Und zwar vermittels graphischer Aufzeichnungen, die sich anscheinend in Worte oder Gedanken übertragen lassen. Wäre es Ihnen recht, wenn ich Wertheimer bäte, Sie zu besuchen?»

«Nein», sagte ich. Landy hielt es bereits für sicher, daß ich mitmachen wollte, und das verübelte ich ihm. «Gehen Sie jetzt und lassen Sie mich in Ruhe», fuhr ich fort. «Sie erreichen nicht das geringste, wenn Sie so über mich herfallen.»

Er stand auf und ging zur Tür.

«Eine Frage noch», sagte ich.

Er blieb stehen, die Hand auf dem Türknopf. «Ja, William?»

«Nur dies. Glauben Sie ehrlich, daß mein Gehirn, wenn es in der Schale liegt, genauso funktionieren wird wie in diesem Augenblick? Glauben Sie, ich werde denken und überlegen können wie jetzt? Und wird mir das Gedächtnis erhalten bleiben?»

«Davon bin ich überzeugt», antwortete er. «Das Gehirn bleibt ja unverändert. Es lebt. Es ist unbeschädigt, unangetastet. Wir haben nicht einmal die Dura geöffnet. Einen großen Unterschied würde es allerdings geben: Da wir jeden zum Gehirn führenden Nerv abgetrennt haben – mit Ausnahme des einen Sehnervs –, wäre Ihr Denken nicht mehr durch Ihre Sinne beeinflußt. Sie würden in einer außerordentlich reinen, von allem Irdischen losgelösten Welt leben. Nichts könnte Sie plagen, nicht einmal Schmerzen, denn Sie hätten keine Nerven, also auch keine Möglichkeit, etwas zu empfinden. In gewisser Weise wäre Ihre Lage geradezu beneidenswert. Kein Kummer, keine Sorgen, keine Schmerzen, weder Hunger noch Durst. Nicht einmal Wünsche. Nur Ihre Erinnerungen und Ihre Gedanken. Und falls die Sache mit dem Auge klappt, könnten Sie sogar Bücher lesen. Mir erscheint das alles sehr schön.»

«Im Ernst?»

«Ja, William, im Ernst. Besonders für einen Doktor der Philosophie müßte es ein ungeheures Erlebnis sein. Sie wären in der

Lage, mit bisher nie erreichter Objektivität und Gelassenheit über das Weltgeschehen nachzudenken. Und wer weiß, was noch alles geschehen könnte! Vielleicht würden Sie auf große Gedanken und Lösungen von Problemen kommen, auf Ideen, die imstande wären, unser ganzes Leben zu revolutionieren. Versuchen Sie, wenn Sie können, sich den Grad von Konzentration vorzustellen, den zu erreichen Ihnen möglich wäre!»

«Und die Entsagungen?» warf ich ein.

«Unsinn. Entsagungen gäbe es nicht. Ohne Wünsche keine Entsagung, und was für Wünsche sollten Sie denn haben? Körperliche jedenfalls nicht.»

«Ich wäre doch gewiß fähig, mich meines bisherigen Lebens zu erinnern, und vielleicht würde ich wünschen, in die Welt zurückzukehren.»

«Wie, in dieses Durcheinander? Aus Ihrer behaglichen Schale in dieses Tollhaus?»

«Beantworten Sie mir noch eine Frage», sagte ich. «Wie lange werden Sie es wohl am Leben erhalten können?»

«Das Gehirn? Ja, wer weiß das? Unter so idealen Bedingungen möglicherweise Jahre und Jahre. Die meisten gefährlichen Faktoren wären dank dem künstlichen Herzen ausgeschaltet. Der Blutdruck würde, was im wirklichen Leben unmöglich ist, immer gleichbleiben. Ebenso die Temperatur. Die chemische Zusammensetzung des Blutes wäre nahezu vollkommen. Keine Unreinheiten, keine Viren, keine Bakterien, nichts. Natürlich ist es verrückt, überhaupt eine Zahl zu nennen, aber ich nehme an, daß ein Gehirn unter solchen Umständen zwei- bis dreihundert Jahre leben kann. Und nun muß ich gehen. Morgen sehen wir uns wieder.» Damit verschwand er und ließ mich, wie Du Dir denken kannst, in ziemlicher Verwirrung zurück.

Meine unmittelbare Reaktion war, daß ich Landys Vorschlag rundweg ablehnte. Diese ganze Angelegenheit behagte mir gar nicht. Es lag etwas überaus Abstoßendes in dem Gedanken, daß ich mit all meinen unverminderten geistigen Fähigkeiten auf ein schleimiges Klümpchen in einer Schüssel mit Wasser reduziert werden sollte. Das war monströs, schmutzig, gottlos. Und noch etwas anderes quälte mich: der Gedanke an das Gefühl der Hilflosigkeit, das ich zweifellos empfinden würde, wenn Landy mich erst einmal in der Schale hatte. Dann gab es kein Zurück mehr, keine Möglichkeit, zu protestieren oder zu diskutieren. Dann war ich ihnen ausgeliefert, solange sie mich am Leben erhalten konnten.

Und was, wenn ich es nicht zu ertragen vermochte? Wenn ich furchtbare Seelenqualen erdulden müßte! Wenn ich hysterisch würde?

Keine Beine zum Davonlaufen. Keine Stimme zum Schreien. Nichts. Für die nächsten beiden Jahrhunderte müßte ich die Zähne zusammenbeißen und gute Miene zum bösen Spiel machen.

Die Zähne zusammenbeißen? Ja, wie denn?

Hier kam mir ein merkwürdiger Gedanke, und zwar dieser: Leidet nicht ein Mann, dem ein Bein amputiert worden ist, oft unter der Täuschung, das Bein noch zu haben? Sagt er nicht zu der Krankenschwester, daß ihm die Zehen – die er nicht mehr hat – wahnsinnig jucken und so weiter. Mir war, als hätte ich erst vor kurzem so etwas gehört.

Sehr gut. War es dann nicht denkbar, daß mein Gehirn, wenn es allein in der Schale läge, unter einer ähnlichen Täuschung hinsichtlich meines Körpers leiden würde? In diesem Fall konnten mich all die vertrauten Schmerzen und Qualen überschwemmen, ohne daß ich auch nur die Möglichkeit hätte, sie durch Aspirin zu vertreiben. Vielleicht würde ich mir einbilden, einen entsetzlichen Krampf im Bein zu haben oder eine heftige Verdauungsstörung, und ein paar Minuten später hätte ich das Gefühl, meine arme Blase – Du kennst mich ja – sei so voll, daß sie platzen werde, wenn ich sie nicht bald entleeren dürfte.

Gott behüte.

Lange schlug ich mich mit diesen schrecklichen Gedanken herum. Dann, gegen Mittag, änderte sich auf einmal meine Stimmung. Die unangenehme Seite der Angelegenheit machte mir jetzt weniger zu schaffen, und ich war imstande, Landys Vorhaben in einem günstigeren Licht zu sehen. War nicht doch etwas Tröstliches an dem Gedanken, daß mein Gehirn nicht unbedingt in wenigen Wochen sterben und verschwinden mußte? Ja, so war es. Ich bin stolz auf mein Gehirn. Es ist ein empfindungsreiches, lichtvolles, fruchtbares Organ. Es enthält einen gewaltigen Vorrat an Wissen und ist noch immer fähig, schöpferisch zu sein und selbständige Theorien zu produzieren. Wie Gehirne so sind, ist es ein verdammt gutes, das muß ich bei aller Bescheidenheit sagen. Mein Körper dagegen, mein armer alter Körper, den Landy wegwerfen will – nun, sogar Du, meine liebe Mary, wirst zugeben, daß wirklich nichts an ihm ist, was wert wäre, erhalten zu bleiben.

Ich lag auf dem Rücken und aß eine Weinbeere. Sie schmeckte herrlich, und ich nahm drei kleine Kerne aus dem Mund und legte sie auf den Tellerrand.

«Ich will es tun», sagte ich ruhig. «Ja, bei Gott, ich will es tun. Wenn Landy mich morgen besucht, werde ich ihm sofort mitteilen, daß ich es tun will.» Mein Entschluß war gefaßt. Und von diesem Augenblick an fühlte ich mich viel besser. Ich überraschte alle dadurch, daß ich einen üppigen Lunch verzehrte, und bald darauf kamst Du zu Deinem üblichen Besuch.

Wie gut ich aussähe, sagtest Du. Wie frisch und munter und vergnügt. Ob sich etwas ereignet hätte? Ob es eine gute Nachricht gäbe?

Ja, antwortete ich, so sei es. Und dann, wenn Du Dich entsinnst, sagte ich, Du solltest Dich setzen und es Dir bequem machen, worauf ich sofort anfing, Dir möglichst behutsam zu erklären, worum es ging.

Leider wolltest Du nichts davon wissen. Kaum hatte ich die ersten Andeutungen gemacht, da wurdest Du wütend und nanntest Landys Plan empörend, widerlich, entsetzlich, undenkbar. Als ich trotzdem weitersprach, standest Du auf und verließest das Zimmer.

Wie Du weißt, Mary, habe ich seither oft versucht, mit Dir darüber zu sprechen, doch Du hast Dich standhaft geweigert, mich anzuhören. Daher dieser Brief. Ich kann nur hoffen, Du wirst vernünftig sein und Dir gestatten, ihn zu lesen. Ich habe viel Zeit zum Schreiben gebraucht. Zwei Wochen ist es her, daß ich die ersten Sätze kritzelte, und heute bin ich viel schwächer als damals. Ich werde wohl kaum die Kraft haben, noch viel mehr hinzuzufügen. Lebewohl möchte ich

Dir nicht sagen, denn es besteht die Möglichkeit, die schwache Möglichkeit, daß Landys Vorhaben glückt und daß ich Dich tatsächlich später wiedersehe, wenigstens *sehe*, falls Du es über Dich bringst, mich zu besuchen.

Ich werde anordnen, daß man Dir diese Blätter erst eine Woche nach meinem Tode übergibt. Also sind jetzt, wenn Du sie liest, bereits sieben Tage vergangen, seit Landy es getan hat. Vielleicht weißt Du sogar schon, was dabei herausgekommen ist. Wenn das nicht der Fall ist, wenn Du Dich absichtlich ferngehalten und jeden Kontakt mit Landy abgelehnt hast – was ich für möglich halte –, so nimm, bitte, Vernunft an und erkundige Dich bei ihm, wie es mit mir geworden ist. Das ist das mindeste, was Du tun kannst. Ich habe ihm mitgeteilt, daß er am siebenten Tag mit Deinem Anruf rechnen kann.

Dein treuer Mann
William

P.S. Wenn ich nicht mehr bin, achte auf Dich, und vergiß nie, daß es schwerer ist, eine Witwe zu sein als eine Ehefrau. Trinke keine

Cocktails. Verschwende kein Geld. Rauche keine Zigaretten. Iß keinen Kuchen. Benutze keinen Lippenstift. Kaufe keinen Fernsehapparat. Jäte im Sommer meine Rosenbeete und meinen Steingarten. Und vielleicht solltest Du das Telefon abbestellen, da ich es nicht mehr benötige.

Langsam legte Mrs. Pearl die letzte Seite des Schreibens neben sich auf das Sofa. Ihr kleiner Mund war fest zusammengepreßt, und sie war ziemlich weiß um die Nase.

Also wirklich! Nach all den Jahren hätte eine Witwe doch wohl etwas Ruhe verdient.

Die ganze Sache war zu scheußlich, auch nur daran zu denken. Brutal und scheußlich. Ihr schauderte.

Sie öffnete ihre Handtasche, nahm noch eine Zigarette heraus, zündete sie an, atmete den Rauch tief ein und blies ihn in Wolken von sich. Durch den Rauch hindurch blinkte ihr schöner neuer Fernsehapparat, der prächtig, riesig, herausfordernd und doch ein wenig schuldbewußt auf Williams früherem Arbeitstisch thronte.

Was würde er sagen, wenn er das sähe?

Sie dachte daran, wie er sie zum letztenmal beim Zigarettenrauchen erwischt hatte. Ungefähr ein Jahr war das her. Sie hatte in der Küche am offenen Fenster gesessen und schnell noch ein paar Züge getan, bevor er von der Arbeit nach Hause kam. Das Radio spielte laute Tanzmusik, und als sie sich umdrehte und nach der Kaffeekanne greifen wollte, da stand er in der Tür, riesengroß und finster, und starrte sie an mit diesen schrecklichen Augen, aus deren schwarzen Pupillen der Zorn sprühte.

Danach hatte er vier Wochen lang die Haushaltsrechnungen selbst bezahlt und ihr gar kein Geld gegeben. Aber natürlich wußte er nichts von den sechs Pfund, die sie in einem Seifenflockenkarton im Schränkchen unter dem Ausguß versteckt hatte.

«Warum das alles?» fragte sie ihn einmal bei Tisch. «Fürchtest du, ich könnte Lungenkrebs bekommen?»

«Nein», antwortete er.

«Warum soll ich dann nicht rauchen?»

«Weil ich es mißbillige. Deswegen.»

Er hatte auch Kinder mißbilligt, und folglich hatten sie nie eines gehabt.

Wo war er jetzt, ihr William, der große Mißbilliger?

Landy erwartete ihren Anruf. *Mußte* sie ihn anrufen? – Nun, eigentlich nicht.

Als sie mit der Zigarette fertig war, zündete sie sich an dem Stummel eine neue an. Sie schaute zum Telefon hinüber, das neben dem Fernsehapparat auf dem Arbeitstisch stand. William wünschte, daß sie Landy anrief. Er hatte sie ausdrücklich gebeten, mit dem Arzt zu telefonieren, sobald ihr der Inhalt des Briefes bekannt war. Sie zögerte, wehrte sich heftig gegen das tief eingewurzelte Pflichtgefühl, das sie noch nicht abzuschütteln wagte. Dann aber erhob sie sich langsam, ging zum Telefon, schlug die Nummer nach, wählte und wartete.

«Bitte, ich möchte Herrn Dr. Landy sprechen.»

«Wer ist am Apparat?»

«Mrs. Pearl. Mrs. William Pearl.»

«Einen Moment bitte.»

Landy meldete sich fast augenblicklich.

«Mrs. Pearl?»

«Hier ist Mrs. Pearl.» – Kleine Pause.

«Ich freue mich sehr, daß Sie anrufen,

Mrs. Pearl. Hoffentlich sind Sie wohlauf.» Die Stimme war ruhig und höflich. «Hätten Sie nicht Lust, mich im Krankenhaus zu besuchen? Wir könnten ein wenig plaudern. Ich denke mir, Sie möchten gern wissen, wie alles geworden ist.»

Sie schwieg.

«Ich kann Ihnen sagen, daß die Sache in jeder Beziehung glatt gegangen ist. Viel besser sogar, als ich zu hoffen wagte. *Es* lebt nicht nur, Mrs. Pearl, es ist bei Bewußtsein. Schon am zweiten Tag hat es das Bewußtsein wiedererlangt. Ist das nicht interessant?»

Sie wartete, daß er weiterspräche.

«Und das Auge sieht. Wir wissen das mit Sicherheit, weil der Encephalograph sofort reagiert, wenn wir dem Auge irgend etwas vorhalten. Wir geben ihm jetzt jeden Tag die Zeitung zu lesen.»

«Welche Zeitung?» fragte Mrs. Pearl scharf.

«Den *Daily Mirror*. Der hat die größten Schlagzeilen.»

«Er haßt den *Mirror*. Geben Sie ihm die *Times*.»

Nach kurzem Schweigen sagte der Doktor: «Also gut, Mrs. Pearl, wir werden ihm die *Times* geben. Wir wollen natürlich alles tun, um es bei guter Laune zu erhalten.»

«*Ihn*», verbesserte sie. «Nicht es. *Ihn!*»

«Ihn», wiederholte der Doktor. «Ja, verzeihen Sie, bitte. Um ihn bei guter Laune zu erhalten. Deswegen habe ich Sie auch gebeten, recht bald herzukommen. Ich glaube, es würde ihm Freude machen, Sie zu sehen. Sie könnten ihm zeigen, wie froh Sie sind, wieder bei ihm zu sein – ihm zulächeln, ihm eine Kußhand zuwerfen und Ähnliches mehr. Es muß angenehm für ihn sein, Sie in seiner Nähe zu wissen.»

Eine lange Pause trat ein.

«Gut», sagte Mrs. Pearl schließlich, und ihre Stimme klang auf einmal sehr sanft, sehr milde. «Dann werde ich also kommen und nach ihm sehen.»

«Schön, ich wußte ja, daß Sie es tun würden. Sie finden mich in meinem Dienstzimmer im zweiten Stock. Ich warte auf Sie. Auf Wiedersehen.»

Eine halbe Stunde später war Mrs. Pearl im Krankenhaus.

«Erschrecken Sie nicht über sein Aussehen», sagte Landy, als er neben ihr einen Korridor entlangging.

«Nein, gewiß nicht.»

«Zweifellos wird es zuerst ein Schock für Sie sein. Ich fürchte, er ist in seinem gegenwärtigen Zustand nicht sehr attraktiv.»

«Ich habe ihn nicht wegen seiner Schönheit geheiratet, Doktor.»

Landy wandte den Kopf und blickte sie an. Ein sonderbares Geschöpf war diese kleine Frau mit den großen Augen und der grämlichen, fast beleidigten Miene. Ihre Gesichtszüge, die einmal recht hübsch gewesen sein mußten, waren gänzlich verfallen. Der Mund war schlaff, das Fleisch der Wangen lose und welk; Jahre und Jahre eines freudlosen Ehelebens schienen Mrs. Pearl langsam, aber sicher zermürbt zu haben. Eine Weile gingen die beiden schweigend nebeneinander her.

«Lassen Sie sich Zeit, wenn Sie hineinkommen», sagte Landy. «Er wird erst wissen, daß Sie da sind, wenn Sie Ihr Gesicht direkt über sein Auge halten. Das Auge ist immer offen, aber bewegen kann er es nicht, so daß sein Blickfeld sehr begrenzt ist. Im Moment lassen wir ihn zur Decke hinaufschauen.

Hören kann er natürlich nichts. Wir brauchen also bei unseren Gesprächen keinerlei Rücksicht zu nehmen. Bitte, hier hinein.» Landy öffnete eine Tür, und sie traten in ein kleines, quadratisches Zimmer.

«Nicht gleich zu dicht heran», mahnte er und legte ihr die Hand auf den Arm. «Warten Sie einen Moment, bis Sie sich an das alles gewöhnt haben.»

Auf einem hohen weißen Tisch in der Mitte des Raumes stand eine weiße Emailleschale, etwa von der Größe einer Waschschüssel. Die sechs dünnen Plastikschläuche, die aus ihr herausragten, waren mit einer gläsernen Apparatur verbunden, in der man das Blut zum künstlichen Herzen und von ihm fort fließen sah. Die Maschine gab ein sanftes, rhythmisch pulsierendes Geräusch von sich.

«Da ist er drin», sagte Landy, auf die Schale weisend, die so hoch stand, daß Mrs. Pearl nicht hineinblicken konnte. «Kommen Sie etwas näher. Nicht zu nah.»

Er führte sie zwei Schritte vorwärts.

Als sie den Hals reckte, sah sie die Flüssigkeit in der Schale. Auf der klaren, unbewegten Oberfläche schwamm eine ovale Kapsel, ungefähr so groß wie ein Taubenei.

«Das ist das Auge», erklärte Landy. «Können Sie es sehen?»

«Ja.»

«Soweit wir wissen, ist es in ausgezeichnetem Zustand. Es ist sein rechtes Auge, und der Plastikbehälter trägt eine Linse, die genauso geschliffen ist wie seine Brillengläser. Vermutlich sieht er ebensogut wie früher.»

«An der Zimmerdecke ist nicht viel zu sehen», meinte Mrs. Pearl.

«Darüber machen Sie sich keine Sorgen. Wir sind im Begriff, eine Art Unterhaltungsprogramm für ihn auszuarbeiten, aber wir möchten nichts übereilen.»

«Geben Sie ihm ein gutes Buch.»

«Gewiß, gewiß. Wie fühlen Sie sich, Mrs. Pearl?»

«Gut.»

«Dann wollen wir ein wenig dichter herangehen, damit Sie alles sehen können.»

Er führte sie vorwärts, bis sie nur noch ein paar Schritte vom Tisch entfernt waren, und nun konnte sie auf den Grund der Schale blicken.

«So», sagte Landy, «das ist William.»

Er war viel größer, als sie erwartet hatte, und dunkler in der Farbe. Mit all den Furchen und Falten, die über seine Oberfläche liefen, erinnerte er an eine riesige eingemachte Walnuß. Sie sah die Stümpfe der vier großen Arterien und der beiden Venen, die sich an seiner Unterseite befanden und säuberlich mit den Plastikschläuchen verbunden waren; bei jedem Schlag des künstlichen Herzens gab es im Takt des hindurchgepumpten Blutes einen kleinen Ruck in sämtlichen Schläuchen.

«Lehnen Sie sich über die Schale», riet Landy, «und halten Sie Ihr hübsches Gesicht unmittelbar über das Auge. Er wird Sie sehen, und Sie können ihm zulächeln oder ihm eine Kußhand zuwerfen. An Ihrer Stelle würde ich ihm auch ein paar nette Worte sagen. Hören kann er sie zwar nicht, aber ich bin sicher, daß er den Sinn begreifen wird.»

«Er haßt Leute, die ihm Kußhände zuwerfen», erwiderte Mrs. Pearl. «Ich will es auf meine Weise versuchen, wenn Sie nichts dagegen haben.»

Sie trat dicht an den Tisch heran, beugte

sich vor, bis ihr Gesicht direkt über der Schale war, und blickte in Williams Auge.

«Hallo, Lieber», flüsterte sie. «Ich bin's – Mary.»

Klar wie immer starrte das Auge sie unverwandt mit absonderlicher Intensität an.

«Wie geht es dir, Lieber?» fragte sie.

Die Plastikkapsel war rundherum durchsichtig, so daß man den ganzen Augapfel sah. Der mit dem Gehirn verbundene Sehnerv glich einem Stückchen grauen Spaghettis.

«Fühlst du dich wohl, William?»

Es war ein sonderbares Gefühl, ihrem Mann ins Auge und doch nicht ins Gesicht zu schauen. Alles, was sie vor sich hatte, war das Auge, und sie fuhr fort, es anzustarren. Nach und nach wurde es immer größer, bis sie schließlich nichts anderes mehr sah – es war zu einer Art Gesicht geworden. Ein Netzwerk dünner roter Äderchen zog sich über das Weiße des Augapfels, und in der eisblauen Iris waren drei oder vier hübsche dunkle Streifen, die von der Pupille ausstrahlten. Die eine Seite der großen schwarzen Pupille reflektierte einen kleinen Lichtfunken.

«Lieber, ich habe deinen Brief erhalten und bin gleich hergekommen, um zu sehen, wie es dir geht. Dr. Landy sagt, daß alles in bester Ordnung ist. Wenn ich langsam spreche, kannst du vielleicht etwas verstehen, indem du mir die Worte von den Lippen abliest.»

Zweifellos, das Auge beobachtete sie.

«Man tut hier alles für dich, was nur möglich ist, Lieber. Die wunderbare Maschine pumpt ununterbrochen, und sie arbeitet bestimmt viel besser als die dummen alten Herzen, die wir anderen haben. Unsere können jeden Moment versagen, aber deines wird niemals stillstehen.»

Sie betrachtete das Auge genau und versuchte herauszufinden, weshalb es ihr so verändert vorkam.

«Du siehst gut aus, Lieber, wirklich sehr gut. Ja, tatsächlich.»

Zu Williams Lebzeiten waren ihr seine Augen längst nicht so hübsch erschienen wie dieses hier. Es war etwas Weiches darin, etwas Ruhiges, Freundliches, das sie noch nie an ihm wahrgenommen hatte. Vielleicht lag das an dem Punkt in der Mitte, an der Pupille. Williams Pupillen waren immer wie kleine schwarze Nadelköpfe gewesen. Wenn sie einen anblickten, bohrten sie sich einem förmlich ins Gehirn, sie durchschauten einen, wußten immer sofort, was man vorhatte und sogar, was man dachte. Dieses Auge dagegen war groß, sanft und mild, fast wie ein Kuhauge.

«Sind Sie sicher, daß er bei Bewußtsein ist?» fragte sie, ohne aufzublicken.

«Ja, durchaus», antwortete Landy.

«Und er kann mich sehen?»

«Ausgezeichnet.»

«Ist das nicht fabelhaft? Ich nehme an, er überlegt, was mit ihm geschehen ist.»

«Keineswegs, Mrs. Pearl. Er weiß ganz genau, wo er ist und was sich zugetragen hat. Das kann er unmöglich vergessen haben.»

«Sie glauben, er *weiß*, daß er in der Schale ist?»

«Natürlich. Und wenn er sprechen könnte, wäre er vermutlich imstande, ein ganz normales Gespräch mit Ihnen zu führen. Geistig besteht meines Erachtens überhaupt kein Unterschied zwischen diesem William und dem, den Sie zu Hause gekannt haben.»

«Du lieber Himmel», murmelte Mrs. Pearl und versank in Schweigen, um diese aufregende Mitteilung zu verarbeiten. Wenn ich's recht bedenke, sagte sie sich und blickte an dem Auge vorbei auf die große, graue, weiche Walnuß, die so friedlich unter Wasser lag, dann glaube ich fast, daß ich ihn so, wie er jetzt ist, viel lieber mag. Mit dieser Art William könnte ich wahrscheinlich gut zusammenleben. Mit ihm würde ich fertig werden.

«Er ist doch ganz ruhig?» fragte sie.

«O ja, selbstverständlich.»

Keine Auseinandersetzungen und Verweise, dachte sie, keine fortwährenden Ermahnungen, keine Vorschriften, kein Rauchverbot, kein kaltes, mißbilligendes Augenpaar, das mich abends über das Buch hinweg beobachtet, keine Hemden zu waschen und zu bügeln, kein Essen zu kochen – nichts als das Pochen des künstlichen Herzens, das eher ein beruhigendes Geräusch ist und gewiß nicht laut genug, um beim Fernsehen zu stören.

«Doktor», sagte sie, «mir scheint, ich empfinde plötzlich eine unendliche Zuneigung zu ihm. Klingt das merkwürdig?»

«Ich finde es sehr verständlich.»

«Er sieht so hilflos und schweigsam aus, wie er da in seiner Schale unter Wasser liegt.»

«Ja, ich weiß.»

«Er ist wie ein Baby, finden Sie nicht? Genau wie ein winziges Baby.»

Landy stand noch immer hinter ihr.

«So», sagte sie sanft, über die Schale gebeugt, «von nun an wird Mary ganz allein für dich sorgen, und du brauchst dich um nichts mehr zu kümmern. Wann kann ich ihn mitnehmen, Doktor?»

«Wie bitte?»

«Ich möchte wissen, wann ich ihn mitnehmen kann – zu mir nach Hause.»

«Sie scherzen», sagte Landy.

Mrs. Pearl drehte sich langsam um und blickte ihm fest ins Gesicht.

«Warum sollte ich scherzen?» fragte sie mit strahlender Miene, und ihre großen, runden Augen blitzten wie zwei Diamanten.

«Er ist keinesfalls transportfähig.»

«Weshalb eigentlich nicht?»

«Dies ist ein Experiment, Mrs. Pearl.»

«Er ist mein Mann, Dr. Landy.»

Ein nervöses kleines Lächeln spielte um Landys Mundwinkel. «Nun...» sagte er.

«Sie können nicht leugnen, daß er mein Mann ist.» Ihre Stimme klang nicht erregt. Sie sprach so ruhig, als wollte sie ihm nur eine Tatsache ins Gedächtnis zurückrufen.

«Das ist ein ziemlich heikler Punkt», erwiderte Landy und feuchtete seine Lippen an. «Sie sind jetzt Witwe, Mrs. Pearl. Ich glaube, damit müssen Sie sich abfinden.»

Sie machte plötzlich kehrt und ging zum Fenster. «Ich meine es ernst», sagte sie, während sie in ihrer Handtasche nach einer Zigarette suchte. «Ich will ihn wiederhaben.»

Landy sah zu, wie sie die Zigarette zwischen die Lippen steckte und sie anzündete. Wenn mich nicht alles täuscht, dachte er, dann ist diese Frau ein bißchen verrückt. Sie scheint recht froh zu sein, daß ihr Mann in der Schale liegt.

Er versuchte sich vorzustellen, was er empfinden würde, wenn das Gehirn *seiner* Frau dort läge und *ihr* Auge aus der Kapsel zu ihm aufstarrte.

Ihm hätte das nicht gefallen.

«Wollen wir in mein Zimmer gehen?» schlug er vor.

Sie stand am Fenster, rauchte ihre Zigarette und war anscheinend ganz ruhig und heiter.

«Ja, gern.»

Auf ihrem Weg zur Tür machte sie am Tisch halt und beugte sich noch einmal über die Schale. «Mary geht jetzt, mein Herzchen», sagte sie. «Und rege dich über nichts auf, verstehst du? Wir werden dich so bald wie möglich nach Hause bringen, wo wir gut für dich sorgen können. Und höre, Lieber...» Sie unterbrach sich, um an der Zigarette zu ziehen.

Sofort blitzte das Auge auf.

Sie blickte es scharf an. Genau im Zentrum des Auges glomm ein kleines, aber helles Fünkchen, und die Pupille verengte sich in jäher Wut zu einem winzigen schwarzen Punkt.

Regungslos über die Schale gebeugt, die Zigarette an den Lippen, beobachtete sie das Auge.

Nach einer Weile nahm sie sehr langsam und bedächtig die Zigarette in den Mund, tat einen langen Zug und inhalierte tief. Der Rauch blieb drei oder vier Sekunden in den Lungen, und dann, plötzlich, kam er in zwei dünnen Streifen aus den Nasenlöchern, strich über die Flüssigkeit in der Schale, ballte sich zu einer dicken blauen Wolke und hüllte das Auge ein.

Landy, mit dem Rücken zu ihr, stand an der Tür und wartete. «Kommen Sie, Mrs. Pearl», rief er.

«Sieh mich nicht so verdrießlich an, William», sagte sie leise. «Das hat gar keinen Zweck.»

Landy wandte den Kopf, um zu sehen, was sie machte.

«Überhaupt keinen Zweck», flüsterte sie. «Denn von jetzt an, mein Liebling, wirst du genau das tun, was Mary will. Hast du verstanden?»

«Mrs. Pearl», mahnte Landy, auf sie zugehend.

«Sei also nie wieder so ein unartiger Junge, mein Schatz», sagte sie und sog von neuem an ihrer Zigarette. «Unartige Jungen werden heutzutage sehr streng bestraft, mußt du wissen.»

Landy nahm sie beim Arm und drängte sie sanft, aber energisch zur Tür.

«Leb wohl, Liebling», rief sie. «Bald komme ich wieder.»

«Genug, Mrs. Pearl.»

«Ist er nicht süß?» Sie schaute mit großen, leuchtenden Augen zu Landy auf. «Ist er nicht entzückend? Ich kann es gar nicht erwarten, bis ich ihn mitnehmen darf.»

Der Weg zum Himmel

Zeit ihres Lebens hatte Mrs. Foster an einer geradezu pathologischen Angst gelitten, einen Zug, ein Flugzeug, ein Schiff oder den Beginn einer Theatervorstellung zu verpassen. Im allgemeinen war sie gar nicht besonders nervös, aber der bloße Gedanke, sie könnte sich bei solchen Anlässen verspäten, setzte ihr derart zu, daß sie Zuckungen bekam. Es war nicht schlimm – nur eine kleine Muskelreizung im Winkel des linken Auges, wie ein verstohlenes Blinzeln –, doch das Unangenehme war, daß dieser Tic noch mindestens eine Stunde lang anhielt, wenn sie den Zug, das Flugzeug, oder was es nun war, glücklich erreicht hatte.

Merkwürdig, wie sich bei gewissen Leuten eine einfache Besorgnis, zum Beispiel die, den Zug nicht mehr zu erreichen, zu einer Besessenheit auswachsen kann. Spätestens eine halbe Stunde, bevor es Zeit war, zum Bahnhof zu fahren, pflegte Mrs. Foster reisefertig, angetan mit Hut, Mantel und Handschuhen aus dem Aufzug zu treten. Unfähig, sich hinzusetzen, lief sie ziellos von einem Zimmer ins andere, bis ihr Mann, dem ihre Aufregung nicht entgangen sein konnte, endlich zum Vorschein kam und trocken bemerkte, man könne jetzt vielleicht aufbrechen, nicht wahr?

Mr. Foster war durchaus berechtigt, sich über das närrische Benehmen seiner Frau zu ärgern, nicht aber dazu, ihre Qualen zu vergrößern, indem er sie unnötig warten ließ. Daß er das tat, ist zwar durch nichts bewiesen, doch sooft sie zusammen irgendwohin wollten, erschien er unweigerlich im letzten oder vielmehr im allerletzten Moment und benahm sich dabei so betont freundlich, daß die Vermutung sehr nahe lag, er habe seiner unglückseligen Frau ganz bewußt eine boshafte kleine Privatqual auferlegt. Eines jedenfalls mußte ihm klar sein: Sie hätte niemals gewagt, nach ihm zu rufen oder ihn zur Eile anzutreiben. Dazu hatte er sie zu gut erzogen. Und er wußte auch, daß er nur ein klein wenig zu lange zu zögern brauchte, um sie in einen Zustand zu versetzen, der hart an

Hysterie grenzte. Bei ein oder zwei besonderen Gelegenheiten in ihren späteren Ehejahren sah es fast so aus, als hätte er den Zug verpassen *wollen*, um die Leiden der armen Frau zu verschlimmern.

Genau kann man es ja nicht wissen, aber nimmt man an, daß er schuldig war, so wird sein Verhalten doppelt verwerflich durch die Tatsache, daß ihm Mrs. Foster, abgesehen von dieser einen kleinen Schwäche, immer eine gute und liebevolle Gattin gewesen war. Dreißig Jahre und mehr hatte sie ihm treu und brav gedient. Daran war nicht zu zweifeln. Bei all ihrer Bescheidenheit wußte sie das selbst, und wenn sie sich auch jahrelang gegen den Argwohn gewehrt hatte, Mr. Foster wolle sie absichtlich quälen, so hatte sie sich doch in letzter Zeit mehrmals bei einem beginnenden Zweifel ertappt.

Der nahezu siebzigjährige Mr. Eugen Foster lebte mit seiner Frau in New York City, und zwar in einem großen sechsstöckigen Haus der Zweiundsechzigsten Straße Ost; sie hatten vier Dienstboten. Die Wohnung war ziemlich düster, und sie bekamen nicht viel Besuch. An diesem Januarmorgen aber herrschte im Hause reges Leben und Treiben. Ein Mädchen trug Stapel von Staubhüllen in alle Zimmer, während ein anderes die Tücher über die Möbel breitete. Der Butler brachte die Koffer hinunter und stellte sie in die Halle. Die Köchin kam immer wieder aus der Küche, um mit dem Butler zu reden, und Mrs. Foster selbst, in einem altmodischen Pelzmantel und mit einem schwarzen Hut auf dem Kopf eilte bald hierhin, bald dorthin, angeblich um alles zu überwachen. In Wirklichkeit dachte sie an nichts anderes als daran, daß sie ihr Flugzeug versäumen werde, wenn ihr Mann nicht bald aus seinem Arbeitszimmer käme und sich fertig machte.

«Wie spät ist es, Walker?» fragte sie den Butler.

«Zehn Minuten nach neun, Madam.»

«Ist der Wagen da?»

«Ja, Madam, er wartet. Ich will gerade das Gepäck hinausbringen.»

«Bis Idlewild brauchen wir eine Stunde», sagte sie. «Mein Flugzeug startet um elf, aber wegen der Formalitäten muß ich eine halbe Stunde früher dort sein. Ich werde zu spät kommen. Ich *weiß*, daß ich zu spät kommen werde.»

«Sie schaffen es bequem, Madam», antwortete der Butler beruhigend. «Ich habe Mr. Foster gesagt, daß Sie um neun Uhr fünfzehn hier weg müssen. In fünf Minuten also.»

«Ja, Walker, ich weiß, ich weiß. Aber bitte, beeilen Sie sich mit dem Gepäck, ja?»

Sie ging in der Halle auf und ab, und sooft der Butler vorbeikam, fragte sie ihn, wie spät es sei. Dabei wiederholte sie sich immer von neuem, daß sie gerade dieses Flugzeug nicht versäumen dürfe. Monate hatte sie gebraucht, ihrem Mann die Erlaubnis zur Reise abzuringen. Kam sie zu spät, so verlangte er womöglich, sie solle ihr Vorhaben aufgeben. Das Schlimme war, daß er darauf bestand, sie zum Flugplatz zu begleiten.

«Guter Gott», sagte sie laut, «ich komme zu spät. Ich weiß, ich weiß, ich *weiß*, daß ich zu spät komme.» Der kleine Muskel am linken Auge zuckte bereits heftig. Die Augen selbst waren dicht am Weinen.

«Wie spät ist es, Walker?»

«Achtzehn Minuten nach, Madam.»

«Jetzt verpasse ich es ganz bestimmt!» rief sie. «Wenn er doch nur käme!»

Für Mrs. Foster war diese Reise sehr wichtig. Sie wollte allein nach Paris fliegen, um ihre Tochter, ihr einziges Kind, zu besuchen, die mit einem Franzosen verheiratet war. Für den Franzosen hatte Mrs. Foster nicht viel übrig, aber sie liebte ihre Tochter, und vor allem sehnte sie sich danach, endlich einmal ihre drei Enkel zu sehen. Sie kannte sie nur von den vielen Fotos, die sie erhalten hatte und die überall in der Wohnung aufgestellt waren. Entzückende Kinder. Mrs. Foster hing mit einer wahren Affenliebe an ihnen, und sooft ein neues Bild kam, zog sie sich damit zurück, betrachtete es lange und liebevoll und suchte in den kleinen Gesichtern nach den befriedigenden Kennzeichen der Blutsverwandtschaft, die so viel bedeutet. In letzter Zeit war ihr immer stärker zum Bewußtsein gekommen, daß sie keinen Wert darauf legte, den Rest ihres Lebens an einem Ort zu verbringen, wo sie diese Kinder nicht in ihrer Nähe haben, sie besuchen, auf Spaziergänge mitnehmen, beschenken, aufwachsen sehen konnte. Natürlich wußte sie, daß es falsch und gewissermaßen pflichtvergessen war, solche Gedanken zu hegen, solange ihr Mann lebte. Und ebenso wußte sie, daß Mr. Foster – obgleich er sich nicht mehr in seinen vielen Unternehmungen betätigte – niemals einwilligen würde, New York zu verlassen und nach Paris zu übersiedeln. Es war schon ein Wunder, daß er ihr gestattet hatte, für sechs Wochen hinüberzufliegen und ihre Lieben zu besuchen. Ach, wie sie wünschte, immer bei ihnen leben zu können!

«Wie spät, Walker?»

«Zweiundzwanzig Minuten nach, Madam.»

Der Butler hatte noch nicht zu Ende gesprochen, als die Tür aufging und Mr. Foster in die Halle trat. Er blieb einen Moment stehen, den Blick auf seine Frau gerichtet, und auch sie sah ihn an, den kleinen, noch immer hübschen alten Mann, dessen Gesicht mit dem gewaltigen Bart den bekannten Fotografien von Andrew Carnegie verblüffend ähnelte.

«Nun», sagte er, «ich glaube, wir sollten wohl langsam aufbrechen, wenn du das Flugzeug noch erreichen willst.»

«Ja, Lieber – ja! Es ist alles bereit. Der Wagen wartet.»

«Gut.» Er neigte den Kopf ein wenig zur Seite und musterte sie aufmerksam. Diese Angewohnheit, den Kopf schräg zu legen und ihn dann in kleinen, schnellen Rucken zu bewegen, war charakteristisch für ihn. Deswegen und weil er die Hände in Brusthöhe zu verschränken pflegte, erinnerte er, wenn er so dastand, an ein Eichhörnchen, ein nettes, lebhaftes Eichhörnchen aus dem Park.

«Hier ist Walker mit deinem Mantel, Lieber. Zieh ihn an.»

«Ich muß mir noch die Hände waschen», sagte er. «Bin gleich zurück.»

Sie wartete, während der Butler Hut und Mantel bereithielt.

«Meinen Sie, daß ich zu spät komme, Walker?»

«Nein, Madam», erwiderte der Butler, «Sie schaffen es bestimmt.»

Als Mr. Foster erschien, half ihm der Butler in den Mantel. Mrs. Foster eilte hinaus und stieg in den gemieteten Cadillac. Ihr Mann folgte ihr, ging aber die Stufen vor der

Haustür sehr gemächlich hinunter und blieb auf halbem Wege stehen, um den Himmel zu betrachten und die kalte Morgenluft zu schnuppern.

«Sieht ein bißchen neblig aus», meinte er, als er sich im Wagen neben sie setzte. «Und draußen in Idlewild ist es meistens noch schlimmer. Ich würde mich nicht wundern, wenn gar keine Flugzeuge starten dürften.»

«Sag das nicht, Lieber – *bitte*.»

Sie schwiegen beide, bis der Wagen den Fluß überquert und Long Island erreicht hatte.

«Mit den Dienstboten habe ich alles geordnet», sagte Mr. Foster. «Sie gehen heute weg. Ich habe ihnen für sechs Wochen den halben Lohn gegeben und Walker gesagt, daß ich ihm telegrafieren werde, wenn wir sie wieder benötigen.»

«Ja», antwortete sie. «Er hat's mir erzählt.»

«Ich ziehe heute abend in den Klub. Wird zur Abwechslung mal ganz nett sein, im Klub zu wohnen.»

«Ja, Lieber, und ich werde dir schreiben.»

«Ab und zu schaue ich dann zu Hause

nach, ob alles in Ordnung ist, und hole die Post.»

«Meinst du nicht, daß Walker doch lieber die ganze Zeit dableiben sollte, um nach dem Rechten zu sehen?» fragte sie zaghaft.

«Unsinn. Ganz überflüssig. Und ich müßte ihm dann den vollen Lohn zahlen.»

«Ach ja, natürlich.»

«Außerdem weiß man nie, was die Leute anstellen, wenn sie allein im Hause sind», verkündete Mr. Foster. Er zog eine Zigarre heraus, knipste die Spitze mit einem silbernen Zigarrenabschneider ab und ließ sein goldenes Feuerzeug aufflammen.

Seine Frau saß regungslos neben ihm, die Hände unter der Decke zusammengekrampft.

«Wirst du mir schreiben?» fragte sie.

«Mal sehen», antwortete er. «Ich glaub's aber nicht. Du weißt, ich schreibe nicht gern Briefe, wenn nichts Besonderes mitzuteilen ist.»

«Ja, Lieber, ich weiß. Mach's, wie du willst.»

Sie fuhren weiter, den Queens Boulevard entlang, und als sie sich dem flachen

Marschland näherten, auf dem Idlewild erbaut ist, wurde der Nebel dichter, und der Wagen mußte das Tempo verlangsamen.

«Oh!» rief Mrs. Foster. «Jetzt werde ich das Flugzeug *bestimmt* verpassen! Wie spät ist es?»

«Reg dich nicht auf», sagte der alte Mann. «Ob du zur Zeit kommst oder nicht, spielt gar keine Rolle. Das Flugzeug kann ohnehin nicht starten. Bei solchem Wetter fliegen sie nie. Ich begreife nicht, warum du überhaupt losgefahren bist.»

Täuschte sie sich, oder hatte seine Stimme plötzlich einen neuen Klang? Sie wandte sich ihm zu. Die vielen Haare machten es schwierig, eine Veränderung in seinem Gesichtsausdruck wahrzunehmen. Das wichtigste war der Mund. Wie schon so oft, wünschte sie sich, ihn deutlich sehen zu können. Seine Augen verrieten nie etwas, ausgenommen, wenn er zornig war.

«Natürlich», fuhr er fort, «falls das Flugzeug zufällig doch startet, kommst du zu spät – darin muß ich dir zustimmen. Wäre es nicht besser, gleich umzukehren?»

Sie antwortete nicht und schaute durch

das Fenster nach dem Nebel. Je weiter sie kamen, desto dichter schien er zu werden; sie konnte gerade den Straßenrand erkennen und ein wenig Grasland. Sie spürte, daß ihr Mann sie noch immer beobachtete. Auch sie sah ihn nun an, und dabei stellte sie mit einer Art Entsetzen fest, daß er unverwandt auf die Stelle in ihrem linken Augenwinkel blickte, wo sie den Muskel zucken fühlte.

«Nun?» sagte er.

«Was denn?»

«Wenn das Flugzeug startet, erreichst du es bestimmt nicht mehr. Bei dem Nebel können wir nicht schnell fahren.»

Nach diesen Worten hüllte er sich in Schweigen. Der Wagen kroch dahin. Der Fahrer hielt eine gelbe Lampe auf den Straßenrand gerichtet, und das half ihm weiter. Andere Lichter, weiße oder gelbe, tauchten vor ihnen aus dem Nebel auf, und ein besonders helles folgte ihnen die ganze Zeit.

Plötzlich hielt der Fahrer an.

«So!» rief Mr. Foster. «Jetzt sitzen wir fest. Wundert mich gar nicht.»

Der Fahrer drehte sich um. «Nein, Sir, wir haben's geschafft. Dies ist der Flughafen.»

Mrs. Foster sprang wortlos aus dem Wagen und eilte zum Haupteingang. In der Halle belagerten zahlreiche Menschen, meist verzweifelte Reisende, die Schalter. Sie bahnte sich einen Weg durch die Menge und befragte den Angestellten.

«Ja», sagte er, «der Abflug ist verschoben worden. Aber gehen Sie bitte nicht weg. Das Wetter kann sich jeden Augenblick aufklären.»

Sie kehrte zu ihrem Mann zurück, der noch immer im Wagen saß, und erzählte ihm die Neuigkeit. «Du brauchst wirklich nicht zu warten, Lieber», fügte sie hinzu. «Das hätte keinen Sinn.»

«Ich warte auch nicht», sagte er. «Vorausgesetzt, daß der Chauffeur mich zurückfahren kann. Wird das möglich sein, Chauffeur?»

«Ich denke, ja», meinte der Mann.

«Ist das Gepäck abgeladen?»

«Ja, Sir.»

«Leb wohl, Lieber.» Mrs. Foster beugte sich in den Wagen und gab ihrem Mann einen raschen Kuß auf den stachligen grauen Pelz seiner Wange.

«Leb wohl», antwortete er. «Gute Reise.»

Der Wagen verschwand im Nebel, und Mrs. Foster blieb allein zurück.

Der Rest des Tages war eine Art Alpdruck für sie. Stunde um Stunde saß sie auf einer Bank, möglichst nahe bei dem Schalter der Fluggesellschaft, und etwa alle dreißig Minuten stand sie auf, um zu fragen, ob sich irgend etwas geändert habe. Immer erhielt sie die gleiche Antwort – sie müsse weiter warten, weil sich der Nebel jeden Augenblick lichten könne. Erst nach sechs Uhr abends gaben die Lautsprecher bekannt, der Abflug sei auf elf Uhr am nächsten Vormittag verlegt worden.

Als Mrs. Foster das hörte, wußte sie sich keinen Rat. Sie saß noch mindestens eine halbe Stunde auf ihrer Bank und dachte müde und verwirrt darüber nach, wo sie die Nacht verbringen sollte. Den Flugplatz zu verlassen, hatte sie keine Lust. Ihren Mann zu sehen auch nicht. Sie fürchtete, es werde ihm irgendwie gelingen, ihre Reise nach Frankreich zu hintertreiben. Am liebsten wäre sie geblieben, wo sie war: auf der Bank. Von allen Lösungen war dies die sicherste.

Aber Mrs. Foster war erschöpft, und zudem wurde ihr klar, daß sie, eine ältere Dame, sich damit lächerlich machen würde. So ging sie denn schließlich in eine Telefonzelle und rief zu Hause an.

Ihr Mann, der gerade in den Klub fahren wollte, meldete sich. Sie berichtete ihm, was geschehen war, und fragte, ob die Dienstboten noch dort seien.

«Die sind alle weg», antwortete er.

«Dann werde ich mir ein Hotelzimmer nehmen. Du brauchst dich keinesfalls um mich zu kümmern.»

«Das wäre verrückt», entgegnete er. «Hier hast du doch das ganze Haus zu deiner Verfügung.»

«Aber, mein Lieber, es ist *leer*.»

«Dann bleibe ich eben bei dir.»

«Wir haben auch nichts zu essen im Hause. Nichts.»

«Iß, bevor du kommst. Sei nicht so dumm. Du bist wirklich das unbeholfenste Geschöpf, das mir je begegnet ist.»

«Ja», sagte sie. «Es tut mir leid. Ich werde hier ein Sandwich essen und dann kommen.»

Draußen hatte sich der Nebel ein wenig gelichtet, aber sie mußte trotzdem eine lange, langsame Taxifahrt überstehen und traf erst sehr spät in der Zweiundsechzigsten Straße ein.

Ihr Mann öffnete die Tür seines Arbeitszimmers, als er ihren Schritt hörte. «Nun?» fragte er von der Schwelle her. «Wie war's in Paris?»

«Ich fliege morgen früh um elf», antwortete sie. «Endgültig.»

«Du meinst, wenn sich der Nebel verzieht.»

«Er verzieht sich jetzt schon. Es ist Wind aufgekommen.»

«Du siehst müde aus», sagte er. «Du hattest gewiß einen unruhigen Tag.»

«Sehr angenehm war's nicht. Ich denke, ich gehe gleich zu Bett.»

«Ich habe für morgen um neun einen Wagen bestellt.»

«Ach, vielen Dank, Lieber. Und ich hoffe wirklich, du wirst dir nicht die Mühe machen, wieder mit hinauszufahren.»

«Nein», sagte er langsam. «Ich glaube nicht, daß ich mitkommen werde. Aber eigentlich könntest du mich unterwegs im Klub absetzen.»

Sie schaute ihn an und hatte plötzlich das Gefühl, er stehe weit weg von ihr, jenseits irgendeiner Grenze. Er wirkte so klein, so entfernt, daß sie nicht recht wußte, was er tat, was er dachte oder auch nur, was er war.

«Der Klub ist in der City», wandte sie ein. «Das ist nicht die Richtung zum Flugplatz.»

«Du hast reichlich Zeit, meine Liebe. Oder magst du mir den Gefallen nicht tun?»

«Doch, natürlich.»

«Dann ist ja alles in Ordnung. Wir sehen uns morgen früh um neun.»

Sie ging in ihr Zimmer im zweiten Stock und war so erschöpft von den Anstrengungen dieses Tages, daß sie sofort einschlief.

Am nächsten Morgen stand Mrs. Foster zeitig auf, und um halb neun war sie bereits reisefertig.

Kurz nach neun erschien ihr Mann. «Hast du Kaffee gemacht?» fragte er.

«Nein», antwortete sie. «Ich dachte, du würdest im Klub ein gutes Frühstück bekommen. Der Wagen ist da. Er wartet schon eine ganze Weile.»

Sie standen in der Halle – neuerdings schienen sie sich immer in der Halle zu treffen –, sie in Hut und Mantel, die Handtasche über dem Arm, er in einem altmodischen Jackett mit breiten Aufschlägen.

«Dein Gepäck?»

«Das ist auf dem Flugplatz.»

«Ach ja», sagte er, «natürlich. Wenn du mich zuerst in den Klub bringen willst, dann sollten wir wohl lieber gleich aufbrechen, wie?»

«Ja!» rief sie. «O ja – *bitte!*»

«Ich hole mir nur noch ein paar Zigarren. Geh ruhig schon vor, ich komme sofort nach.»

Sie drehte sich um und eilte hinaus. Der Chauffeur öffnete ihr die Wagentür.

«Wie spät ist es?» fragte sie ihn.

«Ungefähr neun Uhr fünfzehn.»

Fünf Minuten darauf kam Mr. Foster. Er stieg langsam die Stufen hinunter, und seine Frau stellte fest, daß er in den engen Röhrenhosen, die er trug, Beine wie ein Ziegenbock hatte. Wie tags zuvor blieb er auf halbem Wege stehen, schnupperte die Luft und betrachtete den Himmel. Wenn auch das Wetter noch nicht ganz klar war, so drangen doch ein paar Sonnenstrahlen durch den Dunst.

«Vielleicht hast du diesmal mehr Glück», meinte er und kletterte in den Wagen.

«Beeilen Sie sich, bitte», sagte sie zu dem Chauffeur. «Halten Sie sich nicht mit der Decke auf. Das mache ich schon. Bitte fahren Sie, wir haben uns ohnehin verspätet.»

Der Mann setzte sich hinter das Lenkrad und ließ den Motor an.

«Moment mal», meldete sich Mr. Foster plötzlich. «Warten Sie einen Augenblick, Chauffeur, ja?»

«Was ist denn, Lieber?» Sie sah ihn in seinen Manteltaschen wühlen.

«Ich hatte ein kleines Geschenk, das du Ellen mitbringen solltest», sagte er. «Herrje, wo ist es denn nur? Ich weiß genau, daß ich's in der Hand hatte, als ich in die Halle kam.»

«Mir ist gar nicht aufgefallen, daß du etwas trugst. Was für ein Geschenk?»

«Eine kleine, in weißes Papier gewickelte Schachtel. Ich habe gestern vergessen, sie dir zu geben. Heute möchte ich es nicht wieder vergessen.»

«Eine kleine Schachtel!» rief Mrs. Foster. «Ich habe keine kleine Schachtel gesehen!» Sie suchte fieberhaft auf den Wagensitzen herum. Ihr Mann kramte weiter in seinen Taschen. Dann knöpfte er den Mantel auf und tastete sein Jackett ab. «Zu dumm», sagte er. «Ich muß es im Schlafzimmer gelassen haben. Warte, ich bin sofort wieder da.»

«*Bitte!*» flehte sie. «Wir haben keine Zeit! *Bitte*, laß es! Du kannst es schicken. Es ist ja doch nur ein alberner Kamm. Du schenkst ihr immer Kämme.»

«Und was hast du gegen Kämme, wenn ich fragen darf?» Er war wütend, weil sie sich so hatte gehenlassen.

«Gar nichts, mein Lieber. Gewiß nicht. Aber...»

«Warte hier», befahl er. «Ich hole die Schachtel.»

«Mach schnell, Lieber! *Bitte*, mach schnell!»

Sie saß im Wagen und wartete und wartete.

«Chauffeur, wie spät ist es?»

Der Mann schaute auf seine Armbanduhr. «Gleich halb zehn.»

«Schaffen wir's in einer Stunde bis zum Flughafen?» – «Ja, mit knapper Not.»

In diesem Augenblick entdeckte Mrs. Foster plötzlich die Ecke von etwas Weißem, das zwischen Sitz und Lehne eingekeilt war, dort, wo ihr Mann gesessen hatte. Sie zog ein in Papier gewickeltes Päckchen heraus und stellte dabei unwillkürlich fest, daß es so tief im Polster steckte, als hätte eine Hand nachgeholfen.

«Hier ist es!» rief sie. «Ich hab's gefunden! Oje, und nun sucht er da oben alles durch! Chauffeur, rasch – laufen Sie hinein und rufen Sie ihn, wenn Sie so gut sein wollen!»

Dem Chauffeur, einem Mann mit einem trotzigen, schmallippigen irischen Mund, paßte das alles nicht recht, aber er stieg aus und ging die Stufen zur Haustür hinauf. Gleich darauf kam er zurück. «Die Tür ist zu», sagte er. «Haben Sie den Schlüssel?»

«Ja, einen Moment...» Sie kramte wild in ihrer Handtasche. Ihr kleines Gesicht war vor Angst verzerrt, der Mund krampfhaft zusammengepreßt.

«Hier! Nein – ich gehe selbst. Das ist besser. Ich weiß, wo er ist.»

Sie sprang aus dem Wagen und eilte die Stufen hinauf, den Schlüssel in der Hand. Schon hatte sie ihn ins Schlüsselloch gesteckt, war im Begriff, ihn zu drehen – da hielt sie inne. Sie hob den Kopf und stand vollständig regungslos, wie erstarrt inmitten all der Hast, die Tür zu öffnen und das Haus zu betreten. Sie wartete – fünf Sekunden, sechs, sieben, acht, neun, zehn. Wie sie da stand, mit erhobenem Kopf und angespanntem Körper, schien sie zu lauschen, ob sich ein Laut wiederholen werde, den sie soeben aus dem Innern des Hauses gehört hatte.

Ja, sie lauschte – das war offensichtlich. Ihre ganze Haltung drückte Lauschen aus. Man sah förmlich, wie sie ihr Ohr immer näher an die Tür brachte. Nun lag es unmittelbar an dem Holz, und sekundenlang behielt sie diese Stellung bei: den Kopf erhoben, das Ohr an der Tür, den Schlüssel in der Hand, bereit einzutreten, aber doch nicht eintretend und statt dessen offenbar bemüht, die schwachen Laute zu analysieren, die aus dem Innern des Hauses drangen.

Auf einmal kam wieder Leben in Mrs.

Foster. Sie zog den Schlüssel aus der Tür, machte kehrt und rannte zum Wagen zurück.

«Es ist zu spät!» rief sie dem Chauffeur zu. «Ich kann nicht auf ihn warten, ich kann einfach nicht, weil ich sonst das Flugzeug versäume. Fahren Sie, Chauffeur, rasch! Zum Flugplatz!»

Hätte der Mann sie genau betrachtet, so wäre ihm zweifellos aufgefallen, daß sie kreidebleich geworden war und daß sich ihr Gesichtsausdruck plötzlich verändert hatte. Keine Spur mehr von ihrem sanften, ziemlich einfältigen Blick. Eine merkwürdige Härte hatte sich über ihre Züge verbreitet. Der kleine, sonst so schlaffe Mund war schmal und fest, die Augen blitzten, und als sie sprach, klang aus ihrer Stimme eine ungewohnte Autorität.

«Schnell, Chauffeur, schnell!»

«Reist denn Ihr Mann nicht mit Ihnen?» fragte er erstaunt.

«O nein, ich wollte ihn nur im Klub absetzen, aber das ist jetzt nicht wichtig. Er wird's schon einsehen und sich ein Taxi nehmen. Reden Sie nicht so lange. *Fahren* Sie! Ich muß die Maschine nach Paris erreichen!»

Unaufhörlich von Mrs. Foster angetrieben, fuhr der Mann wie die Feuerwehr, so daß er sie einige Minuten vor dem Start des Flugzeugs in Idlewild absetzen konnte. Bald war sie hoch über dem Atlantik, behaglich in ihren Sessel gelehnt, dem Motorengebrumm lauschend, in Gedanken schon in Paris. Noch immer befand sie sich in dieser neuen Stimmung. Sie fühlte sich ungemein kräftig und empfand ein eigenartiges Wohlbehagen. Wenn sie ein wenig atemlos war, so kam das mehr von der Verwunderung über das, was sie getan hatte, als von sonst etwas, und während sich das Flugzeug immer weiter von New York und der Zweiundsechzigsten Straße entfernte, senkte sich eine große Ruhe auf sie herab. Bei der Ankunft in Paris war sie so frisch, kühl und gelassen, wie sie es sich nur wünschen konnte.

Sie lernte ihre Enkelkinder kennen und fand sie in Fleisch und Blut noch viel schöner als auf den Fotos. Wie Engel, sagte sie sich, wie Engel sind sie! Und jeden Tag ging sie mit ihnen spazieren, fütterte sie mit Kuchen, kaufte ihnen Geschenke und erzählte ihnen wunderhübsche Geschichten.

Einmal in der Woche, am Dienstag, schrieb sie ihrem Mann einen netten Plauderbrief, voll von Neuigkeiten und Klatsch, den sie stets mit den Worten schloß: «Und bitte, achte darauf, daß Du regelmäßig ißt, obgleich ich befürchte, Du wirst das nicht tun, solange ich weg bin.»

Als die sechs Wochen um waren, bedauerten alle, daß sie nach Amerika zurückkehren mußte. Alle, nur sie nicht. Merkwürdigerweise schien ihr das nicht soviel auszumachen, wie man hätte erwarten können, und als sie ihre Lieben zum Abschied küßte, deutete irgend etwas in ihrem Verhalten und in ihren Worten auf die Möglichkeit hin, daß sie in nicht allzu ferner Zukunft wiederkommen werde.

Pflichtgetreu, wie sie war, hielt sie sich streng an das vereinbarte Datum. Genau sechs Wochen nach ihrer Ankunft schickte sie ihrem Mann ein Kabel und bestieg die Maschine nach New York.

In Idlewild stellte Mrs. Foster mit Interesse fest, daß kein Wagen auf sie wartete. Vielleicht amüsierte sie das sogar ein wenig. Sie war jedoch sehr ruhig und gab dem Träger, der ihr Gepäck zum Taxi schaffte, kein übertrieben hohes Trinkgeld.

In New York war es kälter als in Paris, und an den Straßenrändern lagen schmutzige Schneehaufen. Das Taxi hielt vor dem Haus in der Zweiundsechzigsten Straße, und Mrs. Foster überredete den Chauffeur, ihre beiden großen Koffer bis zur Haustür zu tragen. Dann bezahlte sie ihn und läutete. Sie wartete, aber niemand kam. Sicherheitshalber drückte sie noch einmal auf den Knopf. Sie hörte die Glocke im hinteren Teil des Hauses schrillen, doch nichts rührte sich.

So nahm sie denn ihren eigenen Schlüssel und schloß auf.

Das erste, was sie bei ihrem Eintritt erblickte, war ein Berg von Briefen, die auf dem Boden lagen, wie sie durch den Türschlitz gefallen waren. In der Halle war es dunkel und kalt. Über der alten Uhr hing eine Staubhülle. Trotz der Kälte war die Luft merkwürdig drückend, und Mrs. Foster spürte einen schwachen eigentümlichen Geruch, den sie nie zuvor wahrgenommen hatte.

Mit schnellen Schritten durchquerte sie

die Halle und bog hinten links um die Ecke. In ihren Bewegungen war etwas Energisches und Zielbewußtes; sie wirkte wie eine Frau, die einer Sache auf den Grund gehen, die Bestätigung eines Verdachts suchen will. Und als sie nach ein paar Sekunden zurückkam, lag auf ihrem Gesicht ein kleiner Schimmer von Befriedigung.

Mitten in der Halle blieb sie stehen, als dächte sie darüber nach, was sie nun tun solle. Dann drehte sie sich mit einem Ruck um und ging in das Arbeitszimmer ihres Mannes. Auf dem Schreibtisch lag ein Notizbuch. Sie blätterte eine Weile darin, nahm dann den Telefonhörer ab und stellte eine Verbindung her.

«Hallo», sagte sie, «hören Sie – hier ist Nummer neun, Zweiundsechzigste Straße Ost... Ja, ganz recht. Könnten Sie wohl sobald wie möglich jemanden herüberschikken? Ja, er ist steckengeblieben, vermutlich zwischen der zweiten und der dritten Etage. Das ist jedenfalls der Stand, den der Anzeiger angibt... Sofort? Ach, das ist sehr freundlich von Ihnen. Wissen Sie, für meine Beine ist das viele Treppensteigen nichts mehr. Recht schönen Dank. Auf Wiederhören.»

Sie legte auf, blieb an dem Schreibtisch ihres Mannes sitzen und wartete geduldig auf den Monteur, der den Aufzug reparieren sollte.

Des Pfarrers Freude

Mr. Boggis fuhr langsam dahin, behaglich zurückgelehnt, den Ellbogen auf den Rahmen des offenen Wagenfensters gestützt. Eine herrliche Gegend, dachte er, und wie erfreulich es ist, die ersten Boten des Sommers zu sehen. Vor allem die Schlüsselblumen, den Weißdorn und den Rotdorn. Die Hecken standen in voller Blüte, weiß, rosa und rot; darunter leuchteten in kleinen Büscheln die gelben Schlüsselblumen, und das war wunderschön.

Er ließ das Lenkrad mit einer Hand los und zündete sich eine Zigarette an. Am besten fahre ich jetzt den Brill Hill hinauf, beschloß er. Der Hügel lag vor ihm, etwa eine halbe Meile entfernt. Und das da mußte das Dorf Brill sein, diese in Grün eingebettete Gruppe ländlicher Häuser auf dem Gipfel. Ausgezeichnet. Nicht oft fand er bei seinen Sonntagsunternehmungen ein so günstig gelegenes Arbeitsgebiet.

Oben auf dem Hügel brachte er den Wagen am Rande des Dorfes zum Stehen, stieg aus und hielt Umschau. Wie ein riesiger grüner Teppich breitete sich die Landschaft vor ihm aus. Er konnte meilenweit sehen. Sehr gut war das. Er zog einen Block und einen Bleistift aus der Tasche, lehnte sich an den Wagen und ließ seinen geübten Blick langsam in die Runde schweifen.

Zur Rechten entdeckte er inmitten der Felder ein mittelgroßes Bauernhaus, zu dem von der Landstraße her ein Weg führte. Dahinter stand ein größeres. Dann war da ein von hohen Ulmen umgebenes Haus, das aus der Zeit Queen Annes stammen mochte, und auch die beiden Bauernhöfe, die weiter nach links lagen, sahen vielversprechend aus. Insgesamt also fünf. Das war wohl alles auf dieser Seite.

Mr. Boggis zeichnete in groben Zügen einen Lageplan auf seinen Block, damit er die Häuser nachher mühelos wiederfinden konnte. Dann stieg er in seinen Wagen und fuhr durch das Dorf auf die andere Seite des Hügels. Von dort erspähte er sechs weitere Möglichkeiten – fünf Höfe und ein großes weißes Haus in georgianischem Stil. Es sah sauber und gepflegt aus, auch der Garten war in bester Ordnung. Schade. Er schaltete es sofort aus. Zu wohlhabenden Leuten zu gehen hatte gar keinen Sinn.

Mithin blieben alles in allem zehn Versuchsobjekte. Zehn ist eine hübsche Zahl, sagte sich Mr. Boggis. Gerade richtig für eine gemächliche Nachmittagsarbeit. Wie spät war es jetzt? Elf Uhr. Eigentlich hätte er ja gern ein Glas Bier getrunken, bevor er anfing, aber sonntags wurden die Wirtshäuser erst um zwölf geöffnet. Na schön, dann eben später. Er warf einen Blick auf seinen Plan und entschied sich für das Queen-Anne-Haus, das mit den Ulmen. Durchs Fernglas hatte es so hübsch verfallen ausgesehen. Die Bewohner würden vermutlich etwas Geld gut gebrauchen können. Mit Queen-Anne-Häusern hatte er von jeher Glück gehabt. Mr. Boggis klemmte sich hinter das Lenkrad, löste die Handbremse und ließ den Wagen ohne Motor langsam den Hügel hinunterrollen.

Abgesehen davon, daß er im Augenblick als Geistlicher verkleidet war, gab es an Mr. Cyril Boggis nichts auszusetzen. Er war

Antiquitätenhändler, hatte sich auf Möbel spezialisiert und besaß in Chelsea, in der King's Road, einen Laden mit Ausstellungsraum. Sein Lager war nicht groß, und die Geschäfte gingen nicht allzu gut, doch da er immer billig einkaufte, sehr, sehr billig sogar, und sehr, sehr teuer verkaufte, brachte er es doch fertig, jedes Jahr einen netten kleinen Verdienst herauszuschlagen. Er war äußerst gewandt und hatte die Gabe, beim Kaufen wie beim Verkaufen genau den Ton anzuschlagen, der ihm die Sympathie des jeweiligen Kunden gewann: ernst, aber charmant für die Bejahrten, untertänig für die Reichen, schlicht für die Frommen, herrisch für die Weichen, mutwillig für die Witwen, frech und schelmisch für die alten Jungfern. Dieses Talentes war er sich durchaus bewußt, und er machte bei jeder Gelegenheit schamlos davon Gebrauch. Nach einer besonders gut geglückten Darbietung konnte er sich manchmal kaum enthalten, einen Schritt vorzutreten und sich zu verbeugen, als hätte ihm ein unsichtbares Publikum donnernden Applaus gespendet.

Trotz dieser ziemlich hanswurstmäßigen

Eigenschaft war Mr. Boggis beileibe kein Narr. Man sagte ihm sogar nach, er verstehe von französischem, englischem und italienischem Mobiliar ebensoviel wie die besten Experten in London. Er hatte einen überraschend sicheren Geschmack, und wenn ihm ein Stück mißfiel, lehnte er es ohne Zögern ab, so echt es auch sein mochte. Seine eigentliche Liebe gehörte natürlich den Werken der großen englischen Kunsttischler und Architekten des achtzehnten Jahrhunderts – Ince, Mayhew, Chippendale, Robert Adam, Manwaring, Inigo Jones, Hepplewhite, Kent, Johnson, George Smith, Lock, Sheraton und wie sie alle heißen –, doch auch hier zog er gelegentlich eine Grenze. In seinem Ausstellungsraum duldete er zum Beispiel kein einziges Stück aus Chippendales chinesischer oder gotischer Periode, und ebenso verwarf er einige der massigeren italienischen Entwürfe von Robert Adam.

Durch sein Geschick, mit erstaunlicher Regelmäßigkeit ungewöhnliche, oft sogar sehr seltene Gegenstände aufzustöbern, hatte sich Mr. Boggis in den letzten Jahren beträchtlichen Ruhm bei seinen Geschäftsfreunden erworben. Anscheinend verfügte der Mann über eine nahezu unerschöpfliche Quelle, eine Art privaten Warenlagers, aus dem er sich von Woche zu Woche versorgte. Fragte man ihn, woher er die Sachen beziehe, so lächelte er überlegen und murmelte etwas von einem kleinen Geheimnis.

Hinter Mr. Boggis' kleinem Geheimnis steckte eine höchst einfache Idee. Sie ging auf ein Erlebnis zurück, das er vor nahezu neun Jahren gehabt hatte, als er eines Sonntagnachmittags über Land fuhr. Er hatte sich am Morgen aufgemacht, um seine Mutter in Sevenoaks zu besuchen, und auf dem Rückweg war irgend etwas mit dem Kühler passiert, so daß sich der Motor überhitzte und das Wasser wegkochte. Er war ausgestiegen, zum nächsten Haus gegangen, einem Bauernhäuschen, etwa fünfzig Schritt von der Straße entfernt, und hatte die Frau, die ihm öffnete, um einen Krug Wasser gebeten.

Während er auf ihre Rückkehr vom Brunnen wartete, warf er zufällig einen Blick durch die offene Tür ins Wohnzimmer, und dort, greifbar nahe, entdeckte er so etwas Aufregendes, daß ihm der Schweiß auf die

Stirn trat. Es war ein großer eichener Armstuhl von besonderer Art – so einen hatte er erst einmal im Leben gesehen. Jeder Arm wie auch die Fläche der Rückenlehne ruhte auf acht wundervoll gedrechselten Spindeln. Die Rückenlehne selbst war mit einer Einlegearbeit verziert, einem herrlichen Blumenmuster, und ein geschnitzter Entenkopf nahm die Hälfte jeder der beiden Armstützen ein. Guter Gott, dachte Mr. Boggis, das ist ja spätes fünfzehntes Jahrhundert!

Er steckte den Kopf weiter durch die Tür, und siehe da, auf der anderen Seite des Kamins stand wahrhaftig noch so ein Sessel!

Ganz sicher wußte er es nicht, aber zwei Stühle wie diese waren in London mindestens tausend Pfund wert. Ach, und wie schön sie waren!

Als die Frau zurückkam, stellte Mr. Boggis sich vor und fragte ohne Umschweife, ob sie die Sessel vielleicht verkaufen wolle.

«Du meine Güte», sagte sie, «warum in aller Welt sollte ich meine Sessel verkaufen?»

Aus keinem anderen Grunde, als weil er bereit sei, ihr ein schönes Stück Geld dafür zu bezahlen.

Tatsächlich? Wieviel denn? Sie denke zwar nicht daran zu verkaufen, aber aus Neugier, so zum Spaß, wissen Sie – wieviel würde er geben?

«Fünfunddreißig Pfund.» – «Wieviel?»
«Fünfunddreißig Pfund.»

Lieber Himmel, fünfunddreißig Pfund. Ja, ja, das sei sehr interessant. Für wertvoll habe sie die Stühle immer gehalten. Sie seien sehr alt. Und außerdem sehr bequem. Aber sie könne sie unmöglich entbehren, auf keinen Fall. Nein, da sei leider nichts zu machen. Trotzdem vielen Dank.

In Wirklichkeit, erklärte Mr. Boggis, seien die Sessel gar nicht so alt und daher auch keineswegs leicht zu verkaufen; er habe jedoch gerade einen Kunden an der Hand, der solche Sachen liebe. Vielleicht könne er noch zwei Pfund zulegen – sagen wir siebenunddreißig. Wie wäre es damit?

Eine halbe Stunde lang ging der Handel hin und her. Zuletzt bekam Mr. Boggis natürlich die Sessel und bezahlte dafür kaum den zwanzigsten Teil ihres Wertes.

Als Mr. Boggis am Abend nach London zurückfuhr – die beiden Prachtstücke waren im hinteren Teil des alten Kombiwagens untergebracht –, kam ihm plötzlich ein Gedanke, den er für glänzend hielt.

Sieh einmal, sagte er sich, wenn in diesem Bauernhaus gute Sachen sind, warum dann nicht auch in anderen? Sollte man also nicht danach suchen? Alle ländlichen Bezirke durchkämmen? Sonntags, zum Beispiel, weil es dann nicht bei der Arbeit stört… Mit dem Sonntag wußte Mr. Boggis ohnehin nie etwas anzufangen.

Er kaufte Landkarten, Karten in großem Maßstab von allen Grafschaften rund um London, und teilte sie mit einer feinen Feder in Quadrate ein, deren jedes ein Gebiet von fünf zu fünf Meilen umfaßte. Soviel konnte er seiner Schätzung nach bei gründlichem Vorgehen an einem Sonntag erledigen. Städte und große Dörfer wollte er außer acht lassen und lieber abgelegene Ortschaften, Bauernhöfe und mehr oder weniger verfallene Herrensitze aufsuchen. Wenn er allsonntäglich ein Quadrat abklapperte, zweiundfünfzig im Jahr, würde er nach und nach jeden Hof und jedes Bauernhaus der näheren und weiteren Umgebung erfassen.

Offensichtlich war es aber damit noch nicht getan. Landleute sind eine mißtrauische Gesellschaft. Ebenso die verarmten Reichen. Man kann nicht einfach an ihre Tür klopfen und erwarten, daß sie einem das ganze Haus zeigen, nur weil man es gern besichtigen möchte. Das tun sie nicht. Auf die Weise kommt man noch nicht einmal über die Schwelle. Wie sollte man sich also Einlaß verschaffen? Vielleicht war es am besten, gar nicht zu sagen, daß man Händler war. Man konnte sich als Telefonmann ausgeben, als Klempner, als Beauftragter der Gasanstalt. Oder als Geistlicher...

Damit bekam der Plan Hand und Fuß. Mr. Boggis ließ eine Menge Visitenkarten drucken, auf denen zu lesen stand:

Reverend Cyril Winnington Boggis

Präsident der Gesellschaft
zur Erhaltung seltenen Mobiliars
In Verbindung
mit dem Victoria-und-Albert-Museum

Von nun an war er jeden Sonntag ein netter alter Pfarrer, der seinen Feiertag opferte, um der «Gesellschaft» einen Liebesdienst zu erweisen, indem er ein Inventar der in englischen Bauernhöfen und Landhäusern verborgenen Schätze aufnahm. Und wer in aller Welt hätte gewagt, ihn hinauszuwerfen, wenn er das hörte?

Niemand.

War Mr. Boggis erst einmal drinnen und entdeckte zufällig etwas, was er gern haben wollte – nun, dann gab es hundert verschiedene Wege, zum Ziel zu kommen.

Zu seiner eigenen Überraschung ging alles wie am Schnürchen. Die Freundlichkeit, mit der er in einem Haus nach dem anderen empfangen wurde, war ihm anfangs sogar geradezu peinlich. Etwas kalte Pastete, ein Glas Portwein, eine Tasse Tee, einen Korb Pflaumen, ein reichhaltiges Sonntagsmahl im Kreise der Familie, dergleichen wurde ihm immer wieder angeboten, ja aufgedrängt. Mitunter waren natürlich auch Minuten der Angst und unangenehme Zwischenfälle zu verzeichnen, aber neun Jahre, das sind mehr als vierhundert Sonntage, und in diesem Zeitraum kann man sehr viele Häuser besuchen. Alles in allem war es ein interessantes, aufregendes und lukratives Geschäft.

Und nun war wieder Sonntag, und Mr. Boggis betätigte sich in der Grafschaft Buckinghamshire, in einem der nördlichsten Quadrate seiner Karte, ungefähr zehn Meilen von Oxford entfernt. Als er den Hügel hinabfuhr und sein erstes Haus, das verfallene im Queen-Anne-Stil, ansteuerte, stieg in ihm das Gefühl auf, dieser Tag werde sich zu einem seiner glücklichsten entwickeln.

Er parkte den Wagen in einigem Abstand vom Eingang und machte sich daran, die restlichen zweihundert Schritte zu Fuß zu gehen. Seinen Wagen ließ er nicht gern sehen, bevor ein Handel abgeschlossen war. Ein lieber alter Geistlicher und ein großer Kombiwagen schienen nicht recht zueinander zu passen. Der kurze Weg gab ihm zudem Gelegenheit, das Haus von außen zu betrachten und sich in eine der Situation entsprechende Stimmung zu versetzen.

Mr. Boggis ging schnell die Auffahrt hinauf. Er war ein kleiner Mann, dickbäuchig, mit fleischigen Schenkeln und einem runden rosigen Gesicht, das wie gemacht für seine Rolle war. Die großen braunen Augen, die aus diesem rosigen Antlitz hervorquollen, wirkten ebenso freundlich wie dumm. Er war schwarz gekleidet, trug das übliche «Hundehalsband» der Geistlichen, und auf seinem Kopf saß ein weicher schwarzer Hut. In der Hand hielt er einen alten Spazierstock aus Eichenholz, der ihm seiner Meinung nach ein ländlich-gemütliches Aussehen verlieh.

Er näherte sich der Haustür und läutete. Gleich darauf hörte er Schritte in der Halle, die Tür öffnete sich, und vor ihm – oder eigentlich über ihm – stand eine riesenhaft große Frau in Reithosen. Nicht einmal der Rauch ihrer Zigarette konnte den kräftigen Geruch nach Stall und Pferdemist übertäuben, der von ihr ausging.

«Ja?» fragte sie mit einem mißtrauischen Blick. «Was wünschen Sie?»

Mr. Boggis, der halb und halb darauf gefaßt war, sie im nächsten Moment wiehern zu hören, lüftete den Hut, machte eine kleine Verbeugung, überreichte seine Karte und murmelte: «Entschuldigen Sie vielmals, daß ich Sie störe.» Dann wartete er und beobachtete ihr Gesicht, während sie las.

«Das verstehe ich nicht», sagte sie und gab ihm die Karte zurück. «Was wünschen Sie?»

Mr. Boggis erklärte ihr Zweck und Ziel der Gesellschaft zur Erhaltung seltenen Mobiliars.

Ihre Augen unter den hellen, buschigen Brauen starrten ihn grimmig an. «Hat das etwas mit der Sozialistischen Partei zu tun?» erkundigte sie sich.

Nun war es leicht. Mit einem Tory in Reithosen, ob männlich oder weiblich, kam Mr. Boggis immer gut zurecht. Er verwendete zwei Minuten auf ein begeistertes Lob des äußersten rechten Flügels der Konservativen und zwei weitere auf eine heftige Kritik an den Sozialisten. Als letzten Triumph spielte er die Tatsache aus, daß die Sozialisten einmal einen Gesetzentwurf für das Verbot der Parforcejagden auf dem Lande eingebracht hatten, und ging dann dazu über, der Dame seine Auffassung vom Himmel vorzutragen – «obwohl Sie das lieber nicht dem Bischof erzählen sollten». Für ihn, so sagte er, sei der Himmel ein Ort, wo man Füchse, Hirsche und Hasen mit großen Meuten unermüdlicher Hunde jagen könne, und zwar täglich, auch sonntags, vom Morgen bis zum Abend.

Er beobachtete sie, während er sprach, und bald sah er, daß der Zauber zu wirken begann. Die Lippen seiner Zuhörerin verzogen sich zu einem breiten Lächeln und entblößten dabei zwei Reihen riesiger gelblicher Zähne. «Madam», rief Mr. Boggis, «ich bitte Sie inständig, halten Sie mich bloß nicht für einen Sozialisten!» In diesem Augenblick brach sie in ein wieherndes Lachen aus, hob eine breite rote Hand und schlug ihm so kräftig auf die Schulter, daß er fast umgefallen wäre.

«Kommen Sie rein!» schrie sie. «Ich weiß nicht, was Sie wollen, aber kommen Sie in drei Teufels Namen rein!»

Unglücklicherweise und ziemlich überraschend gab es in diesem Hause nichts, was irgendwelchen Wert gehabt hätte, und Mr. Boggis, der an unfruchtbares Gebiet prinzipiell keine Zeit verschwendete, entschuldigte sich bald und ging. Der Besuch hatte kaum fünfzehn Minuten gedauert, und das, so sagte er sich, als er in seinen Wagen stieg, war genau das übliche für solche Fälle.

Nun hatte er nur noch Bauernhäuser zu besuchen, und das nächste lag ungefähr eine halbe Meile entfernt. Es war ein großes Fachwerkgebäude von beträchtlichem Alter, und seine Südwand wurde von einem prächtig blühenden Birnbaum verdeckt.

Mr. Boggis klopfte an die Tür. Er wartete, bekam aber keine Antwort und klopfte daher noch einmal. Als sich wieder nichts rührte, ging er um das Haus herum, denn er nahm an, der Bauer sei im Kuhstall. Auch auf dem Hof fand er niemanden. Sie werden wohl alle in der Kirche sein, dachte er und fing an, in die Fenster zu spähen, ob er etwas Interessantes entdecken könnte. Im Eßzimmer war nichts. Er versuchte es mit dem Wohnzimmer, und dort, direkt vor seiner Nase, erblickte er in der Fensternische ein wunderschönes Stück, einen halbrunden Spieltisch aus Mahagoni, reich mit Intarsien versehen, im Stil von Hepplewhite, um 1780.

«Aha!» sagte er laut und preßte das Gesicht gegen die Scheibe. «Gut gemacht, Boggis.»

Aber das war noch nicht alles. Da stand auch ein Stuhl, ein einzelner Stuhl, allem Anschein nach von noch besserer Qualität als der Tisch. Ebenfalls Hepplewhite, nicht wahr? Und so schön! Die Stäbe der Rückenlehne waren mit fein geschnitzten Blättern und Ranken verziert, das Rohrgeflecht des Sitzes war zweifellos echt, und was die anmutig geschweiften Beine betraf, so hatten die beiden hinteren jenen besonderen Schwung nach außen, der so viel bedeutet. Ein erlesener Stuhl. «Bevor dieser Tag vorüber ist», sagte Mr. Boggis ruhig vor sich hin, «werde ich die Freude haben, auf diesem entzückenden Stuhl zu sitzen.» Nie kaufte er einen Stuhl, ohne das zu tun. Für ihn war das die Probe aufs Exempel, und es war immer interessant zu sehen, wie er sich behutsam auf den Sitz sinken ließ und dabei auf das Nachgeben achtete, das ihm, dem Fachmann, genau verriet, wieweit die Jahre die Fugen und die Schwalbenschwanzverbindungen hatten eintrocknen lassen.

Es eilt nicht, sagte er sich und beschloß,

später wiederzukommen. Er hatte ja den ganzen Nachmittag vor sich.

Der nächste Hof lag inmitten von Feldern. Damit man den Wagen nicht sah, mußte Mr. Boggis ihn auf der Landstraße stehenlassen und etwa sechshundert Schritte auf einem Seitenweg gehen, der in den hinteren Hof des Bauernhauses mündete. Wie er beim Näherkommen bemerkte, war dieses Anwesen erheblich kleiner als das vorige, so daß hier nicht viel zu erhoffen war. Alles sah vernachlässigt aus, und einige Ställe waren baufällig.

In einer Ecke des Hofes standen dicht beieinander drei Männer. Einer von ihnen hielt zwei große schwarze Windhunde an der Leine. Als die Männer den schwarzgekleideten Mr. Boggis mit seinem Pfarrerkragen herankommen sahen, verstummten sie, schienen plötzlich starr und steif zu werden und wandten ihm ihre Gesichter zu, um ihn argwöhnisch zu beäugen.

Der älteste von den dreien, ein untersetzter Mann mit breitem Froschmund und kleinen, verschmitzten Augen, hieß – was Mr. Boggis natürlich nicht wußte – Rummins und war der Besitzer des Hofes.

Der hochgewachsene junge Mann neben ihm, dessen eines Auge nicht ganz in Ordnung zu sein schien, war sein Sohn Bert.

Der kleine Mann mit dem flachen Gesicht, der niedrigen, faltigen Stirn und den ungeheuer breiten Schultern hieß Claud und hatte sich bei Rummins eingefunden, weil er ein Stück Schweinefleisch oder Schinken von dem tags zuvor geschlachteten Schwein zu ergattern hoffte. Claud wußte von der Schlachtung – das Quieken des Tieres war weithin zu hören gewesen –, und er wußte auch, daß man für so etwas eine behördliche Genehmigung brauchte, daß Rummins aber keine hatte.

«Guten Tag», sagte Mr. Boggis. «Schönes Wetter heute.»

Keiner der Männer rührte sich. Alle drei dachten genau dasselbe – daß dieser Geistliche, der ganz gewiß nicht aus der Gegend stammte, ein Abgesandter der Behörde sei und hier herumschnüffeln wolle.

«Was für schöne Hunde», fuhr Mr. Boggis fort. «Ich muß zwar gestehen, daß ich noch nie bei einem Windhundrennen war, aber es soll ja ein hochinteressanter Sport sein.»

Beharrliches Schweigen. Mr. Boggis blickte rasch von Rummins zu Bert, dann auf Claud und wieder auf Rummins, und stellte fest, daß sie alle den gleichen Gesichtsausdruck hatten, eine eigenartige Mischung von Spott und Herausforderung, mit einem geringschätzigen Kräuseln um den Mund und einem höhnischen Zug um die Nase.

«Darf ich fragen, ob Sie der Hofbesitzer sind?» wandte sich Mr. Boggis unerschrocken an Rummins.

«Was wünschen Sie?»

«Entschuldigen Sie vielmals, daß ich Sie störe, noch dazu an einem Sonntag.»

Mr. Boggis überreichte seine Karte, die Rummins nahm und dicht vor die Augen hielt. Die beiden anderen rührten sich nicht, schielten aber zur Seite und versuchten mitzulesen.

«Ja, was wollen Sie eigentlich?» fragte Rummins.

Zum zweiten Mal an diesem Tage erklärte Mr. Boggis umständlich Zweck und Ziel der Gesellschaft zur Erhaltung seltenen Mobiliars.

«So was haben wir nicht», knurrte Rummins, als der Vortrag beendet war. «Sie vergeuden nur Ihre Zeit.»

«Nicht so hastig, Sir», erwiderte Mr. Boggis mit erhobenem Finger. «Der letzte Mann, der mir das gesagt hat, war ein alter Bauer unten in Sussex, und als er mich schließlich doch ins Haus ließ, wissen Sie, was ich da in der Küchenecke gefunden habe? Einen schmutzigen alten Stuhl, der bei näherer Betrachtung *vierhundert Pfund* wert war! Ich habe dem Mann geholfen, ihn zu verkaufen, und er hat sich für das Geld einen Traktor angeschafft.»

«Was schwatzen Sie denn da?» sagte Claud. «Einen Stuhl, der vierhundert Pfund wert ist, gibt's auf der ganzen Welt nicht.»

«Entschuldigen Sie», antwortete Mr. Boggis steif, «aber ich kenne viele Stühle in England, die mehr als das Doppelte dieser Summe wert sind. Und wo befinden sie sich? Überall auf dem Lande sind sie auf Bauernhöfen und in Landhäusern versteckt und werden als Tritte oder Leitern benutzt. Tatsächlich, die Leute trampeln mit Nagelschuhen darauf herum, wenn sie einen Topf Marmelade vom Küchenschrank nehmen oder ein Bild aufhängen wollen. Ich sage Ihnen nur die Wahrheit, liebe Freunde.»

Rummins trat unbehaglich von einem Fuß auf den anderen. «Sie meinen also, Sie wollen nur hineingehen, mitten im Zimmer stehenbleiben und sich umsehen?»

«Genau das», versicherte Mr. Boggis, dem allmählich klar wurde, wo hier der Hase im Pfeffer lag. «Ich will meine Nase weder in Ihre Schränke noch in Ihre Speisekammer stecken. Nur die Möbel möchte ich anschauen, um festzustellen, ob Sie zufällig irgend etwas Kostbares besitzen, über das ich in der Zeitschrift unserer Gesellschaft berichten könnte.»

«Wissen Sie, was ich glaube?» Rummins fixierte ihn mit seinen kleinen, boshaften Augen. «Ich glaube, Sie sind darauf aus, die Möbel auf eigene Rechnung zu kaufen. Wozu sollten Sie sich sonst soviel Mühe machen?»

«Ach, du lieber Himmel, ich wollte, ich hätte das Geld dazu. Natürlich, wenn ich etwas sehe, was mir gefällt, und es übersteigt meine Mittel nicht, dann komme ich schon mal in Versuchung, ein Angebot zu machen. Aber so was gibt's leider selten.»

«Schön», meinte Rummins, «wenn Sie weiter nichts wollen als sich umsehen, dann können Sie das meinetwegen tun.» Damit ging er über den Hof zur Hinterseite des Hauses, und Mr. Boggis folgte ihm. Auch Bert, der Sohn, und Claud mit seinen beiden Hunden schlossen sich an. Sie durchquerten die Küche – das einzige Möbelstück war dort ein billiger Tisch aus Tannenholz, auf dem ein totes Huhn lag – und traten in ein ziemlich großes, außerordentlich schmutziges Wohnzimmer.

Und da war sie! Mr. Boggis sah sie sofort, blieb wie angewurzelt stehen und schnappte hörbar nach Luft. Fünf, zehn, fünfzehn Sekunden, wenn nicht länger, stand er unbeweglich da und glotzte wie ein Idiot, weil er nicht zu glauben vermochte, nicht zu glauben wagte, daß er wirklich das sah, was er sah. Das *konnte* nicht wahr sein, unmöglich! Doch je länger er hinstarrte, desto wahrer schien es zu werden.

Ja, da war sie, unmittelbar vor ihm an der Wand, ebenso wirklich wie das Haus selbst! Und wer in der Welt hätte sich bei so einem Ding täuschen können? Zugegeben, sie war weiß angestrichen, aber das hatte nichts, gar nichts zu sagen. Irgendein Idiot hatte sie so verschandelt, und die Farbe war leicht zu entfernen. Du guter Gott! Was für eine Pracht! Und an so einem Ort!

In diesem Augenblick wurde sich Mr. Boggis bewußt, daß die drei Männer, Rummins, Bert und Claud, am Kamin lehnten und ihn scharf beobachteten. Sie hatten ihn stehenbleiben, nach Luft schnappen und glotzen sehen, sie mußten bemerkt haben, daß sein Gesicht rot – vielleicht auch blaß – geworden war, und wenn er nicht sofort etwas dagegen tat, würden sie ihm auf jeden Fall das Geschäft gründlich verderben. Rasch entschlossen, griff sich Mr. Boggis ans Herz, taumelte zum nächsten Stuhl und sank schwer atmend darauf nieder.

«Was haben Sie denn?» fragte Claud.

«Nichts», hauchte er. «Es geht gleich vorüber. Bitte – Wasser. Mein Herz...»

Bert holte ein Glas Wasser, gab es Mr. Boggis und blieb, ihn blöde anstarrend, neben ihm stehen.

«Ich dachte schon, Sie hätten was entdeckt», sagte Rummins. Sein schlaues Grinsen zog den Froschmund noch mehr in die Breite und enthüllte einige Zahnstummel.

«Nein, nein», beteuerte Mr. Boggis. «O nein, es ist nur mein Herz. Tut mir sehr leid, wirklich. Ich habe ab und zu so einen Anfall, aber das geht immer schnell vorüber. In ein paar Minuten bin ich wieder in Ordnung.»

Ich brauche Zeit zum Überlegen, dachte er. Vor allem aber muß ich mich ganz und gar fassen, bevor ich noch ein Wort sage. Reiß dich zusammen, Boggis. Was du auch tust, bleibe ruhig. Diese Leute mögen unwissend sein, aber dumm sind sie nicht. Mißtrauisch sind sie, wachsam und gerissen. Und wenn es wirklich stimmt – nein, es *kann* nicht, kann nicht stimmen...

Mit einer Gebärde des Schmerzes preßte er die Hand auf die Augen, öffnete sehr vorsichtig einen kleinen Spalt zwischen zwei Fingern und spähte hindurch.

Kein Zweifel, das Ding stand noch da, und er nahm die Gelegenheit wahr, es lange und gründlich zu betrachten. Ja, er hatte richtig gesehen, daran war nicht zu zweifeln. Es war einfach unglaublich.

Was er sah, war ein Möbel, für dessen Erwerb ein Fachmann so gut wie alles gegeben hätte. Einem Laien wäre es nicht weiter begehrenswert erschienen, zumal es mit schmutzigweißer Farbe bedeckt war, doch für Mr. Boggis war es der Wunschtraum eines Antiquitätenhändlers. Wie jeder Experte in Europa und Amerika wußte auch er, daß zu den bekanntesten und gesuchtesten Stücken englischer Möbelkunst des achtzehnten Jahrhunderts die berühmten «Chippendalekommoden» gehören. Er hätte ihre Geschichte im Schlaf hersagen können – die erste war 1920 in Moreton-in-Marsh entdeckt und in demselben Jahr bei Sotheby verkauft worden; die beiden anderen, die aus Raynham Hall, Norfolk, kamen, waren ein Jahr später aufgetaucht, ebenfalls in Sothebys Auktionsräumen. Alle drei hatten enorme Preise erzielt. An den genauen Preis der ersten und zweiten Kommode konnte sich Mr. Boggis nicht mehr erinnern, doch er wußte mit Sicherheit, daß die dritte dreitausendneunhundert Guineen eingebracht hatte. Und das im Jahre 1921! Heute war sie gewiß zehntausend Pfund wert. Irgend jemand – der Name des Mannes war Mr. Boggis entfallen – hatte vor nicht allzu langer Zeit eine Abhandlung über diese Kommoden geschrieben und einwandfrei nachgewiesen, daß alle drei aus derselben Werkstatt stammten. Wenn man auch keine Rechnungen gefunden hatte, so waren doch sämtliche Fachleute der Meinung, diese drei Kommoden könnte nur Thomas Chippendale selbst hergestellt haben, und zwar in seiner besten Zeit.

Und hier, sagte sich Mr. Boggis immer wieder, während er heimlich durch den Spalt zwischen seinen Fingern schaute, hier stand die vierte Chippendalekommode! Die *er* gefunden hatte! Reich würde er werden! Und berühmt! Jede der drei anderen war in der Welt der Kunsthändler unter einem besonderen Namen bekannt: die Chastletonkommode, die erste Raynhamkommode, die zweite Raynhamkommode. Diese würde als Boggiskommode in die Geschichte eingehen. Man brauchte sich nur die Gesichter der Leute in London vorzustellen, wenn sie den Fund morgen früh bewundern durften! Von den großen Händlern in West End – Frank Patridge, Mallett, Jetley und so weiter – würden phantastische Angebote einlaufen. Die *Times* würde ein Bild bringen und dazu schreiben: «Die Entdeckung dieser herrlichen Chippendalekommode verdanken wir dem Londoner Kunsthändler Mr. Cyril Boggis...» Guter Gott, was für eine Aufregung das geben würde!

Diese hier, dachte Mr. Boggis, sieht genau aus wie die zweite Raynhamkommode. (Alle drei, die Chastleton und die beiden Raynhams, unterschieden sich durch allerlei Kleinigkeiten voneinander.) Es war ein höchst eindrucksvolles Möbelstück in französischem Rokokostil aus Chippendales Directoire-Periode, eine große, massige Kommode auf vier geschnitzten, ausgekehlten Beinen, die etwa einen Fuß hoch waren. Insgesamt hatte sie sechs Schubladen, zwei lange in der Mitte und zwei kürzere an jeder Seite. Die geschweifte Vorderpartie war oben, unten, links und rechts reich ornamentiert, und auch zwischen den mittleren und den seitlichen Schubladen sah man senkrecht verlaufende kunstvolle Schnitzereien in Form von Girlanden, Schnecken und Trauben. Die Messinggriffe waren zum Teil von dem weißen Anstrich überdeckt, schienen jedoch prächtig zu sein. Gewiß, die Kommode war ein ziemlich «schweres» Stück, aber so elegant, so graziös entworfen und ausgeführt, daß die Schwere nicht im geringsten störte.

«Wie fühlen Sie sich jetzt?» hörte Mr. Boggis jemanden fragen.

«Danke, danke, schon viel besser. Es geht immer schnell vorüber. Mein Doktor sagt, diese Anfälle seien ganz harmlos, ich müßte mich nur ein paar Minuten ruhig verhalten. Ach ja» – er erhob sich langsam –, «jetzt ist es besser.»

Vorsichtig, ein wenig schwankend, fing er an, im Zimmer umherzugehen und die Möbel einzeln zu begutachten. Er sah sofort, daß außer der Kommode nichts als Plunder vorhanden war.

«Hübscher Eichentisch», bemerkte er. «Nur fürchte ich, er ist nicht so alt, daß er irgendwie interessant wäre. Gute, bequeme Stühle, leider ganz modern, ja ganz modern. Und die Anrichte – nun, sie ist recht gefällig, aber ebenfalls ohne besonderen Wert. Diese Kommode» – er blieb vor der Chippendalekommode stehen und tippte geringschätzig mit dem Finger darauf –, «ein paar Pfund würden Sie vielleicht dafür kriegen, mehr gewiß nicht. Eine ziemlich plumpe Imitation. Vermutlich aus der Viktorianischen Zeit. Ist der weiße Anstrich von Ihnen?»

«Ja», antwortete Rummins. «Bert hat's gemacht.»

«Sehr vernünftig. In Weiß ist sie viel erträglicher.»

«Ein solides Stück», meinte Rummins. «Hat auch hübsche Schnitzereien.»

«Maschinenarbeit», erklärte Mr. Boggis in überlegenem Ton und bückte sich, um die meisterhafte Arbeit näher zu betrachten. «Das sieht man auf eine Meile. Immerhin, in seiner Art ist es ein nettes Stück. Hat seine Vorzüge.»

Er schlenderte weiter, schien sich plötzlich zu besinnen, und kehrte langsam um. Mit gerunzelter Stirn, die Hand am Kinn, den Kopf zur Seite geneigt, stand er wie in Gedanken versunken da und schaute auf die Kommode.

«Wissen Sie was?» sagte er so beiläufig, daß er nicht einmal die Stimme hob. «Mir fällt gerade ein – solche Beine, wie diese

Kommode sie hat, suche ich schon lange. In meinem Häuschen habe ich einen recht aparten Tisch, so ein niedriges Ding, wie es die Leute vors Sofa stellen, eine Art Kaffeetischchen, und an dem haben mir im Herbst, als ich umzog, die dummen Packer die Beine völlig ruiniert. Dabei hänge ich so sehr an dem Tischchen. Ich habe immer meine dicke Bibel darauf liegen und die Notizen für meine Predigten.» Er machte eine Pause und strich sich mit dem Finger über das Kinn. «Jetzt dachte ich eben daran, daß sich die Beine Ihrer Kommode sehr gut verwerten ließen. Ja, tatsächlich. Man könnte sie ohne weiteres abschneiden und an meinen Tisch leimen.»

Er wandte sich um und sah die drei Männer unbeweglich dastehen. Drei Paar Augen beobachteten ihn mißtrauisch, drei verschiedene Augenpaare, aber alle gleich ungläubig: Rummins' Schweinsäuglein, Clauds große, träge Augen und Berts Augen, deren eines sehr seltsam aussah, blaß, verschwommen, wie gesotten, mit einem kleinen schwarzen Punkt in der Mitte, wie ein Fischauge auf einem Teller.

Mr. Boggis schüttelte lächelnd den Kopf. «Ach, was rede ich denn da? Ich tue ja, als gehörte das Ding mir. Entschuldigen Sie.»

«Sie meinen, Sie wollen es kaufen?» fragte Rummins.

«Nun...» Mr. Boggis warf einen Blick auf die Kommode und legte die Stirn in Falten. «Ich weiß nicht recht. Ich möchte schon... und dann wieder... wenn ich's mir überlege... nein... ich glaube, es würde doch zuviel Umstände machen. Das lohnt sich nicht. Ich lasse es lieber.»

«Wieviel würden Sie bieten?» erkundigte sich Rummins.

«Nicht viel, fürchte ich. Sehen Sie, es ist ja kein echtes altes Stück, bloß eine Nachahmung.»

«Das weiß man nicht so genau», widersprach Rummins. «Wir haben die Kommode seit über zwanzig Jahren im Haus, und vorher hat sie oben im Schloß gestanden. Dort habe ich sie auf der Auktion gekauft, als der alte Herr gestorben war. Neu ist das Ding also nicht, soviel steht fest.»

«Nicht gerade neu, aber bestimmt nicht älter als etwa sechzig Jahre.»

«O doch», beharrte Rummins. «Bert, wo ist der Zettel, den du mal hinten in einer Schublade gefunden hast? Die alte Rechnung.»

Der Sohn glotzte seinen Vater verständnislos an.

Mr. Boggis öffnete den Mund, schloß ihn aber sofort wieder, ohne einen Laut von sich zu geben. Er zitterte buchstäblich am ganzen Leibe. Um sich zu beruhigen, trat er ans Fenster und blickte auf den Hof, wo eine dicke braune Henne Körner aufpickte.

«Der Zettel lag hinten in einer Schublade unter den Kaninchenschlingen», sagte Rummins. «Los, hol ihn her und zeig ihn dem Pfarrer.»

Als Bert zur Kommode ging, drehte sich Mr. Boggis um. Er konnte nicht anders, er mußte ihm zuschauen. Der Bursche zog eine der mittleren Schubladen auf, und Mr. Boggis bemerkte, wie wundervoll weich sie herausglitt. Dann sah er Berts Hand unter Schnüren und Drähten herumwühlen.

«Meinst du das?» Bert brachte ein mehrmals geknifftes, gelbliches Blatt zum Vorschein und reichte es seinem Vater, der es entfaltete und dicht vor die Augen hielt.

«Wollen Sie mir etwa erzählen, daß dieses Schriftstück nicht steinalt ist?» Rummins hielt das Papier Mr. Boggis hin, der es mit zitternder Hand nahm. Es war spröde und knisterte leise zwischen den Fingern. Die Schrift war schräg, wie gestochen:

*Edward Montagu, Esq.
schuldet dem Thos. Chippendale für eine große Mahagonny Kommode aus außerordentlich feinem Holze, sehr reich geschnitzet, auf ausgekehlten Beinen, zwey sehr hübsch geschweifte, lange Auszüge in der Mitten und zwey ditto an jeder Seite, mit reich ziselierten Messing Handgriffen und Ornamenten, alles in vollendetstem Geschmack ausgearbeitet £ 87*

Mr. Boggis hielt gewaltsam an sich, bemüht, die Erregung zu unterdrücken, die in seinem Innern wühlte und ihn schwindlig machte. O Gott, war das wundervoll! Mit dieser Nota stieg der Wert noch höher. Wieviel würde jetzt wohl herausspringen? Zwölftausend Pfund? Vierzehn? Vielleicht fünfzehn oder gar zwanzig? Wer konnte das wissen?

Du lieber Himmel!

Geringschätzig ließ er das Papier auf den Tisch fallen und sagte kühl: «Na bitte, ich hab's ja gewußt – eine Viktorianische Nachahmung. Das hier ist einfach die Rechnung, die der Verkäufer – der Mann, der sie gemacht und für alt ausgegeben hat – seinem Kunden ausstellte. Von der Sorte habe ich schon viele gesehen. Beachten Sie, daß er nicht sagt, er hätte sie selbst angefertigt. Er war schlau genug, sich nicht zu verraten.»

«Sagen Sie, was Sie wollen», verkündete Rummins, «aber das ist ein altes Stück Papier.»

«Natürlich, mein lieber Freund. Es ist viktorianisch, spätviktorianisch. Etwa achtzehnhundertneunzig. Sechzig oder siebzig Jahre alt. Hunderte davon habe ich gesehen. Damals gab es unzählige Tischler, die sich ein Gewerbe daraus machten, die schönen Möbel des achtzehnten Jahrhunderts zu imitieren.»

«Hören Sie, Herr Pfarrer...» Rummins deutete mit einem dicken, schmutzigen Finger auf Mr. Boggis. «Ich sage ja nicht, daß Sie keine Ahnung von Möbeln haben, aber was ich sage, ist dies: Wie können Sie so mächtig sicher sein, daß die Kommode nachgemacht ist, wenn Sie gar nicht wissen, wie sie unter all der Farbe aussieht?»

«Kommen Sie», antwortete Mr. Boggis. «Kommen Sie her, ich will es Ihnen zeigen.» Er wartete, bis sich die anderen um ihn geschart hatten. «Hat jemand ein Messer?»

Claud förderte ein Taschenmesser mit Hornschale zutage. Mr. Boggis nahm es und öffnete die kleinste Klinge. Scheinbar nachlässig, in Wirklichkeit jedoch mit größter Vorsicht, begann er, oben auf der Kommode ein wenig Farbe abzukratzen. Die weiße Schicht blätterte von der harten, alten Politur sauber ab, und als er etwa drei Quadratzoll freigelegt hatte, trat er zurück und sagte: «So, nun schauen Sie sich das an.»

Es war wunderschön – ein kleiner Fleck Mahagoni, leuchtend wie ein Topas, warm und dunkel mit der echten Farbe seiner zweihundert Jahre.

«Na und?» fragte Rummins.

«Es ist behandelt. Das sieht doch jeder!»

«Wieso? Erklären Sie mal, woran man das sieht.»

«Schön. Ich muß allerdings sagen, daß so etwas nicht leicht zu erklären ist. Erfahrungssache, wissen Sie? Meine Erfahrung verrät mir ohne den leisesten Zweifel, daß dieses Holz mit Leim behandelt worden ist. Das geschieht, um dem Mahagoni die altersdunkle Farbe zu verleihen. Für Eiche nimmt man Pottasche und für Nußbaum Salpetersäure, aber für Mahagoni immer Leim.»

Die drei Männer kamen etwas näher, um das Holz zu betrachten. Die Sache fing offenbar an, sie zu interessieren. Von einer neuen Art Betrug oder Schwindel zu hören, ist immer spannend.

«Achten Sie auf die Maserung. Sehen Sie diese leichte Orangetönung in dem dunklen Rotbraun? Das ist das Zeichen von Leim.»

Sie beugten sich vor, die Nase dicht über dem Holz, zuerst Rummins, dann Claud, dann Bert.

«Und vor allem die Patina», fuhr Mr. Boggis fort.

«Die was?»

Er erklärte ihnen die Bedeutung des Wortes in bezug auf Möbel.

«Sie haben keine Ahnung, liebe Freunde,

wieviel Mühe sich diese Schufte machen, um die harte, schöne bronzefarbene Patina zu fälschen. Entsetzlich ist das, geradezu entsetzlich, und es macht mich ganz krank, davon zu reden.» Er spie jedes Wort von der Zungenspitze und verzog den Mund, um seinen Ekel zu zeigen.

Die Männer warteten, in der Hoffnung, weitere Geheimnisse zu erfahren.

«Wenn ich an die Zeit und Arbeit denke, die manche Sterbliche daran wenden, Unschuldige zu betrügen!» rief Mr. Boggis. «Einfach widerlich! Wissen Sie, meine Freunde, was hier geschehen ist? Ich kann es deutlich erkennen. Ja, ich sehe sie förmlich vor mir, diese Gauner, wie sie in einem langen, komplizierten Prozeß auf das mit Leinöl getränkte Holz entsprechend gefärbte französische Politur auftragen, die sie mit Bimsstein und Öl bürsten, mit einem Wachs einreiben, das voller Schmutz und Staub ist, und schließlich mit Hitze behandeln, damit die Politur springt und zweihundert Jahre alt aussieht! Wirklich, schon bei dem Gedanken an solche Schurkerei wird mir übel!»

Die drei Männer starrten unverwandt auf den kleinen dunklen Fleck.

«Fühlen Sie das Holz an!» befahl Mr. Boggis. «Legen Sie die Finger darauf! Na, wie kommt es Ihnen vor, warm oder kalt?»

«Kalt», sagte Rummins.

«Sehr richtig, mein Freund! Es ist eine bekannte Tatsache, daß sich gefälschte Patina immer kalt anfühlt. Bei echter hat man den Eindruck, sie sei warm.»

«Die hier fühlt sich ganz normal an», behauptete Rummins streitlustig.

«Nein, Sir, kalt. Aber natürlich braucht man Erfahrung und Fingerspitzengefühl, um ein endgültiges Urteil abgeben zu können. Von Ihnen darf man wirklich nicht erwarten, daß Sie mehr von Möbeln verstehen als ich beispielsweise von der Qualität Ihrer Gerste. Alles im Leben, mein lieber Freund, beruht auf Erfahrung.»

Die Männer starrten den merkwürdigen Geistlichen mit dem Mondgesicht und den hervorquellenden Augen nicht mehr ganz so mißtrauisch an, denn offenbar kannte er sich auf seinem Gebiet aus. Allerdings waren sie noch weit davon entfernt, ihm zu glauben.

Mr. Boggis bückte sich und wies auf einen der metallenen Handgriffe an der Kommode. «Das ist auch Fälscherarbeit», sagte er. «Altes Messing hat für gewöhnlich einen ganz charakteristischen Farbton. Wußten Sie das?»

Begierig, noch mehr Kniffe zu erfahren, blickten sie ihn an.

«Leider Gottes haben diese Schurken eine außerordentliche Geschicklichkeit erworben, besagten Farbton zu imitieren. Es ist praktisch unmöglich, zwischen ‹echtem altem› und ‹künstlichem altem› zu unterscheiden. Ich gebe offen zu, daß auch ich in diesem Punkt nur auf Vermutungen angewiesen bin. Es lohnt sich also nicht, die Farbe von den Handgriffen abzukratzen. Wir würden dadurch kein bißchen klüger werden.»

«Wie kann man denn neues Messing auf alt zurechtmachen?» erkundigte sich Claud. «Messing rostet doch nicht.»

«Stimmt genau, mein Freund, aber diese Verbrecher haben ihre geheimen Methoden.»

«Nämlich?» Claud ließ nicht locker. Seiner Meinung nach war jede Information dieser Art wertvoll. Man weiß ja nie, was die Zukunft bringt.

«Die Fälscher», dozierte Mr. Boggis, «brauchen nichts weiter zu tun, als die Handgriffe über Nacht in Mahagonispäne zu legen, die mit Salmiak getränkt sind. Der Salmiak färbt das Metall grün, aber wenn man das Grün abreibt, kommt darunter ein zarter silbriger Glanz zum Vorschein, genau der Glanz, den sehr altes Messing hat. Ach, auf was die alles verfallen! Für Eisen haben sie wieder einen anderen Trick.»

«Was tun sie mit Eisen?» fragte Claud interessiert.

«Mit Eisen ist die Sache sehr einfach», erklärte Mr. Boggis. «Eiserne Schlösser, Platten und Scharniere werden mit gewöhnlichem Salz bedeckt, und nach kurzer Zeit kann man sie verrostet und fleckig herausnehmen.»

«Schön», sagte Rummins, «Sie geben also zu, daß Sie über die Griffe nichts Genaues wissen. Mit anderen Worten, die Dinger können ohne weiteres viele hundert Jahre alt sein. Stimmt's?»

Mr. Boggis richtete seine hervorquellenden braunen Augen auf Rummins. «O nein», flüsterte er, «da irren Sie sich. Passen Sie auf.»

Er nahm aus seiner Jackentasche einen kleinen Schraubenzieher und gleichzeitig, ohne daß es jemand bemerkte, eine Messingschraube, die er in der Handfläche verbarg. Dann wählte er eine der Schrauben an der Kommode aus – an jedem Griff befanden sich vier – und befreite sie behutsam von der weißen Farbe, die ihr anhaftete. Als das erledigt war, drehte er sie langsam heraus.

«Wenn es eine echte Messingschraube aus dem achtzehnten Jahrhundert ist», sagte er, «dann wird das Gewinde etwas unregelmäßig sein, ein Zeichen, daß sie mit der Hand gefeilt worden ist. Haben wir es aber mit einer Fälschung aus der Viktorianischen Zeit oder später zu tun, so wird auch die Schraube jüngeren Datums sein und sich als maschinell hergestelltes Massenprodukt erweisen. Jeder kann so ein Serienfabrikat erkennen. Nun, wir werden sehen.»

Während Mr. Boggis die Hände über die alte Schraube legte und sie herauszog, gelang es ihm mühelos, sie mit der neuen zu vertauschen, die er zwischen zwei Fingern versteckt hielt. Das war ein Trick, der sich im Laufe der Jahre immer wieder von neuem bewährt hatte. In den Taschen seines geistlichen Rocks trug er stets eine Anzahl billiger Messingschrauben in den verschiedensten Größen mit sich herum.

«Na bitte», sagte er und reichte Rummins die moderne Schraube. «Überzeugen Sie sich selbst. Sehen Sie, wie gleichmäßig das Gewinde ist. Natürlich sehen Sie es. Dies hier ist eine ganz gewöhnliche Schraube, wie sie in jeder Eisenwarenhandlung verkauft wird.»

Die Schraube ging von Hand zu Hand, und alle drei Männer betrachteten sie genau. Sogar Rummins zeigte sich beeindruckt.

Mr. Boggis steckte den Schraubenzieher in die Tasche und mit ihm die handgefertigte Schraube, die er aus der Kommode entfernt hatte. Dann machte er kehrt und schritt langsam an den drei Männern vorbei.

«Meine lieben Freunde», sagte er, als er die Tür zur Küche erreicht hatte, «es war sehr freundlich von Ihnen, daß Sie mir erlaubt haben, einen Blick in Ihr kleines Heim zu werfen, wirklich sehr freundlich. Ich hoffe nur, daß ich Sie nicht zu sehr belästigt habe.»

Rummins, der noch immer die Schraube untersuchte, blickte auf. «Sie haben nicht gesagt, wieviel Sie bieten», bemerkte er.

«Ach ja», antwortete Mr. Boggis, «da haben Sie recht. Wieviel ich biete? Nun, wenn ich ehrlich sein soll, ich finde, es lohnt sich nicht recht. Viel zu umständlich. Ich glaube, ich lasse es lieber.»

«Wieviel wollten Sie denn geben?»

«Möchten Sie die Kommode wirklich loswerden?»

«Daß ich sie loswerden möchte, habe ich nicht gesagt. Ich habe nur gefragt: wieviel.»

Mr. Boggis schaute auf die Kommode, neigte den Kopf erst auf die eine Seite, dann auf die andere, zog die Stirn kraus, schob die Lippen vor, zuckte die Achseln und machte eine kleine verächtliche Handbewegung, um anzudeuten, es lohne sich gar nicht, ernsthaft darüber zu reden.

«Sagen wir... zehn Pfund. Ich meine, das wäre angemessen.»

«Zehn Pfund!» rief Rummins. «Seien Sie doch nicht komisch, Herr Pfarrer, *bitte*!»

«Als Brennholz wäre die Kommode schon teurer», erklärte Claud entrüstet.

«Schauen Sie sich die Rechnung an!» Rummins stach mit seinem schmutzigen Zeigefinger so heftig auf das kostbare Dokument ein, daß Mr. Boggis vor Angst verging. «Hier steht, was sie gekostet hat. Siebenundachtzig Pfund! Und da war sie neu. Jetzt ist sie antik und mindestens das Doppelte wert.»

«Entschuldigen Sie, Sir, so ist es nun doch nicht. Schließlich ist die Kommode eine Nachahmung. Aber ich will Ihnen was sagen, mein Freund – ich weiß, daß ich leichtsinnig bin, das liegt nun mal in meiner Natur –, ich werde Ihnen fünfzehn Pfund geben. Wie wär's?»

«Fünfzig», forderte Rummins.

Ein köstlicher kleiner Schauer, prickelnd wie Nadelstiche, lief über Mr. Boggis' Rücken und an den Beinen hinab bis unter die Fußsohlen. Er hatte sie. Jetzt war sie sein. Ohne jeden Zweifel. Aber billig kaufen, so billig wie menschenmöglich, war ihm unter dem Druck der Verhältnisse und durch jahrelange Übung so sehr zur Gewohnheit geworden, daß er es einfach nicht fertigbrachte, sofort zuzustimmen.

«Lieber Mann», flüsterte er sanft, «ich kann ja nur die Beine der Kommode gebrauchen. Vielleicht lassen sich später auch einmal die Schubladen verwerten, aber alles übrige, das Gestell selbst, ist nur Brennholz, wie Ihr Freund sehr richtig sagte.»

«Na, dann fünfunddreißig», schlug Rummins vor.

«Ich *kann* nicht, Sir, ich *kann* nicht! Soviel ist sie nicht wert. Überhaupt – ich weiß gar nicht, wie ich dazu komme, derart um einen Preis zu feilschen. Das schickt sich nicht für mich. Ich will Ihnen ein letztes Angebot machen: Zwanzig Pfund.»

«Einverstanden», rief Rummins hastig. «Sie gehört Ihnen.»

«Ach herrje», sagte Mr. Boggis und faltete die Hände. «Nun habe ich mich doch wieder verleiten lassen. Ich hätte das gar nicht tun dürfen.»

«Jetzt können Sie nicht mehr zurück, Herr Pfarrer. Verkauft ist verkauft.»

«Ja, ja, ich weiß.»

«Wie wollen Sie das Ding fortschaffen?»

«Hm... Ich könnte meinen Wagen hier auf den Hof fahren, und wenn dann die Herren so freundlich wären, mir beim Verladen zu helfen...»

«In einen Wagen? Das Ding paßt doch in keinen Wagen! Dazu brauchen Sie ein Auto mit Ladefläche.»

«Ach, ich glaube, es geht auch so. Wir wollen's jedenfalls probieren. Mein Wagen steht auf der Landstraße. Ich bin gleich zurück. Irgendwie schaffen wir das schon.»

Mr. Boggis ging über den Hof, durch das Tor und dann den langen Weg zur Straße hinunter. Er konnte ein leises Kichern nicht unterdrücken, und ihm war, als stiegen Hunderte und aber Hunderte kleiner Blasen, kribbelnd wie Selterswasser, aus seinem Magen auf und platzten vergnügt in seinem Kopf. Alle Butterblumen auf den Feldern hatten sich in Goldstücke verwandelt, die im Sonnenlicht blitzten. Der Boden war mit ihnen übersät, und Mr. Boggis wich vom Wege ab, damit er zwischen ihnen, auf ihnen gehen und den leisen metallischen Ton hören konnte, wenn er sie mit den Füßen zertrat. Kaum vermochte er sich so weit im Zaum zu halten, daß er nicht anfing zu rennen. Aber Geistliche rennen nie. Sie gehen schön gemächlich. Langsam, Boggis. Bleib ruhig, Boggis. Du hast keine Eile. Die Kommode gehört dir! Für zwanzig Pfund, und dabei ist sie fünfzehn- oder zwanzigtausend wert! Die Boggiskommode! In zehn Minuten wird sie in deinem Wagen stehen – das Verladen ist ja nicht weiter schwierig –, du wirst nach London zurückfahren und unterwegs in einem fort singen! Boggis fährt die Boggiskommode in Boggis' Wagen heim. Ein historischer Augenblick. Was würde ein Reporter darum geben, könnte er dieses Ereignis im Bild festhalten! Ob man das arrangieren sollte? Vielleicht. Warten wir's ab. O du herrlicher Tag. Du köstlicher, sonniger Sommertag! Es ist eine Lust zu leben!

Auf dem Hof sagte unterdessen Rummins: «Stellt euch bloß vor, zwanzig Pfund gibt der alte Esel für solchen Plunder.»

«Gut haben Sie das gemacht, Mr. Rummins», lobte Claud.

«Glauben Sie, daß er zahlen wird?»

«Wir laden die Kommode nicht eher in den Wagen, bis er's getan hat.»

«Und wenn sie nun nicht hineingeht?» fragte Claud. «Wissen Sie, was ich denke, Mr. Rummins? Wollen Sie meine ehrliche Meinung hören? Ich denke, das verdammte Ding ist viel zu groß, als daß wir's je in den Wagen kriegen. Und was dann? Zum Teufel damit, wird er dann sagen und ohne die Kommode davonfahren. Auf Nimmerwiedersehen, mitsamt dem Geld. Sehr viel schien ihm ja an der Kommode gar nicht zu liegen.»

Rummins schwieg, um diese neue, ziemlich beunruhigende Möglichkeit zu erwägen.

«Wie soll denn so ein Ding in einen Wagen passen?» fuhr Claud unbarmherzig fort. «Geistliche haben nie große Wagen. Oder haben Sie schon mal einen Pfarrer mit einem großen Wagen gesehen, Mr. Rummins?»

«Nicht daß ich wüßte.»

«Na bitte. Und nun hören Sie zu. Mir ist da was eingefallen. Nicht wahr, er hat doch gesagt, er will nur die Beine? Stimmt's? Wir brauchen also nichts weiter zu tun, als sie hier abzusägen, bevor er zurückkommt, dann geht das Ding bestimmt in den Wagen. Und außerdem ersparen wir ihm damit viel

Arbeit und Mühe. Was halten Sie davon?» Clauds flaches Rindsgesicht glänzte vor dummem Stolz.

«Keine schlechte Idee», sagte Rummins mit einem Blick auf die Kommode. «Eigentlich sogar eine verdammt gute Idee. Also dann los, wir müssen uns beeilen. Ihr beide tragt sie auf den Hof, und ich hole die Säge. Aber zieht zuerst die Schubladen raus.»

Wenige Minuten später hatten Claud und Bert die Kommode hinausgeschafft und sie mitten in dem Hühnerdreck und dem Kuhmist auf den Kopf gestellt. In der Ferne, auf halbem Wege zwischen Hof und Straße, sahen sie eine kleine schwarze Gestalt dahineilen. Sie schauten ihr nach. Die Gestalt benahm sich einigermaßen komisch. Von Zeit zu Zeit fiel sie in Trab, dann wieder hüpfte sie auf einem Bein oder vollführte Luftsprünge, und auf einmal schienen Töne eines lustigen Liedchens über die Wiese zu dringen.

«Bei dem ist eine Schraube locker», meinte Claud lachend. Bert grinste vielsagend, und sein schlimmes Auge rollte langsam hin und her.

Rummins, plump wie ein Frosch, kam vom Schuppen herübergewatschelt. Claud nahm ihm die große Säge ab und machte sich ans Werk.

«Dicht absägen», sagte Rummins. «Sie wissen ja, er braucht sie für einen anderen Tisch.»

Das Mahagoniholz war hart und sehr trocken. Feiner roter Staub sprühte von dem Blatt der Säge und fiel sanft zu Boden. Ein Bein nach dem anderen löste sich, und als alle abgesägt waren, bückte sich Bert und legte sie sorgsam in eine Reihe.

Claud trat zurück, um das Ergebnis seiner Arbeit zu betrachten. Eine längere Pause entstand.

«Nur eine Frage, Mr. Rummins», sagte er schließlich. «Auch so, wie es jetzt ist – könnten *Sie* dieses Ungetüm hinten in einen Wagen laden?»

«Müßte schon ein Kombiwagen sein.»

«Richtig!» rief Claud. «Aber Geistliche fahren keine Kombiwagen. Die haben doch allerhöchstens einen Morris Acht oder einen Austin Sieben.»

«Er will ja nur die Beine», erwiderte Rummins. «Wenn das übrige nicht hineingeht, kann er's hierlassen. Hauptsache, er hat die Beine, dann wird er schon zufrieden sein.»

«Das glauben Sie doch selbst nicht, Mr. Rummins», sagte Claud geduldig. «Sie wissen ganz genau, daß er vom Preis was abhandeln wird, wenn er nicht jedes kleine Stückchen mitkriegt. In Gelddingen sind alle Pfarrer gerieben, das steht nun mal fest. Und besonders dieser alte Knabe. Aber was halten Sie davon, wenn wir ihm sein Brennholz fix und fertig mitgeben? Wo haben Sie Ihre Axt?»

«Ja, das ist wohl das beste», meinte Rummins. «Los, Bert, hol die Axt her.»

Bert ging in den Schuppen und kam mit einer großen Holzfälleraxt zurück. Claud spuckte in die Hände, rieb sie aneinander, ergriff die Axt, schwang sie hoch in die Luft und ließ sie auf die beinlose Kommode niedersausen.

Die Arbeit war schwer, und es dauerte mehrere Minuten, bis er das Möbelstück kurz und klein geschlagen hatte.

«Eins kann ich euch sagen», verkündete er und wischte sich dabei den Schweiß von der

Stirn. «Der Pfarrer mag reden, was er will, aber der Mann, der diese Kommode gebaut hat, war ein verflucht guter Tischler.»

«Wir haben's gerade noch geschafft», rief Rummins. «Da kommt er!»

Mrs. Bixby
und der Mantel des Obersts

Amerika ist das Land der reichen Frauen. Schon jetzt besitzen sie fünfundachtzig Prozent des Nationalvermögens. Bald wird es ihnen ganz gehören. Die Scheidung ist ein lukratives Unternehmen geworden, einfach zu arrangieren, leicht zu vergessen; ehrgeizige Frauen können diesen Weg so oft beschreiten, wie sie Lust haben, und dabei ihren Gewinn ins Ungemessene steigern. Auch der Tod des Ehemannes ist durchaus rentabel, und manche Damen ziehen es vor, sich an diese Methode zu halten. Sie wissen, daß die Wartezeit nicht allzu lang sein wird, denn Überarbeitung und nervöse Belastung werden den armen Teufel bald fertigmachen, so daß er an seinem Schreibtisch stirbt, in der einen Hand eine Flasche mit anregenden Tropfen, in der anderen eine Schachtel mit Beruhigungspillen.

Eine Generation junger Amerikaner nach der anderen nimmt dieses erschreckende

Geschehen – mag es nun Scheidung oder Tod heißen – zur Kenntnis, ohne sich im geringsten abschrecken zu lassen. Je höher die Scheidungskurve steigt, desto eifriger werden sie. Junge Männer heiraten wie die Mäuse, bevor sie trocken hinter den Ohren sind, und viele von ihnen haben mit sechsunddreißig Jahren schon mindestens zwei geschiedene Frauen zu versorgen. Um diesen Damen ein Leben zu bieten, wie sie es gewohnt sind, müssen die Männer arbeiten, als wären sie Sklaven – was sie natürlich auch sind. Und dann, wenn sie das vorzeitige Nahen des Alters spüren, regt sich in ihnen ein Gefühl der Angst, der Enttäuschung. So sitzen sie denn abends gern gruppenweise in Klubs oder Bars zusammen, trinken Whisky, schlucken Pillen und suchen einander mit Geschichtenerzählen zu trösten.

Das Grundthema dieser Geschichte ändert sich nie. Im Mittelpunkt der Handlung stehen immer drei Personen – der Mann, seine Frau und der gewissenlose Kerl. Der Gatte ist ein sauberer, anständiger Mensch, der in seinem Beruf schwer arbeitet. Die

Frau ist durchtrieben, hinterlistig, sinnlich und hat unweigerlich ein Techtelmechtel mit dem gewissenlosen Kerl. Der Mann ist viel zu gut, als daß er ihr mißtraute. Für ihn sieht es trübe aus. Was wird mit ihm werden? Muß er bis an sein Lebensende als Hahnrei herumlaufen? Alles deutet darauf hin. Aber halt! Durch einen genialen Streich bringt es der Ehemann plötzlich fertig, die Ungetreue mit ihren eigenen Waffen zu schlagen. Sie ist verblüfft, bestürzt, gedemütigt, besiegt. Die Zuhörerrunde in der Bar lächelt still in sich hinein und schöpft aus diesem Phantasiegebilde ein wenig neuen Mut.

Solcher Geschichten sind viele im Umlauf, tröstliche Erfindungen aus der Welt der Wunschträume, aber die meisten von ihnen sind entweder so albern, daß es nicht lohnt, sie weiterzuerzählen, oder so gewagt, daß man sie nicht zu Papier bringen kann. Eine jedoch ist dabei, die mir besser erscheint als die anderen, zumal sie den Vorzug hat, wahr zu sein. Sie ist äußerst beliebt bei zwei- oder dreimal gehörnten, trostsuchenden Männern, und falls Sie zu diesen gehören und die Geschichte noch nicht kennen, so werden Sie vielleicht Spaß an ihr haben. Die Geschichte heißt «Mrs. Bixby und der Mantel des Obersts», und hier ist sie:

Mr. und Mrs. Bixby bewohnten irgendwo in New York City eine kleine Wohnung. Mr. Bixby war Zahnarzt und hatte ein durchschnittliches Einkommen. Mrs. Bixby war eine große, kräftige Frau mit feuchten Lippen. Einmal im Monat, immer an einem Freitagnachmittag, setzte sich Mrs. Bixby auf dem Pennsylvania-Bahnhof in einen Zug und fuhr nach Baltimore, um ihre alte Tante zu besuchen. Die Nacht verbrachte sie bei der Tante, und tags darauf kehrte sie nach New York zurück, zeitig genug, um für ihren Mann das Abendessen zu bereiten. Gutartig, wie er war, fand sich Mr. Bixby mit dieser Dauereinrichtung ab. Er wußte, daß Tante Maude in Baltimore lebte und daß seine Frau sehr an der alten Dame hing; es wäre daher höchst unvernünftig gewesen, hätte er den beiden die Freude des monatlichen Zusammenseins verweigert.

«Aber erwarte nur nicht, daß ich dich begleite», hatte er gleich zu Anfang erklärt.

«Natürlich nicht, Liebling», hatte Mrs. Bixby geantwortet. «Schließlich ist sie ja nicht *deine* Tante, sondern meine.»

Soweit war alles gut.

Allerdings muß gesagt werden, daß die Tante nicht viel mehr als ein bequemes Alibi für Mrs. Bixby war. Im Hintergrund lauerte der gewissenlose Kerl in Gestalt eines als «der Oberst» bekannten Herrn, und unsere Heldin verbrachte den größten Teil ihres Aufenthaltes in Baltimore mit diesem Schurken. Der Oberst war außerordentlich reich. Er lebte in einem entzückenden Haus am Stadtrand, unbehindert von Frau oder Familie, nur mit ein paar treuen und diskreten Dienstboten. In Mrs. Bixbys Abwesenheit vergnügte er sich damit, seine Pferde zu reiten oder an Fuchsjagden teilzunehmen.

So ging es Jahr um Jahr, und nichts störte die Liaison zwischen Mrs. Bixby und dem Oberst.

Sie waren selten zusammen – zwölfmal im Jahr ist nicht viel, wenn man es recht bedenkt –, und so war praktisch nicht damit zu rechnen, daß einer des anderen überdrüssig würde. Im Gegenteil, die langen Pausen zwischen den einzelnen Begegnungen förderten die Zärtlichkeit, und jedes Wiedersehen war ein aufregendes Erlebnis.

«Hallo!» rief der Oberst jedesmal, wenn er sie in seinem großen Wagen vom Bahnhof abholte. «Ich hatte schon beinahe vergessen, wie entzückend du bist, Liebste.»

Acht Jahre verstrichen.

Kurz vor Weihnachten stand Mrs. Bixby wieder einmal auf dem Bahnhof von Baltimore und wartete auf den Zug, der sie nach New York zurückbringen sollte. Der Besuch, der hinter ihr lag, war besonders erfreulich gewesen, und sie war sehr vergnügt. Das Zusammensein mit dem Oberst wirkte sich übrigens immer vorteilhaft auf ihre Stimmung aus. Er hatte die Gabe, sie so zu behandeln, daß sie sich wie ein Ausnahmegeschöpf vorkam, wie ein zartes exotisches Wesen von ungeheurer Anziehungskraft. Ganz anders dagegen ihr Mann, der Zahnarzt: In seiner Nähe kam sie sich nur wie eine Art ewiger Patient vor, wie jemand, der im Wartezimmer inmitten von Illustrierten sitzt und selten, wenn überhaupt jemals, hereingerufen wird, um die rasche, geschickte Berührung der sauberen, rosigen Hände zu erdulden.

«Der Herr Oberst hat mir aufgetragen, Ihnen dies zu übergeben», sagte eine Stimme neben ihr. Sie drehte sich um und sah Wilkins, den Groom des Obersts, einen dürren Zwerg mit grauer Haut. Er legte ihr einen großen flachen Karton in die Arme.

«Du meine Güte!» rief sie. «Das ist ja ein riesiges Ding! Was ist es denn, Wilkins? Haben Sie einen Brief für mich? Sollen Sie mir etwas ausrichten?»

«Nichts», antwortete der Groom und entfernte sich.

Im Zug brachte Mrs. Bixby den Karton in die Einsamkeit eines Waschraums und verriegelte die Tür. Wie aufregend das war! Ein Weihnachtsgeschenk des Obersts. Sie fing an, die Schnur aufzuknoten. «Bestimmt ein Kleid», sagte sie laut. «Vielleicht sogar zwei Kleider. Oder eine Menge wundervoller Unterwäsche. Nachsehen will ich nicht. Nur nachfühlen und raten, was es ist, welche Farbe es hat und wie es aussieht. Und was es gekostet hat.»

Sie machte die Augen fest zu, hob den Deckel und griff mit einer Hand in den Karton. Obenauf lag Seidenpapier – es war weich und raschelte. Auch ein Briefumschlag oder eine Karte war dabei. Sie kümmerte sich nicht darum und schob die Finger tastend unter das Seidenpapier.

«Mein Gott», rief sie plötzlich. «Das ist doch nicht möglich!»

Sie riß die Augen weit auf und starrte den Mantel an. Dann griff sie hastig zu und hob ihn aus dem Karton. Die dicken Pelzschichten machten ein angenehmes Geräusch, als sie beim Ausbreiten das Seidenpapier streiften. Nun hing der Mantel in seiner ganzen Länge zwischen Mrs. Bixbys erhobenen Armen, und ihr stockte der Atem.

So einen Nerz hatte sie noch nie gesehen. Es war doch Nerz – oder? Ja, natürlich war es Nerz. Aber was für eine herrliche Farbe! Dieses reine Schwarz! Das heißt, sie hielt es für Schwarz, aber als sie mit dem Pelz näher ans Fenster ging, stellte sie fest, daß ein Hauch von Blau darin war, ein tiefes, kräftiges Blau, wie Kobalt. Sie warf einen Blick auf das eingenähte Etikett. Aber da stand nur *Wilder Labradornerz*. Weiter nichts, weder wo er gekauft war noch sonst etwas. Dafür, sagte sie sich, hat gewiß der Oberst gesorgt. Der alte Schlaufuchs war vorsichtig und hinterließ nie Spuren. Um so besser für ihn. Aber was mochte der Mantel gekostet haben? Sie wagte kaum zu raten. Viertausend Dollar? Fünf? Sechs? Womöglich noch mehr.

Sie mußte ihn immerzu anschauen. Die Versuchung, ihn auf der Stelle anzuprobieren, war übermächtig. Rasch zog sie ihren einfachen roten Mantel aus. Ihr Herz klopfte wild, und ihre Augen waren fast unnatürlich geweitet. Gott, wie sich der Pelz anfühlte! Und diese weiten Ärmel mit den dicken, breiten Aufschlägen! Wer hatte denn einmal erzählt, daß man für die Ärmel immer weibliche Felle verarbeite und für alles übrige männliche? Irgend jemand hatte das behauptet. Vermutlich Joan Rutfield, obgleich nicht einzusehen war, wieso gerade Joan etwas von Nerz verstehen sollte.

Der große schwarze Mantel schien ganz von selbst über sie zu gleiten, wie eine zweite Haut. Du lieber Himmel! Was für ein herrliches Gefühl! Sie betrachtete sich im Spiegel. Phantastisch! Plötzlich war sie ein anderer Mensch. Sie sah blendend aus, strahlend, reich, glänzend, aufregend, begehrenswert, alles auf einmal. Wie eine Königin kam sie sich vor. In diesem Nerz konnte sie überall hingehen, und die Leute würden um sie herumspringen wie Kaninchen. Gar nicht zu sagen, wie schön der Mantel war!

Mrs. Bixby nahm das Kuvert, das noch immer in dem Karton lag, riß es auf und zog den Brief des Obersts heraus:

Du hast einmal gesagt, daß Du eine Vorliebe für Nerz hast, und deshalb habe ich Dir diesen Mantel besorgt. Man hat mir versichert, es sei sehr guter Nerz. Bitte, nimm ihn mit meinen aufrichtigen guten Wünschen als Abschiedsgeschenk, denn aus persönlichen Gründen werde ich nicht mehr in der Lage sein, Dich wiederzusehen. Leb wohl und alles Gute.

Wie denn?

Man stelle sich das vor!

Einfach so, aus heiterm Himmel, gerade jetzt, wo sie so glücklich war.

Kein Oberst mehr.

Was für ein furchtbarer Schock.

Sie würde ihn entsetzlich vermissen.

Langsam strich Mrs. Bixby über den wunderschönen schwarzen Pelz des Mantels.

Was dir der Morgen nimmt, schenkt dir der Abend.

Lächelnd faltete sie den Brief zusammen, in der Absicht, ihn zu zerreißen und aus dem Fenster zu werfen, bemerkte dabei aber, daß auf der Rückseite auch etwas stand:

PS. Am besten sagst Du, es sei ein Weihnachtsgeschenk Deiner netten alten Tante.

Mrs. Bixbys Mund, der sich in einem weichen Lächeln gedehnt hatte, schnappte zurück wie ein Gummiband.

«Der Mann ist verrückt geworden», rief sie. «So viel Geld hat Tante Maude gar nicht. Nie könnte sie mir so etwas kaufen.»

Aber wenn Tante Maude ihn nicht gekauft hatte, wer dann? In ihrer Ungeduld, den Mantel auszupacken und anzuprobieren, hatte sie diesen wesentlichen Umstand ganz übersehen.

In ein paar Stunden würde sie in New York sein, zehn Minuten später zu Hause bei ihrem Mann. Und selbst ein Mann wie Cyril, der in einer dunklen, gleichgültigen Welt von Wurzelkanälen, Backenzähnen und Karies lebte, würde zweifellos einige Fragen stellen, wenn seine Frau plötzlich in einem Sechstausend-Dollar-Nerz von einer Wochenendfahrt zurückkehrte.

Alle Wetter, sagte sie zu sich selbst, ich glaube, das hat der verwünschte Oberst absichtlich getan, um mich zu quälen. Er weiß genau, daß Tante Maude nicht das Geld hat, so etwas zu kaufen. Also ist ihm auch klargewesen, daß ich den Mantel nicht behalten kann.

Doch der Gedanke, sich von dem Nerz zu trennen, war für Mrs. Bixby einfach unvorstellbar.

«Ich muß den Mantel haben», sagte sie laut. «Ich muß, ich muß ihn haben.»

Schön, meine Liebe. Du sollst ihn ja haben. Reg dich nicht auf. Bleibe ganz ruhig und denke nach. Du bist doch ein kluges Mädchen, nicht wahr? Du hast ihm oft genug ein X für ein U vorgemacht. Dein Mann kann nicht weiter sehen als bis zum Ende seiner Sonde, das weißt du. Setz dich also still hin und überlege. Zeit hast du genug.

Zweieinhalb Stunden später verließ Mrs. Bixby auf dem Pennsylvania-Bahnhof den Zug und eilte zum Ausgang. Sie trug ihren alten roten Mantel und hielt den Pappkarton im Arm. Draußen winkte sie einem Taxi.

«Wissen Sie vielleicht, ob es hier in der Nähe eine Pfandleihe gibt, die noch offen hat?» fragte sie den Chauffeur.

Der Mann hinter dem Lenkrad hob die Brauen und sah Mrs. Bixby belustigt an.

«In der Sixth Avenue sind eine Menge», antwortete er.

«Halten Sie bitte bei der ersten, die Sie sehen.» Damit stieg sie ein, und sie fuhren los.

Bald hielt das Taxi vor einem Laden, über dessen Tür drei Messingkugeln hingen.

«Warten Sie bitte», sagte Mrs. Bixby zu dem Chauffeur und ging in die Pfandleihe.

Auf dem Ladentisch kauerte eine riesige Katze, die aus einem weißen Napf Fischköpfe fraß. Das Tier richtete seine hellgelben Augen auf Mrs. Bixby und wandte sich dann wieder seinem Futter zu. So weit wie möglich von der Katze entfernt, stand Mrs. Bixby da, wartete, daß jemand käme, und betrachtete die Uhren, die Schuhschnallen, die Emaillebroschen, die alten Operngläser, die zerbrochenen Brillen und die falschen Zähne. Warum versetzen eigentlich so viele Leute ihr Gebiß? fragte sie sich.

«Ja, bitte?» Der Besitzer war unversehens aus dem dunklen Hintergrund des Ladens aufgetaucht.

«Ach, guten Abend», sagte Mrs. Bixby. Während sie die Schnur aufknotete, die um den Karton gebunden war, ging der Mann zu der Katze und streichelte ihren Rücken. Das Tier ließ sich in seiner Beschäftigung nicht stören.

«Mir ist da was Dummes passiert», begann Mrs. Bixby. «Ich habe mein Portemonnaie verloren. Heute ist Sonnabend, bis Montag sind alle Banken zu, und ich brauche dringend Geld fürs Wochenende. Dies ist ein sehr wertvoller Mantel, aber viel Geld will ich darauf gar nicht haben. Nur eine kleine Summe, damit ich mir bis Montag durchhelfen kann. Dann komme ich wieder und löse ihn aus.»

Der Mann wartete schweigend. Als sie jedoch den Nerz hervorholte und den herrlichen dicken Pelz über den Ladentisch breitete, zog er die Brauen hoch, ließ die Katze los und kam näher, um ihn zu begutachten. Er hob ihn auf und hielt ihn ein Stück von sich ab.

«Wenn ich eine Uhr oder einen Ring bei mir hätte», fuhr Mrs. Bixby fort, «dann würde ich Ihnen ja lieber das geben. Aber ich habe tatsächlich nichts als diesen Mantel.» Sie zeigte ihm ihre gespreizten Finger.

«Er sieht neu aus», sagte der Mann und betastete zärtlich das weiche Fell.

«O ja, das ist er auch. Trotzdem möchte ich, wie gesagt, nur so viel haben, daß es bis Montag langt. Vielleicht fünfzig Dollar?»

«Fünfzig Dollar will ich Ihnen leihen.»

«Er ist hundertmal mehr wert, aber ich weiß, Sie werden ihn gut aufheben, bis ich wiederkomme.»

Der Mann öffnete eine Schublade, nahm einen Pfandschein heraus und legte ihn auf den Ladentisch. Der Schein sah aus wie einer jener Gepäckanhänger, die man an Koffern befestigt, er hatte die gleiche Form und

Größe und war aus dem gleichen festen bräunlichen Papier. Nur war er in der Mitte perforiert, so daß man ihn auseinanderreißen konnte. Der Aufdruck auf der oberen Hälfte entsprach genau dem auf der unteren.

«Name?» fragte der Mann.

«Lassen Sie ihn weg. Und die Adresse auch.»

Sie sah, daß er stutzte und die Federspitze unschlüssig über der punktierten Linie schweben ließ.

«Sie brauchen doch Namen und Adresse nicht zu notieren, nicht wahr?»

Der Mann zuckte die Achseln, schüttelte den Kopf, und die Federspitze glitt zur nächsten Linie hinunter.

«Mir wäre das nämlich lieber», sagte Mrs. Bixby. «Es ist eine rein persönliche Angelegenheit, wissen Sie?»

«Dann passen Sie aber auf, daß Sie den Pfandschein nicht verlieren.»

«Oh, ich verliere ihn bestimmt nicht.»

«Ist Ihnen klar, daß jeder, der ihn in die Hände bekommt, den Gegenstand abholen kann?»

«Ja, das weiß ich.»

«Nur auf die Nummer hin.»

«Ja, ja, ich weiß.»

«Was soll ich als Beschreibung angeben?»

«Nichts, danke sehr. Eine Beschreibung ist auch nicht nötig. Setzen Sie nur die Pfandsumme ein, das genügt.»

Wieder zögerte die Federspitze, diesmal über der punktierten Linie neben dem Wort «Gegenstand».

«Sie sollten doch lieber eine Beschreibung angeben. Das erleichtert die Sache, wenn Sie den Schein etwa verkaufen möchten. Man kann ja nie wissen.»

«Ich habe nicht die Absicht, ihn zu verkaufen.»

«Vielleicht müssen Sie es mal tun. So was kommt vor.»

«Hören Sie», sagte Mrs. Bixby, «ich sitze nicht auf dem trocknen, wie Sie zu glauben scheinen. Ich habe nur mein Portemonnaie verloren. Verstehen Sie das nicht?»

«Machen Sie, was Sie wollen», brummte der Mann. «Es ist Ihr Mantel.»

Plötzlich kam ihr ein unangenehmer Gedanke. «Sagen Sie, wenn keine Beschreibung auf meinem Schein steht, welche Sicherheit habe ich dann, daß Sie mir beim Auslösen meinen Mantel wiedergeben und nicht irgend etwas anderes?»

«Es geht durch die Bücher.»

«Aber ich habe ja nichts als die Nummer. Also könnten Sie mir doch jeden x-beliebigen Plunder andrehen, nicht wahr?»

«Wünschen Sie eine Beschreibung oder nicht?» fragte der Mann.

«Nein», antwortete sie. «Ich vertraue Ihnen.»

Der Mann schrieb «fünfzig Dollar» auf beide Abschnitte des Scheins, riß ihn dann längs der Perforierung durch und schob Mrs. Bixby die untere Hälfte hin. Dann nahm er eine Brieftasche aus seiner Jacke und zog fünf Zehndollarscheine heraus. «Die Zinsen betragen drei Prozent monatlich», sagte er.

«In Ordnung. Und vielen Dank. Sie geben doch gut acht auf den Mantel, ja?»

Der Mann nickte nur.

«Soll ich ihn wieder in den Karton packen?»

«Nein», knurrte er.

Mrs. Bixby drehte sich um, ging hinaus

und stieg in das wartende Taxi. Zehn Minuten darauf war sie zu Hause.

«Liebling», sagte sie, während sie sich über ihren Mann beugte und ihm einen Kuß gab, «hast du mich vermißt?»

Cyril Bixby ließ die Abendzeitung sinken und blickte auf seine Armbanduhr. «Es ist zwölf und eine halbe Minute nach sechs», stellte er fest. «Du hast dich etwas verspätet, nicht wahr?»

«Ich weiß. Das liegt an diesen entsetzlichen Zügen. Von Tante Maude soll ich dich wie immer herzlich grüßen. Und jetzt muß ich unbedingt einen Schluck trinken. Du auch?» Mr. Bixby faltete seine Zeitung zu einem sauberen Rechteck zusammen und legte sie auf die Armlehne des Sessels. Dann erhob er sich und ging zur Anrichte hinüber. Seine Frau blieb mitten im Zimmer stehen, zog ihre Handschuhe aus und beobachtete ihn genau, während sie überlegte, wie lange sie wohl warten müsse. Er kehrte ihr jetzt den Rücken zu, stand ein wenig gebückt, hielt das Meßglas für den Gin dicht vor die Augen und starrte hinein wie in den Mund eines Patienten.

Merkwürdig, wie klein er immer nach dem Oberst wirkte. Der Oberst war ein großer, derber Mann und roch, wenn man ihm näher kam, ein wenig nach Meerrettich. Mr. Bixby dagegen war klein, sauber und knochig und roch eigentlich nur nach den Pfefferminzbonbons, die er lutschte, um für seine Patienten reinen Atem zu haben.

«Sieh mal, was ich gekauft habe, um den Vermouth abzumessen», sagte er und hielt einen Glasbecher mit eingravierter Skala hoch. «Damit kann ich das Quantum auf ein Milligramm genau bestimmen.»

«Wie hübsch, Liebling.»

Ich muß ihn dazu bringen, sich anders zu kleiden, sagte sie sich. Noch nie habe ich so etwas Lächerliches gesehen wie seine Anzüge. Früher hatte sie diese Jacketts mit den sechs Knöpfen und den breiten Aufschlägen schön gefunden, aber jetzt kamen sie ihr albern vor. Um so etwas zu tragen, mußte man eine besondere Art von Gesicht haben, und eben das hatte Cyril nicht. Sein Schädel war lang, die Nase sehr schmal, das spitze Kinn sprang ein wenig vor, und über dem enganliegenden, altmodischen Jackett wirkte dieser

Kopf wie eine Karikatur von Sam Weller. Cyril selbst schien sich allerdings für einen zweiten Beau Brummel zu halten. Wenn er in seinem Sprechzimmer Patientinnen empfing, trug er den weißen Kittel unweigerlich offen, damit die Aufmachung darunter zur Geltung kam; allem Anschein nach hoffte er auf diese Weise den Eindruck zu erwecken, er sei kein ganz ungefährlicher Mann. Mrs. Bixby aber wußte das besser. Das Gefieder war ein Bluff, es hatte nichts zu bedeuten. Sie mußte immer an einen alternden Pfau denken, der über den Rasen stolziert und nur noch die Hälfte seiner Federn hat. Oder an eine dieser dummen, sich selbst befruchtenden Blumen – an Löwenzahn zum Beispiel. Löwenzahn braucht nicht befruchtet zu werden, damit er seinen Samen aussät, und all die schönen gelben Blumenblätter sind nur Zeitverschwendung, Prahlerei, Maskerade. Wie nennen es doch gleich die Biologen? Subsexuell. Löwenzahn ist subsexuell. Die Sommerbrut der Wasserflöhe übrigens auch. Wasserflöhe, Löwenzahn, Zahnärzte – das klingt ein bißchen nach Lewis Carroll, dachte Mrs. Bixby.

«Danke, Liebling», sagte sie, nahm den Martini und setzte sich auf das Sofa, ohne ihre Handtasche loszulassen. «Und was hast *du* gestern abend gemacht?»

«Ich bin in der Praxis geblieben, habe ein paar Prothesen gegossen und dann meine Bücher in Ordnung gebracht.»

«Wirklich, Cyril, es ist höchste Zeit, daß du solche Arbeiten anderen Leuten überläßt. Für so etwas bist du viel zu schade. Warum gibst du die Prothesen nicht zum Techniker?»

«Ich mache sie lieber selbst. Du weißt, daß ich sehr stolz auf sie bin.»

«Natürlich, Liebling, sie sind ja auch Meisterwerke. Die besten Prothesen der Welt. Aber ich möchte nicht, daß du dich überanstrengst. Warum läßt du nicht deine Miss Pulteney die Rechnungen schreiben? Das gehört doch zu ihrer Arbeit, nicht wahr?»

«Sie schreibt sie ja auch. Aber zuerst muß ich die Preise festsetzen, denn sie weiß nicht, wer reich ist und wer nicht.»

«Der Martini ist ausgezeichnet», sagte Mrs. Bixby und stellte das Glas auf den Tisch. «Ganz ausgezeichnet.» Sie öffnete ihre Handtasche und zog ein Taschentuch heraus, als wollte sie sich die Nase putzen. «Ach, sieh mal!» rief sie beim Anblick des Pfandscheins. «Das hätte ich ja beinahe vergessen. Diesen Schein habe ich vorhin im Taxi auf dem Sitz gefunden. Es steht eine Nummer darauf, und ich habe ihn mitgenommen, weil ich dachte, es wäre vielleicht ein Lotterielos oder so etwas.»

Mr. Bixby nahm das braune Stück Papier, das sie ihm reichte, und betrachtete es eingehend von allen Seiten, so genau, als handle es sich um einen kranken Zahn.

«Weißt du, was das ist?» fragte er langsam.

«Nein, Liebling.»

«Ein Pfandschein.»

«Ein was?»

«Ein Schein von einem Pfandleiher. Hier stehen Name und Adresse der Firma – irgendwo in der Sixth Avenue.»

«Ach herrje, da bin ich aber enttäuscht. Ich habe doch so sehr gehofft, es wäre etwas, worauf man Geld gewinnen könnte.»

«Kein Grund, enttäuscht zu sein», meinte Cyril Bixby. «Vielleicht wird die Sache sogar ganz amüsant.»

«Wieso amüsant, Liebling?»

Er erklärte ihr, was es mit Pfandscheinen auf sich habe, und hob hervor, daß der Überbringer des Scheins den Gegenstand ohne weiteres auslösen könne. Mrs. Bixby hörte geduldig zu, bis er seinen Vortrag beendet hatte.

«Glaubst du, daß sich die Auslösung lohnt?» fragte sie dann.

«Auf jeden Fall lohnt es sich festzustellen, was es ist. Siehst du – da steht fünfzig Dollar. Weißt du, was das bedeutet?»

«Nein, was denn?»

«Es bedeutet, daß der betreffende Gegenstand zweifellos einigen Wert hat.»

«Du meinst, daß er fünfzig Dollar wert ist, nicht wahr, Cyril?»

«Eher fünfhundert.» – «Fünfhundert?»

«Verstehst du denn nicht?» sagte er. «Ein Pfandleiher gibt niemals mehr als ungefähr ein Zehntel des wirklichen Wertes.»

«Du lieber Himmel! Das habe ich nicht gewußt.»

«Du weißt vieles nicht, Kindchen. Jetzt höre zu. Da weder Name noch Adresse des Eigentümers angegeben ist...»

«Aber aus irgend etwas muß doch ersichtlich sein, wem er gehört?»

«Nein, aus gar nichts. Die Leute machen das oft so. Damit niemand erfährt, daß sie beim Pfandleiher gewesen sind, weißt du? Sie schämen sich deswegen.»

«Meinst du, wir können den Schein behalten?»

«Natürlich. Es ist jetzt unser Schein.»

«*Mein* Schein», sagte Mrs. Bixby energisch. «Ich habe ihn gefunden.»

«Darauf kommt es doch nicht an, liebes Kind. Die Hauptsache ist, daß wir jederzeit hingehen und den Gegenstand nur für fünfzig Dollar auslösen können. Na, was hältst du davon?»

«Ach, das ist wunderbar!» rief sie. «Ich finde es schrecklich aufregend, besonders, weil wir gar nicht wissen, was es ist. *Alles* kann es sein, nicht wahr, Cyril? Einfach alles!»

«Da hast du recht, obwohl es sich höchstwahrscheinlich um einen Ring oder eine Uhr handelt.»

«Aber wäre es nicht fabelhaft, wenn wir eine richtige Kostbarkeit bekämen? Ich meine etwas *wirklich* Altes, zum Beispiel eine wunderschöne antike Vase oder eine römische Statue.»

«Was es ist, können wir nicht wissen, meine Liebe. Wir müssen abwarten.»

«Geradezu faszinierend ist das! Gib mir den Schein, ich sause am Montag sofort hin.»

«Das kann ich ebensogut besorgen.»

«Ach nein!» rief sie. «Laß *mich* gehen!»

«Warum denn? Ich kann sehr gut auf meinem Weg zur Praxis vorbeifahren.»

«Es ist aber *mein* Schein! Bitte, Cyril, ich möchte so gern selbst gehen. Weshalb sollst *du* allen Spaß haben?»

«Du kennst die Pfandleiher nicht, meine Liebe. So ein Kerl ist imstande, dich zu betrügen.»

«Nein, betrügen lasse ich mich bestimmt nicht. Gib mir den Schein, bitte.»

«Du brauchst auch fünfzig Dollar dazu», sagte er lächelnd. «Bevor du den Gegenstand bekommst, mußt du bare fünfzig Dollar auf den Tisch legen.»

«Die habe ich», antwortete sie.

«Trotzdem möchte ich nicht, daß du dich mit der Sache befaßt.»

«Aber, Cyril, *ich* habe den Schein doch gefunden. Er gehört mir. Also gehört mir auch das Pfand.»

«Natürlich gehört es dir, Kindchen. Deswegen brauchst du mich nicht so anzuschreien.»

«Tue ich ja gar nicht. Ich bin aufgeregt, weiter nichts.»

«Ich glaube, du hast noch gar nicht daran gedacht, daß es auch ein ganz männlicher Gegenstand sein kann – Frackhemdenknöpfe zum Beispiel. Bekanntlich gehen nicht nur Frauen zum Pfandleiher.»

«Falls es so etwas ist, schenke ich's dir zu Weihnachten», erklärte Mrs. Bixby großzügig. «Das würde mich sogar sehr freuen. Sollte es aber etwas für Frauen sein, dann darf ich es behalten, ja?»

«Das ist nur recht und billig. Sag mal, möchtest du nicht mitkommen, wenn ich es hole?»

Mrs. Bixby wollte schon zustimmen, besann sich aber gerade noch rechtzeitig eines besseren. Sie hatte keine Lust, von dem Pfandleiher in Gegenwart ihres Mannes als alte Kundin begrüßt zu werden.

«Nein», antwortete sie langsam, «lieber nicht. Weißt du, wenn ich zu Hause bleibe und warte, kann ich die Spannung so richtig auskosten. Hoffentlich ist es nichts, was keiner von uns haben mag.»

«Das wäre allerdings auch möglich», meinte er. «Nun, wenn ich sehe, daß es keine fünfzig Dollar wert ist, nehme ich's gar nicht erst.»

«Aber du sagtest doch, es wäre mindestens fünfhundert wert.»

«Das ist auch sehr wahrscheinlich. Mach dir keine Gedanken.»

«Ach, Cyril, ich kann's kaum erwarten. Ist es nicht spannend?»

«Es ist amüsant», erwiderte er und steckte den Pfandschein in die Westentasche. «Sehr amüsant sogar.»

Endlich kam der Montagmorgen. Mrs. Bixby begleitete ihren Mann nach dem Frühstück hinaus und half ihm in den Mantel.

«Arbeite nicht zuviel, Liebling», sagte sie.

«Nein, bestimmt nicht.»

«Kommst du um sechs?»

«Ich denke, ja.»

«Wirst du Zeit haben, zu dem Pfandleiher zu gehen?» fragte sie.

«Herrgott, das hatte ich ganz vergessen. Ich werde ein Taxi nehmen und gleich hinfahren. Ist ja kein großer Umweg.»

«Hast du auch den Schein nicht verloren?»

«Hoffentlich nicht.» Er griff in die Westentasche. «Nein, hier ist er.»

«Hast du genügend Geld bei dir?»

«Wird schon reichen.»

«Liebster», sagte sie, dicht vor ihm stehend, und zog seinen Schlips gerade, obgleich das gar nicht nötig war, «wenn es nun etwas Hübsches ist, etwas, wovon du denkst, daß es mir Freude macht, willst du mich dann anrufen, sobald du in der Praxis bist?»

«Ja, wenn dir soviel daran liegt.»

«Weißt du, eigentlich hoffe ich ja, daß es etwas für dich ist, Cyril. Ich möchte viel lieber, es wäre etwas für dich als für mich.»

«Das ist rührend von dir, mein Herz. So, jetzt muß ich aber laufen.»

Etwa eine Stunde später schrillte das Telefon. Bevor das erste Läuten verstummt war, hatte Mrs. Bixby schon das Zimmer durchquert und den Hörer abgenommen.

«Ich habe es», sagte er.

«Wirklich? Was ist es denn, Cyril? Etwas Schönes?»

«Schöner als schön!» rief er. «Phantastisch! Warte nur, bis du's zu sehen bekommst! Du wirst in Ohnmacht fallen!»

«Schnell, Liebster, was ist es?»

«Ein Glückskind bist du, das muß ich schon sagen!»

«Es ist also für mich?»

«Natürlich ist es für dich. Verdammt will ich sein, wenn ich begreife, wie das nur für fünfzig Dollar versetzt werden konnte! War bestimmt ein Verrückter.»

«Spann mich doch nicht so auf die Folter, Cyril! Ich halte das nicht aus.»

«Du schnappst über, wenn du es siehst.»

«Was ist es denn bloß?»

«Rate mal.»

Mrs. Bixby schwieg. Sei vorsichtig, ermahnte sie sich. Sei jetzt sehr vorsichtig.

«Eine Halskette», sagte sie.

«Falsch.»

«Ein Brillantring.»

«Nichts dergleichen. Ich will dir einen Tip geben. Man trägt es auf der Straße.»

«Auf der Straße? Meinst du so etwas wie einen Hut?»

Er lachte. «Nein, ein Hut ist es nicht.»

«Um Himmels willen, Cyril, warum sagst du's nicht endlich?»

«Weil ich dich überraschen möchte. Heute abend bringe ich es mit.»

«Nein, das tust du nicht!» rief sie. «Ich komme sofort hin und hole es mir.»

«Mir wäre lieber, du tätest das nicht.»

«Sei nicht albern, Liebling. Warum soll ich nicht kommen?»

«Weil ich zuviel zu tun habe. Du bringst mir meine ganze Tageseinteilung durcheinander. Ich habe ohnehin eine gute halbe Stunde verloren.»

«Dann komme ich eben in der Mittagspause. Ist das recht?»

«Ich mache keine Mittagspause. Na meinetwegen, komm um halb zwei, während ich ein Sandwich esse. Bis dann also.»

Genau um halb zwei läutete Mrs. Bixby an der Tür von Mr. Bixbys Praxis. Ihr Mann öffnete ihr selbst in seinem weißen Kittel.

«Ach, Cyril, ich bin schrecklich aufgeregt!»

«Das gehört sich auch so. Du bist ein Glückskind, weißt du das?» Er führte sie über den Korridor ins Sprechzimmer.

«Sie können jetzt essen gehen, Miss Pulteney», wandte er sich an die Assistentin, die damit beschäftigt war, Instrumente zu sterilisieren. «Machen Sie das fertig, wenn Sie zurückkommen.» Er wartete, bis das Mädchen fort war, ging dann zu dem Wandschrank, in den er seine Sachen zu hängen pflegte, und wies mit dem Finger darauf. «Da drinnen ist es», sagte er. «Mach die Augen zu.»

Mrs. Bixby gehorchte. Sie holte tief Atem, hielt ihn an und konnte in der nun folgenden Stille hören, wie ihr Mann die Schranktür öffnete. Ein leises Rascheln verriet ihr, daß er ein Kleidungsstück zwischen den anderen Sachen herauszog.

«So! Augen auf!»

«Ich traue mich nicht», antwortete sie lachend.

«Na, los doch! Sei tapfer.»

Sie kicherte und hob zaghaft das eine Lid. Ganz wenig nur, gerade genug, daß sie dunkel und verschwommen sehen konnte, wie ihr Mann in seinem weißen Kittel dastand und etwas hochhielt.

«Nerz!» rief er. «Echter Nerz!»

Auf dieses Zauberwort hin öffnete sie rasch die Augen und setzte zum Sprung an, um den Mantel in ihre Arme zu schließen.

Aber da war kein Mantel. Nur ein lächerlicher kleiner Pelzkragen baumelte in der Hand ihres Mannes.

«Na, wie wird dir?» fragte er und schwenkte das Ding vor ihrem Gesicht.

Mrs. Bixby wich einen Schritt zurück und preßte die Hand auf den Mund. Gleich schreie ich, dachte sie. Gleich schreie ich.

«Was ist denn, Kindchen? Gefällt er dir nicht?» Er hörte auf, den Pelzkragen zu schwenken, und sah sie erwartungsvoll an.

«O doch», stieß sie hervor. «Ich... ich... finde ihn reizend... wirklich reizend.»

«Im ersten Augenblick hat's dir den Atem verschlagen, nicht wahr?»

«Allerdings.»

«Großartige Qualität», erklärte er. «Auch schöne Farbe. Weißt du was, Liebes? Ich schätze, daß so ein Stück im Laden mindestens zwei- bis dreihundert Dollar kostet.»

«Ja, ganz gewiß.»

Es waren zwei Felle, zwei schmale, schäbig aussehende Felle, jedes mit einem Kopf, mit Glaskügelchen in den Augenhöhlen und mit kleinen Pfoten. Das eine hatte das hintere Ende des anderen im Maul und biß darauf.

«Komm», sagte er. «Probiere den Kragen mal an.» Er beugte sich vor, legte ihr das Ding um und trat bewundernd zurück. «Ausgezeichnet. Steht dir glänzend. Nerz hat nicht jeder, meine Liebe.»

«Das stimmt.»

«Beim Einkaufen laß ihn lieber zu Hause, sonst halten uns die Leute für Millionäre, und wir müssen überall das Doppelte zahlen.»

«Ich werde daran denken, Cyril.»

«Ich fürchte nur, daß du jetzt auf andere Weihnachtsgeschenke verzichten mußt. Die fünfzig Dollar waren viel mehr, als ich sonst ausgegeben hätte.»

Er drehte sich um, trat an den Waschtisch und fing an, sich die Hände zu waschen. «Geh nun, mein Kind, und leiste dir einen guten Lunch. Ich wäre gern mitgegangen, aber im Wartezimmer sitzt der alte Gorman mit einer abgebrochenen Klammer an seinem Gebiß.»

Mrs. Bixby schleppte sich zur Tür.

Diesen Pfandleiher ermorde ich, dachte sie. Ich gehe jetzt geradewegs in seinen Laden, werfe ihm den schäbigen Pelzkragen ins Gesicht, und wenn er mir meinen Mantel nicht gibt, ermorde ich ihn.

«Habe ich dir schon gesagt, daß ich heute später komme?» fragte Cyril Bixby, der sich noch immer die Hände wusch.

«Nein.»

«Soweit ich's übersehen kann, wird es mindestens halb neun werden. Vielleicht sogar neun.»

«Ja, gut. Auf Wiedersehen.» Mrs. Bixby ging hinaus und warf die Tür hinter sich zu.

Genau in demselben Augenblick kam Miss Pulteney, die Sekretärin und Assistentin, auf ihrem Weg zum Lunch den Korridor entlanggesegelt.

«Ist heute nicht ein herrlicher Tag?» sagte Miss Pulteney im Vorbeigehen, während in ihren Augen ein Lächeln aufblitzte. Ihr Gang war beschwingt, ein Hauch von Parfüm umwehte sie, und sie sah aus wie eine Königin, genau wie eine Königin in dem wundervollen schwarzen Nerzmantel, den der Oberst Mrs. Bixby geschenkt hatte.

Gelée Royale

«Ich mache mir Sorgen, Albert, schreckliche Sorgen.» Mrs. Taylor hielt die Augen auf das Baby gerichtet, das unbeweglich in ihrem linken Arm lag. «Ich weiß genau, da ist irgendwas nicht in Ordnung.»

Die Gesichtshaut des Säuglings war von einem durchsichtigen Weiß und spannte sich straff über die Knochen.

«Versuch's noch mal», riet Albert Taylor.

«Es hilft nichts.»

«Du mußt es immer wieder versuchen.»

Sie nahm die Flasche aus dem Topf mit heißem Wasser und prüfte die Temperatur der Milch, indem sie ein paar Tropfen auf die Innenseite ihres Handgelenks fallen ließ.

«Komm», flüsterte sie. «Komm, mein Liebes. Wach auf und trink noch ein bißchen.»

Die kleine Lampe, die neben ihr auf dem Tisch stand, hüllte sie in sanftes gelbes Licht.

«Bitte», flehte sie, «trink noch ein Schlückchen.»

Ihr Mann beobachtete sie über seine Zeitschrift hinweg. Er sah ihr an, daß sie halb tot vor Erschöpfung war. Ihr blasses ovales Gesicht, das für gewöhnlich so ernst und gelassen wirkte, hatte jetzt einen Ausdruck ratloser Verzweiflung. Aber trotz allem war eine eigenartige Anmut in ihrer Haltung, als sie sich über das Kind beugte.

«Siehst du», murmelte sie. «Es hilft nichts. Sie mag nicht.» Sie hob die Flasche gegen das Licht, damit sie die Maßstriche sehen konnte.

«Wieder nur eine Unze. Mehr hat sie nicht getrunken. Nein – noch nicht einmal soviel. Nur dreiviertel. Davon kann sie doch nicht existieren. Wirklich nicht, Albert. Es quält mich zu Tode.»

«Ich weiß», antwortete er.

«Wenn sie wenigstens herausfinden würden, was ihr fehlt.»

«Nichts fehlt ihr, Mabel. Das ist alles nur eine Frage der Zeit.»

«Natürlich fehlt ihr was.»

«Dr. Robinson ist anderer Meinung.»

Sie stand auf. «Höre mal, du kannst mir nicht einreden, daß es normal ist, wenn ein sechs Wochen altes Kind weniger, sogar *zwei ganze Pfund* weniger wiegt als bei der Geburt. Sieh dir doch die Beine an. Nichts als Haut und Knochen!»

Schlaff und stumm lag das winzige Baby in ihrem Arm.

«Dr. Robinson hat gesagt, du solltest dir keine Sorgen machen, Mabel. Und der andere hat's auch gesagt.»

«Ach», rief sie, «das ist ja großartig! Ich soll mir keine Sorgen machen!»

«Bitte, Mabel...»

«Was soll ich denn sonst tun? Das Ganze als Spaß betrachten?»

«Das hat er nicht gesagt.»

«Ich hasse die Ärzte! Alle hasse ich sie!» Mrs. Taylor wandte sich ab und ging mit ihrem Kind im Arm schnell aus dem Zimmer.

Albert Taylor blieb, wo er war, und versuchte nicht, sie zurückzuhalten.

Gleich darauf hörte er im Schlafzimmer, gerade über ihm, das Tap-tap-tap rascher, nervöser Schritte auf dem Linoleum. Er wußte: Wenn diese Laute verstummten, mußte er zu ihr hinaufgehen, und dann würde sie wie üblich neben dem Kinderbettchen sitzen und still vor sich hinweinen, den Blick unverwandt auf das Baby gerichtet.

«Sie verhungert, Albert», würde sie sagen.

«Unsinn, sie denkt gar nicht daran.»

«Doch, sie verhungert, ich weiß es. Und – Albert...»

«Ja?»

«Ich glaube, du weißt es auch und willst es nur nicht zugeben. Habe ich recht?»

So ging es jetzt allnächtlich.

In der letzten Woche waren sie mit dem Baby im Krankenhaus gewesen. Der Arzt hatte die Kleine gründlich untersucht und dann erklärt, daß ihr nichts fehle.

«Wir haben neun Jahre gebraucht, dieses Kind zu bekommen, Herr Doktor», hatte Mabel gesagt. «Ich würde sterben, wenn ihm etwas passierte.»

Das war vor sechs Tagen gewesen, und inzwischen hatte das Kind wieder fünf Unzen abgenommen.

Aber es nützte ja nichts, sich Sorgen zu machen, stellte Albert Taylor nachdenklich fest. In solchen Fällen mußte man sich einfach auf den Arzt verlassen. Er griff nach der Zeitschrift, die auf seinen Knien lag, und überflog das Inhaltsverzeichnis, um zu sehen, was ihm in dieser Woche geboten wurde.

Unsere Bienen im Mai
Die Honigbereitung
Der Bienenzüchter und
der Bienenpharmazeut
Hinweise zur Bekämpfung der Nosema
Das Neueste über Gelée Royale
Diese Woche im Bienenhaus
Die Heilkraft von Propolis
Das Ausschwärmen
Das Jahresessen der
britischen Bienenhalter
Vereinsnachrichten

Albert Taylor hatte sich von jeher für alles begeistert, was mit Bienen zusammenhing. Als kleiner Junge hatte er sie oft mit bloßen Händen gefangen und war dann ins Haus gelaufen, um sie der Mutter zu zeigen; manchmal setzte er sie sich ins Gesicht, ließ sie über Wangen und Hals kriechen, und das Erstaunliche war, daß er nie gestochen wurde. Im Gegenteil, die Bienen fühlten sich anscheinend sehr wohl bei ihm. Nie versuchten sie fortzufliegen, und wenn er sie loswerden wollte, mußte er sie behutsam mit den Fingern abstreifen. Selbst dann kehrten sie oft zurück und setzten sich wieder auf seine Hände, Arme oder Knie, überallhin, wo nackte Haut war.

Sein Vater, ein Maurer, behauptete, der Junge müsse einen Hexengestank haben, der aus seinen Poren dringe, und er fügte hinzu, bei solchem Insektenhypnotisieren komme bestimmt nichts Gutes heraus. Die Mutter dagegen meinte, so etwas sei eine Gabe Gottes, und sie ging so weit, Albert und die Bienen mit dem heiligen Franziskus und den Vögeln zu vergleichen.

Im Laufe der Zeit wurde aus Albert Taylors Vorliebe für Bienen eine Leidenschaft, und mit zwölf Jahren baute er seinen ersten Bienenstock. Dann fing er seinen ersten Schwarm. Mit vierzehn hatte er bereits fünf Bienenstöcke, die hübsch in einer Reihe am Zaun des väterlichen Hofes standen, und schon damals beschäftigte er sich nicht nur mit der normalen Honiggewinnung, sondern auch mit der schwierigen, äußerst komplizierten Aufgabe, Königinnen zu züchten, indem er Larven in künstliche Zellen setzte und sie genau nach Vorschrift versorgte.

Wenn er in einem Stock arbeitete, brauchte er weder Pfeife, Handschuhe noch Kopfschutz. Zwischen dem Jungen und den Bienen bestand offenbar eine seltsame Sympathie, und im Dorf, in den Läden und Kneipen sprach man mit einem gewissen Respekt von Albert Taylor. Immer öfter kamen Leute und kauften Honig bei ihm.

Mit achtzehn Jahren pachtete er einen Morgen Brachland, das neben einem Obstgarten mit Kirschbäumen lag und ungefähr eine Meile vom Dorf entfernt war. Dort hatte er sich darangemacht, ein eigenes Geschäft aufzubauen. Jetzt, elf Jahre später, saß er noch immer an derselben Stelle, hatte aber sechs Morgen Land statt des einen, zweihundertvierzig gut besetzte Bienenstöcke und ein selbstgebautes Häuschen. Er hatte schon als Zwanzigjähriger geheiratet, und abgesehen von den neun Jahren Wartezeit auf das Kind, war auch das ein Erfolg gewesen. Ja, Albert hatte stets Glück gehabt, bis dieses merkwürdige kleine Mädchen erschienen war, das die Eltern in tödliche Angst versetzte, weil es die Nahrungsaufnahme verweigerte und täglich an Gewicht verlor.

Er blickte von der Zeitschrift auf und dachte an sein Töchterchen.

Vorhin zum Beispiel hatte die Kleine zu Beginn der Mahlzeit die Augen aufgeschlagen, und da war ihm etwas aufgefallen, was ihn sehr beunruhigte – dieser leere, verschwommene Blick, als wären die Augen gar nicht mit dem Gehirn verbunden, sondern lägen wie kleine graue Murmeln in ihren Höhlen.

Ob die Ärzte eigentlich wußten, was sie sagten?

Er zog seinen Aschbecher heran und kratzte langsam mit einem Streichholz die Asche aus dem Pfeifenkopf.

Man konnte ja das Kind zur Vorsicht in einem anderen Krankenhaus untersuchen lassen, vielleicht in Oxford. Wenn er nachher hinaufging, wollte er Mabel das vorschlagen.

Er hörte noch immer ihre Schritte im Schlafzimmer, aber sie hatte wohl die Schuhe mit Pantoffeln vertauscht, denn das Geräusch war sehr leise.

Wieder richtete er seine Aufmerksamkeit auf die Zeitschrift. Er las die «Hinweise zur Bekämpfung der Nosema», blätterte um und nahm den nächsten Artikel in Angriff: «Das Neueste über Gelée Royale.» Allerdings bezweifelte er, daß Dinge darinstehen würden, die er noch nicht wußte.

Was ist diese wundervolle, Gelée Royale genannte Substanz?

Er griff nach der Tabakdose, die neben ihm auf dem Tisch stand, und stopfte seine Pfeife, während er las.

Gelée Royale ist ein Drüsensekret der Ammenbienen, mit dem die Larven unmittelbar nach dem Ausschlüpfen aus dem Ei gefüttert werden. Die Speicheldrüsen der Bienen produzieren diese Substanz auf ähnliche Art, wie die Brustdrüsen der weiblichen Säugetiere Milch produzieren. Diese Tatsache ist von großem biologischem Interesse, weil es in der Welt keine anderen Insekten gibt, die einen solchen Prozeß entwickelt haben.

Weiß ich ja alles, dachte er, las aber weiter, denn er hatte nichts Besseres zu tun.

In den ersten drei Tagen nach dem Ausschlüpfen werden alle Bienenlarven mit Ge-

lée Royale in konzentrierter Form gefüttert; danach wird für jene, die zu Drohnen oder Arbeiterinnen bestimmt sind, diese wertvolle Nahrung stark mit Honig und Blütenstaub verdünnt. Die Larven jedoch, die dazu bestimmt sind, Königinnen zu werden, erhalten ihre ganze Larvenzeit hindurch den konzentrierten Futtersaft, also reines Gelée Royale. Daher der Name.

Über ihm im Schlafzimmer waren keine Schritte mehr zu hören. Das Haus war still. Er zündete ein Streichholz an und hielt es an die Pfeife.

Gelée Royale muß eine ungeheuer nahrhafte Substanz sein, denn die Bienenlarven, die mit nichts anderem gefüttert werden, haben nach fünf Tagen das Fünfzehnhundertfache ihres ursprünglichen Gewichts erreicht.

Wird so ungefähr stimmen, dachte er, obwohl ihm noch nie eingefallen war, das Wachstum der Larven nach dem Gewicht zu bestimmen.

Das ist, als wäre ein Baby von siebeneinhalb Pfund im gleichen Zeitraum um fünf Tonnen schwerer geworden.

Albert Taylor stutzte und las den Satz noch einmal.

Er las ihn auch noch ein drittes Mal.

Das ist, als wäre ein Baby von siebeneinhalb Pfund...

«Mabel!» schrie er, von seinem Stuhl aufspringend. «Mabel! Komm her!»

Er ging hinaus, blieb an der Treppe stehen und rief von neuem nach seiner Frau.

Keine Antwort.

Er lief hinauf und knipste auf dem oberen Flur das Licht an. Die Schlafzimmertür war geschlossen. Er öffnete sie und blickte von der Schwelle in das dunkle Zimmer. «Mabel», sagte er, «sei so gut und komme einen Augenblick herunter. Ich habe eine großartige Idee. Es handelt sich um das Baby.»

Die Lampe hinter ihm warf einen schwachen Lichtschein über das Bett, und er konnte undeutlich sehen, daß Mabel auf dem Bauch lag, das Gesicht in die Kissen gepreßt, die Arme von sich gestreckt. Sie weinte.

Er trat zu ihr und berührte ihre Schulter. «Mabel», bat er, «komm herunter. Vielleicht ist es wichtig.»

«Geh weg», sagte sie. «Laß mich in Ruhe.»

«Möchtest du denn nicht hören, was mir eben eingefallen ist?»

«Ach, Albert», schluchzte sie. «Ich bin *müde*. So müde, daß ich nicht mehr weiß, was ich tue. Ich kann das nicht länger aushalten. Ich kann nicht, ich kann nicht...»

Eine Pause entstand. Albert Taylor wandte sich ab, ging langsam zu dem Bettchen hinüber, in dem die Kleine lag, und schaute hinein. In der Dunkelheit war das Gesicht des Kindes nicht zu erkennen, doch als er sich vorbeugte, hörte er die schnellen, schwachen Atemzüge.

«Wann bekommt sie wieder die Flasche?» fragte er.

«Um zwei.» – «Und dann die nächste?»

«Morgen früh um sechs.»

«Die beiden Mahlzeiten gebe ich ihr», sagte er. «Schlaf du dich nur aus.»

Sie antwortete nicht.

«Leg dich gleich richtig hin, Mabel, und schlaf sofort ein, hörst du? Und mach dir keine Gedanken mehr. Für die nächsten zwölf Stunden übernehme ich alles. Du mußt dich ein wenig schonen, sonst brichst du völlig zusammen.»

«Ja, ich weiß», flüsterte sie.

«Das Würmchen und ich gehen jetzt mit dem Wecker ins Fremdenzimmer, und du legst dich schön bequem hin und denkst gar nicht an uns. Ja?» Er war schon dabei, das Bettchen aus der Tür zu schieben.

«Ach, Albert», schluchzte sie.

«Nicht aufregen, Mabel. Wird schon nichts passieren.»

«Albert...»

«Ja?»

«Ich liebe dich, Albert.»

«Ich dich auch, Mabel. Und nun schlaf.»

Bis zum nächsten Vormittag sah Albert Taylor seine Frau nicht wieder. Erst kurz vor elf Uhr kam sie in Morgenrock und Pantoffeln die Treppe heruntergeeilt.

«Du lieber Himmel!» rief sie. «Albert, sieh doch bloß auf die Uhr! Ich habe ja mindestens zwölf Stunden geschlafen! Ist alles in Ordnung? Wie war es?»

Er saß ruhig im Lehnstuhl, rauchte eine Pfeife und las die Morgenzeitung. Zu seinen Füßen schlief das Baby in einem Tragkörbchen.

«Hallo, Liebste», sagte er lächelnd.

Sie lief zu dem Körbchen und schaute hinein. «Hat sie etwas getrunken, Albert? Wie oft hast du ihr die Flasche gegeben? Um zehn hätte sie wieder trinken müssen, wußtest du das?»

Albert Taylor faltete die Zeitung zusammen und legte sie auf den Tisch. «Das erste Mal habe ich sie um zwei Uhr morgens gefüttert, und sie hat ungefähr eine halbe Unze getrunken, nicht mehr. Dann habe ich sie um sechs Uhr aufgenommen, und da war es schon etwas besser, zwei Unzen...»

«*Zwei Unzen?* Albert, das ist ja wunderbar!»

«Und vor zehn Minuten haben wir die letzte Mahlzeit beendet. Dort auf dem Kamin steht die Flasche. Eine Unze ist noch drin, und drei hat sie getrunken. Was sagst du dazu?» Sein breites Lächeln verriet, wie beglückt er über diesen Erfolg war.

Mrs. Taylor kniete sich rasch hin und betrachtete das Kind.

«Sieht sie nicht besser aus?» fragte ihr Mann eifrig. «Ich finde, das Gesicht ist runder geworden.»

«Vielleicht klingt es albern», antwortete

sie, «aber ich glaube wirklich, sie hat sich erholt. Ach, Albert, du bist ein Wunder! Wie hast du das nur geschafft?»

«Sie ist über den Berg, das ist alles. Genau wie es der Doktor vorausgesagt hat.»

«Ich hoffe zu Gott, daß du recht hast, Albert.»

«Natürlich habe ich recht. Paß auf, von jetzt an gedeiht sie.»

Seine Frau blickte das Baby liebevoll an.

«Du siehst auch besser aus, Mabel.»

«Ich fühle mich ausgezeichnet. Es tut mir leid wegen gestern.»

«Ich mach dir einen Vorschlag», sagte er. «In Zukunft werde ich ihr abends und nachts die Flasche geben, und du versorgst sie tagsüber.»

Sie hob den Kopf und sah mit gerunzelter Stirn zu ihm auf. «Nein, das kommt überhaupt nicht in Frage.»

«Ich möchte nicht, daß du zusammenklappst, Mabel.»

«Tue ich auch nicht. Ich bin jetzt wieder ganz frisch.»

«Warum wollen wir uns die Arbeit nicht teilen?»

«Nein, Albert. Um das Kind kümmere ich mich, ich ganz allein. So etwas wie gestern passiert nicht noch mal.»

Eine Weile blieb es still. Albert Taylor untersuchte den Tabak im Kopf seiner Pfeife. «Schön», sagte er schließlich, «dann werde ich dir wenigstens den Kleinkram abnehmen, das Sterilisieren, das Mischen und die übrigen Vorbereitungen. Ein bißchen hilft dir das auch.»

Sie schaute ihn verwundert an und fragte sich, was plötzlich über ihn gekommen sei.

«Sieh mal, Mabel...»

«Ja, Liebster?»

«Mir ist klargeworden, daß ich bis zur vergangenen Nacht keinen Finger gerührt habe, um dir zu helfen.»

«Das ist nicht wahr.»

«Doch, doch. Und deshalb habe ich beschlossen, dich von nun an nach Möglichkeit zu entlasten. Ich werde die Milch mit Haferschleim mischen und die Flaschen sterilisieren. Einverstanden?»

«Das ist süß von dir, Liebster, aber ich glaube wirklich, es ist nicht nötig...»

«Sei vernünftig!» rief er. «Laß es dabei!

Die letzten drei Male habe ich die Milch zurechtgemacht, und du siehst ja, was dabei herausgekommen ist. Wann gibst du ihr die nächste Mahlzeit? Um zwei, nicht wahr?»

«Ja.»

«Dafür steht schon alles bereit», verkündete er. «Fix und fertig zum Gebrauch. Wenn es soweit ist, gehst du einfach in die Speisekammer, nimmst das Fläschchen vom Gestell und wärmst es. Eine kleine Hilfe ist das doch, nicht wahr?»

Sie erhob sich von den Knien, trat zu ihm und küßte ihn auf die Wange. «Du bist so gut», sagte sie. «Mit jedem Tag, den ich dich kenne, liebe ich dich mehr.»

Als Albert nachmittags draußen im Sonnenschein an seinen Bienenkörben arbeitete, hörte er Mabel vom Hause her nach ihm rufen.

«Albert!» schrie sie. «Albert, wo bist du?» Sie kam durch die Butterblumen auf ihn zugerannt.

Er lief ihr entgegen und dachte, es sei ein Unglück geschehen.

«Oh, Albert! Rate mal!»

«Was ist denn los?»

«Eben habe ich ihr die Zweiuhrflasche gegeben, und sie hat alles ausgetrunken.»
«Nein!»
«Jeden Tropfen! Ach, ich bin so glücklich, Albert! Jetzt hat sie's überstanden. Wie du gesagt hast, sie ist über den Berg.» Sie fiel ihm um den Hals und drückte ihn an sich, während er ihr auf den Rücken klopfte und lachend sagte, was für eine wundervolle kleine Mutter sie sei.

«Willst du beim nächsten Mal hereinkommen und aufpassen, ob sie wieder soviel trinkt, Albert?»

Er versicherte, das werde er sich um keinen Preis entgehen lassen, und sie umarmte ihn noch einmal, drehte sich um und lief zurück zum Haus. Unterwegs hüpfte und sang sie in einem fort.

Natürlich lag eine gewisse Spannung in der Luft, als die Zeit der Sechsuhrflasche herankam. Schon um halb sechs saßen beide Eltern im Wohnzimmer und warteten auf den großen Augenblick. Das fertige Fläschchen stand in einem Topf mit warmem Wasser auf dem Kamin. Das Baby schlief in seinem Körbchen auf dem Sofa.

Zwanzig Minuten vor sechs erwachte es und begann aus Leibeskräften zu schreien.

«Siehst du wohl!» rief Mrs. Taylor. «Sie will ihr Fläschchen. Nimm sie rasch auf, Albert, und bring sie mir her. Aber erst gib mir die Flasche.»

Er holte die Flasche und legte dann seiner Frau das Kind in den Schoß. Vorsichtig berührte sie die Lippen des Babys mit dem Sauger. Die Kleine schnappte sofort danach und fing an, gierig zu trinken.

«Oh, Albert, ist das nicht herrlich?»

«Großartig ist es, Mabel.»

Nach sieben oder acht Minuten war der Inhalt der Flasche restlos in der Kehle des Kindes verschwunden.

«Ei, du tüchtiges Mädchen», lobte Mrs. Taylor. «Wieder vier Unzen.»

Albert Taylor beugte sich in seinem Stuhl vor und betrachtete prüfend das kleine Gesicht. «Weißt du was», sagte er, «mir scheint, sie hat schon ein bißchen zugenommen. Was meinst du?»

Die Mutter schaute auf das Kind hinab.

«Kommt sie dir nicht größer und dicker als gestern vor, Mabel?»

«Ich bin nicht sicher, Albert. Vielleicht hast du recht – obgleich in so kurzer Zeit von *wirklichem* Zunehmen nicht die Rede sein kann. Nun, das wichtigste ist, daß sie jetzt richtig trinkt.»

«Sie ist über den Berg», wiederholte Albert. «Ich glaube, du brauchst dir keine Sorgen mehr um sie zu machen.»

«Gewiß nicht.»

«Möchtest du, daß ich das Bettchen wieder in unser Schlafzimmer schaffe, Mabel?»

«Ja, bitte», erwiderte sie.

Albert ging hinauf und stellte das Bettchen an seinen alten Platz. Mrs. Taylor folgte ihm mit dem Kind, legte es, nachdem sie die Windeln gewechselt hatte, zum Schlafen nieder und deckte es sorgsam zu.

«Sieht sie nicht reizend aus, Albert?» flüsterte sie. «Ist unser Kind nicht das schönste Baby, das du in deinem ganzen Leben gesehen hast?»

«Komm jetzt, Mabel», sagte er. «Komm und koche uns etwas zu essen. Wir haben's beide nötig.»

Nach Tisch setzten sich die Eltern im Wohnzimmer in ihre Sessel, Albert mit seiner Zeitschrift und seiner Pfeife, Mrs. Taylor mit ihrem Strickzeug. Diesmal aber war die Atmosphäre ganz anders als am Abend zuvor. Alle Spannungen hatten sich plötzlich in nichts aufgelöst. Mrs. Taylors hübsches ovales Gesicht strahlte vor Freude, ihre Wangen waren rosig, ihre Augen glänzten, und um den Mund lag ein kleines träumerisches Lächeln. Ab und zu sah sie von ihrer Handarbeit auf, um Albert einen liebevollen Blick zuzuwerfen. Gelegentlich verstummte das Klappern der Nadeln für einige Sekunden, und dann saß sie mäuschenstill, schaute zur Decke hinauf, lauschte, ob oben ein Schrei oder ein Wimmern ertönte. Doch nichts rührte sich im Schlafzimmer.

«Albert», begann sie nach einer Weile.

«Ja, Liebste?»

«Was wolltest du mir gestern abend erzählen, als du ins Schlafzimmer gestürzt kamst? Du sagtest, du hättest eine Idee wegen des Babys.»

Albert Taylor ließ die Zeitschrift sinken und sah seine Frau verschmitzt an. «Habe ich das gesagt?»

«Ja.» Sie wartete, daß er weiterspräche,

aber er schwieg. «Warum grinst du so?» erkundigte sie sich dann. «Denkst du an etwas Komisches?»

«Komisch ist es, das stimmt», gab er zu.

«Sag's mir doch, Liebster.»

«Ich weiß nicht recht, ob ich's tun soll», antwortete er. «Vielleicht hältst du mich für einen Schwindler.»

Selten hatte sie ihn so selbstzufrieden gesehen. Sie lächelte ihm aufmunternd zu.

«Ich bin bloß auf dein Gesicht gespannt, wenn du *das* hörst, Mabel.»

«Aber Albert, was ist denn los?»

Er war nicht gesonnen, sich hetzen zu lassen.

«Du findest doch, daß es der Kleinen besser geht, nicht wahr?» fragte er.

«Natürlich finde ich das.»

«Du stimmst mit mir überein, daß sie auf einmal ausgezeichnet trinkt und kaum wiederzuerkennen ist?»

«Ja, Albert, gewiß.»

«Gut», sagte er, und sein Lächeln wurde noch breiter. «Und siehst du, das habe ich fertiggebracht.»

«Was hast du fertiggebracht?»

«Das Kind gesund zu machen.»

«Ja, Liebster, davon bin ich fest überzeugt.» Mrs. Taylor strickte emsig.

«Du glaubst mir nicht, wie?»

«Natürlich glaube ich dir, Albert. Du hast es geschafft, du ganz allein.»

«Und wie habe ich das angefangen?»

«Nun...» Sie überlegte einen Augenblick. «Wahrscheinlich hast du ein besonderes Geschick, die richtige Mischung von Milch und Haferflocken zu treffen. Denn seitdem du das Fläschchen zurechtmachst, ist sie wohler und wohler geworden.»

«Du meinst also, das Mischen sei eine Art Kunst?»

«Sieht jedenfalls so aus.» Still in sich hineinlächelnd strickte sie weiter. Männer sind doch große Kinder, dachte sie.

«Ich will dir ein Geheimnis verraten», sagte er. «Du hast völlig recht mit deiner Vermutung. Allerdings kommt es beim Mischen gar nicht so sehr auf das Wie an. Das wichtigste sind die Zutaten, Mabel, verstehst du?»

Mrs. Taylor sah ihren Mann scharf an. «Albert», sagte sie, «du willst doch nicht etwa behaupten, du hättest dem Kind irgendwas in die Milch gemischt?»

Er grinste.

«Hast du's getan oder nicht?»

«Kann schon sein», antwortete er.

«Was soll das heißen?»

Das Lächeln, das seine Zähne entblößte, gab ihm ein merkwürdig grimmiges Aussehen.

«Albert», rief sie, «hör auf, dich über mich lustig zu machen.»

«Ja, mein Herz.»

«In *Wirklichkeit* hast du ihr nichts in die Milch gemischt, nicht wahr? Sag mir die Wahrheit, Albert. Bei einem so kleinen Kind könnte das schlimme Folgen haben.»

«Doch, Mabel, ich hab's getan.»

«Albert Taylor! Wie konntest du?»

«Reg dich nicht auf», erwiderte er. «Wenn du willst, sollst du alles genau hören, aber um Himmels willen ruhig.»

«Bier war es! Ich weiß genau, es war Bier!»

«Bitte, Mabel, rede keinen Unsinn.»

«Was war es denn sonst?»

Vorsichtig legte Albert seine Pfeife auf den

Tisch und lehnte sich im Sessel zurück. «Sag mal», begann er, «hast du schon mal was von Gelée Royale gehört?»

«Nein, nie.»

«Das ist eine großartige Sache», erklärte er. «Wirkt geradezu Wunder. Und gestern abend fiel mir plötzlich ein, daß ich etwas davon in die Milch tun könnte...»

«Um Gottes willen!»

«Mabel, du weißt ja noch gar nicht, was es ist.»

«Das interessiert mich auch nicht», versetzte sie. «Man darf doch einem so zarten Kind nicht irgendwas in die Milch tun. Bist du denn verrückt geworden?»

«Gelée Royale ist absolut unschädlich, Mabel, sonst hätte ich's der Kleinen nie gegeben. Es kommt von Bienen.»

«Das hätte ich mir denken können.»

«Und es ist so kostbar, daß es praktisch unerschwinglich ist. Wer es als Medizin nehmen will, muß sich jedesmal mit einem winzigen Tropfen begnügen.»

«Und darf ich fragen, wieviel du unserem Kind gegeben hast?»

«Ah», sagte er, «das ist der springende

Punkt. Jetzt kommen wir zur Sache. Ich schätze, daß unser Baby allein bei den letzten vier Mahlzeiten ungefähr fünfzigmal soviel Gelée Royale geschluckt hat wie sonst jemand auf der Welt. Was sagst du nun?»

«Bitte, Albert, mach keine Witze.»

«Ich kann's beschwören», sagte er stolz.

Sie saß mit halboffenem Mund und gerunzelter Stirn im Sessel und starrte ihn an.

«Weißt du, was dieses Gelée Royale kostet, wenn du's kaufen willst, Mabel? Neulich habe ich die Annonce einer amerikanischen Firma gelesen, und da wurde die Pfunddose zu einem Preis von rund fünfhundert Dollar angeboten. *Fünfhundert Dollar!* Das ist teurer als Gold, verstehst du!»

Sie hatte nicht die leiseste Ahnung, wovon er sprach.

«Ich kann's dir beweisen!» Er sprang auf und ging zu dem großen Bücherschrank, in dem er seine Bienenliteratur verwahrte. Im obersten Fach waren sämtliche Nummern der *Amerikanischen Bienenzeitschrift* sauber neben denen der *Britischen Bienenzeitschrift* und anderen Fachblättern aufgeschichtet. Albert nahm das neueste Heft der

Amerikanischen Bienenzeitschrift heraus und schlug eine Seite mit kleinen Anzeigen auf.

«Bitte sehr», rief er. «Genau, wie ich gesagt habe. ‹Wir verkaufen Gelée Royale zum Großhandelspreis von vierhundertachtzig Dollar je Pfunddose.›»

Er reichte ihr das Heft, damit sie sich selbst überzeugen konnte.

«Glaubst du mir nun? Das ist eine Firma in New York, Mabel. Steht alles wörtlich da.»

«Es steht aber nicht da, daß man es einem Baby in die Milch rühren darf», antwortete sie. «Ich weiß wirklich nicht, Albert, was du dir dabei gedacht hast.»

«Das Zeug hilft ihr doch, oder nicht?»

«So sicher bin ich da gar nicht mehr.»

«Sei nicht albern, Mabel. Du weißt, daß es hilft.»

«Dann müßten es andere Leute ihren Kindern ja auch geben.»

«Ich sage dir doch, daß es zu teuer ist», antwortete er. «Nur so zum Einnehmen kann sich kein Mensch in der Welt reines Gelée Royale leisten – höchstens vielleicht ein oder zwei Multimillionäre. Die einzigen, die es kaufen, sind große Handelsgesellschaften, die Hautcreme und andere Schönheitsmittel für Frauen herstellen. Sie mischen ganz wenig davon in eine große Dose Creme, und das geht dann zu enormen Preisen ab wie warme Semmeln. Es soll die Runzeln glätten.»

«Und stimmt das?»

«Du lieber Himmel, wie soll ich das wissen, Mabel? Aber darauf» – er kehrte zu seinem Sessel zurück – «darauf kommt es nicht an. Wichtig ist nur, daß dieses Gelée Royale unserer Kleinen in kürzester Zeit geholfen hat, und deshalb finde ich, wir sollten es ihr auch weiterhin geben. Nein, unterbrich mich nicht, Mabel. Laß mich ausreden. Ich habe draußen zweihundertvierzig Bienenkörbe, und wenn ich hundert davon auf die Produktion von Gelée Royale umstelle, dann können wir ihr so viel geben, wie sie braucht.»

«Albert Taylor», rief seine Frau und starrte ihn mit weit aufgerissenen Augen an, «hast du denn den Verstand verloren?»

«Hör mich doch erst einmal an.»

«Ich verbiete dir das», sagte sie energisch.

«Von diesem schrecklichen Gelée bekommt mein Kind keinen Tropfen mehr, verstanden?» – «Aber Mabel…»

«Außerdem hatten wir letztes Jahr eine erbärmliche Honigernte, und wenn du jetzt mit deinen Bienenkörben Unsinn machst, ist gar nicht abzusehen, wohin das führt.»

«Meine Bienenkörbe sind in Ordnung, Mabel.»

«Du weißt genau, daß wir letztes Jahr nur die Hälfte einer normalen Ernte hatten.»

«Tu mir einen Gefallen», bat er. «Laß mich etwas von der wunderbaren Wirkung dieser Substanz erzählen.»

«Du hast überhaupt noch nicht gesagt, was für ein Zeug das ist.»

«Schön, Mabel, auch das sollst du erfahren. Willst du zuhören? Willst du mir erlauben, darüber zu sprechen?»

Seufzend griff sie nach ihrem Strickzeug. «Also rede dir's von der Seele, Albert. Fang an.»

Er zögerte, denn er wußte nicht recht, wie er beginnen sollte. Es war nicht leicht, so etwas zu erklären, wenn der andere keine Ahnung von Bienenzucht hatte.

«Du weißt wohl», sagte er, «daß jeder Schwarm nur eine Königin hat?»

«Ja.»

«Und daß diese Königin alle Eier legt?»

«Ja, Lieber, soviel weiß ich.»

«Schön. Die Königin kann zwei Arten von Eiern legen. Das wird dir neu sein, aber sie kann es. Wir nennen das eines der Wunder des Bienenstocks. Sie legt Eier, aus denen Drohnen hervorgehen, und sie legt Eier, aus denen Arbeitsbienen schlüpfen. Wenn das kein Wunder ist, Mabel...»

«Ja, Albert, wird schon so sein.»

«Die Drohnen sind die Männchen. Um die brauchen wir uns nicht zu kümmern. Die Arbeitsbienen sind alle weiblich. Und auch die Königin ist natürlich ein Weibchen. Aber es gibt da einen wichtigen Unterschied. Die Arbeiterinnen sind verkümmerte Weibchen, wenn du verstehst, was ich meine. Ihre Geschlechtsorgane sind ganz unentwickelt, während die Königin erstaunlich fruchtbar ist. Sie kann an einem einzigen Tag ihr eigenes Gewicht in Eiern legen.»

Er hielt inne, um seine Gedanken zu ordnen.

«Nun ist es so. Die Königin kriecht auf der Wabe umher und legt ihre Eier in das, was wir Zellen nennen. Du kennst doch die Honigwaben mit den vielen kleinen Löchern, nicht wahr? Nun, eine Brutwabe sieht ebenso aus, nur enthalten die Zellen keinen Honig, sondern Eier. Die Königin legt in jede Zelle ein Ei, und nach drei Tagen schlüpft aus jedem dieser Eier eine kleine Larve. Sobald das geschehen ist, wimmeln die Ammenbienen – das sind junge Arbeiterinnen – um die Larven herum und fangen wie wild an, sie zu füttern. Und weißt du, womit?»

«Mit Gelée Royale», antwortete Mabel geduldig.

«Richtig!» rief er. «Sie produzieren diesen sogenannten Futtersaft in einer Speicheldrüse und pumpen ihn in die Zelle, um die Larve damit zu ernähren. Und was geschieht dann?»

Er machte eine dramatische Pause, und seine kleinen hellgrauen Augen blinzelten vielsagend. Dann drehte er sich langsam um und griff nach der Zeitschrift, die er am Abend zuvor gelesen hatte.

«Möchtest du wissen, was dann geschieht?» Er feuchtete sich die Lippen an.

«Ich kann's kaum erwarten.»

«‹Gelée Royale›», las er vor, «‹muß eine ungeheuer nahrhafte Substanz sein, denn die Bienenlarven, die mit nichts anderem gefüttert werden, haben nach fünf Tagen das *Fünfzehnhundertfache* ihres ursprünglichen Gewichtes erreicht.›»

«Wieviel?»

«Das Fünfzehnhundertfache, Mabel. Und weißt du, was das bedeutet, wenn man das Gewicht eines Menschen zugrunde legt? Es bedeutet» – er senkte die Stimme, beugte sich vor und blickte sie mit seinen kleinen hellen Augen an – «es bedeutet, daß ein Baby von siebeneinhalb Pfund nach fünf Tagen *fünf Tonnen* wiegt!»

Zum zweitenmal hörte Mrs. Taylor auf zu stricken.

«Du darfst das natürlich nicht wörtlich nehmen, Mabel.»

«Warum nicht?»

«Weil es bloß eine wissenschaftliche Ausdrucksweise ist.»

«Gut, Albert. Weiter.»

«Aber das ist nur die halbe Geschichte», fuhr er fort. «Die Hauptsache kommt erst. Das Erstaunlichste über Gelée Royale habe ich dir noch gar nicht erzählt. Ich werde dir jetzt erklären, wie diese Substanz eine gewöhnliche, unscheinbare kleine Arbeitsbiene, die praktisch keine Geschlechtsorgane hat, in eine schöne, starke, fruchtbare Königin verwandeln kann.»

«Willst du damit sagen, daß unser Baby unscheinbar und gewöhnlich ist?» fragte sie scharf.

«Dreh mir bitte nicht die Worte im Mund um, Mabel. Hör lieber zu. Weißt du, daß die Bienenkönigin und die Arbeiterinnen, obwohl sie in ausgewachsenem Zustand völlig verschieden voneinander sind, aus genau der gleichen Art von Ei schlüpfen?»

«Das glaube ich nicht», antwortete sie.

«Es ist so wahr, wie ich hier sitze, Mabel. Die Bienen können es jederzeit so einrichten, daß sich statt einer Arbeiterin eine Königin aus der Larve entwickelt.»

«Wie denn?»

«Ah», sagte er und hob seinen dicken Zeigefinger, «darauf wollte ich gerade kommen.

Das ist das Geheimnis. Nun, Mabel, rate mal, was dieses Wunder bewirkt.»

«Gelée Royale», erwiderte sie. «Davon redest du ja schon die ganze Zeit.»

«Jawohl, Gelée Royale!» Er klatschte in die Hände und rutschte aufgeregt im Sessel hin und her. Sein dickes, rundes Gesicht glühte, und auf den Backenknochen brannten zwei dunkelrote Flecke. «Die Sache ist folgendermaßen. Ich will's dir so einfach wie möglich erklären. Die Bienen wollen eine neue Königin. Also bauen sie eine besonders große Zelle, Königinnenzelle nennen wir sie, und bringen die alte Königin dazu, eines ihrer Eier hineinzulegen. Die anderen eintausendneunhundertneunundneunzig Eier legt sie in gewöhnliche Zellen. Sobald die Larven ausgeschlüpft sind, fangen die Ammenbienen an, Gelée Royal in sie hineinzupumpen. Damit werden alle gefüttert, die Arbeiterinnenlarven ebenso wie die künftige Königin. Aber nun hör gut zu, Mabel, denn jetzt kommt der Unterschied. Die Arbeiterinnenlarven erhalten diese wunderbare Nahrung nur an den *ersten drei Tagen* ihres Larvenlebens. Dann folgt eine ganz andere Ernährung. Man könnte sagen, daß sie entwöhnt werden, obwohl dieser plötzliche Wechsel natürlich keine richtige Entwöhnung ist. Nach drei Tagen werden sie ganz einfach auf die übliche Bienennahrung gesetzt, also auf eine Mischung von Honig und Blütenstaub, und etwa zwei Wochen später kriechen sie als Arbeiterinnen aus den Zellen. Die Larve in der Königinnenzelle dagegen bekommt *ihr ganzes Larvenleben hindurch* Gelée Royale. Die Ammenbienen füllen so viel davon in die Zelle, daß die kleine Larve buchstäblich in dem Saft schwimmt. Und dadurch wird eine Königin aus ihr.»

«Beweisen kannst du das aber nicht», warf Mrs. Taylor ein.

«Bitte, Mabel, rede nicht so dumm daher. Tausende haben es wieder und wieder bewiesen, berühmte Gelehrte in allen Ländern der Erde. Man braucht nur eine Larve aus einer gewöhnlichen Zelle in eine Königinnenzelle zu tun, und schon wächst sie sich im Eiltempo zu einer Königin aus, vorausgesetzt, daß die Ammenbienen sie gut mit Gelée Royale versorgen. Was die Sache noch wunderbarer macht, ist der enorme Unterschied zwischen der Königin und der Arbeitsbiene, wenn sie ausgewachsen sind. Der Hinterleib ist anders gestaltet. Der Stachel ist anders. Die Beine sind anders. Der...»

«Worin unterscheiden sich denn die Beine?» fragte sie, um ihn auf die Probe zu stellen.

«Die Beine? Nun, die Arbeiterinnen haben sogenannte Körbchen an den Beinen, in denen sie den Blütenstaub transportieren. Die Königin hat keine. Und noch etwas. Die Königin hat vollständig entwickelte Geschlechtsorgane. Bei den Arbeiterinnen sind sie verkümmert. Das verblüffendste aber ist, daß die Königin durchschnittlich vier bis sechs Jahre lebt, während es eine Arbeitsbiene kaum auf ebenso viele Monate bringt. Und das alles nur, weil die eine Gelée Royale bekommen hat und die andere nicht.»

«Schwer zu glauben, daß allein die Ernährung so etwas bewirken kann», sagte sie.

«Natürlich ist es schwer zu glauben. Auch das ist eines der Wunder des Bienenstocks. Sogar das größte von allen. Ein so großes

Wunder ist es, daß die Gelehrten jahrhundertelang daran herumgerätselt haben. Warte einen Augenblick. Bleib sitzen. Rühre dich nicht vom Fleck.»

Wieder sprang er auf, ging zum Bücherschrank und wühlte in den aufgeschichteten Heften.

«Ich will dir ein paar Berichte heraussuchen. Hier ist schon einer. Hör mal zu.» Er fing an, aus einer Nummer der *Amerikanischen Bienenzeitschrift* vorzulesen: «Als Leiter eines ausgezeichneten Forschungslaboratoriums in Toronto, das die Bevölkerung von Kanada ihm, dem Entdecker des Insulins, in Anerkennung seiner großen Verdienste um die Menschheit geschenkt hat, wollte Dr. Frederick A. Banting Näheres über Gelée Royale erfahren und beauftragte seinen Mitarbeiterstab, eine grundlegende Analyse vorzunehmen...»

Albert hielt inne.

«Nun, ich brauche dir nicht alles vorzulesen, aber hier steht jedenfalls, daß Dr. Banting und seine Mitarbeiter Gelée Royale aus Königinnenzellen nahmen, in denen sich zwei Tage alte Larven befanden. Und die

Analyse ergab – na, was glaubst du wohl? Sie ergab», fuhr er fort, «daß Gelée Royale Karbolsäuren enthält, Glyzeride, Dextrose *und* – jetzt paß auf – und achtzig bis fünfundachtzig Prozent *unidentifizierte* Säuren!»

Mit der Zeitschrift in der Hand stand er neben dem Bücherschrank. Um seine Lippen spielte ein verstohlenes Triumphlächeln, und Mrs. Taylor beobachtete ihn verwirrt.

Er war nicht groß. Sein derber, breiter, fleischiger Körper ruhte auf zu kurzgeratenen Beinen, die leicht gebogen waren. Der runde, massige Schädel war mit kurzgeschnittenem borstigem Haar bedeckt. Auf Kinn und Wangen wucherte gelblichbrauner Flaum, der etwa einen Zoll lang war, da Albert neuerdings auf das Rasieren verzichtete. Er sah ziemlich grotesk aus, das ließ sich nicht leugnen.

«Achtzig bis fünfundachtzig Prozent unidentifizierte Säuren», wiederholte er. «Ist das nicht phantastisch?» Er wandte sich von neuem dem Schrank zu und suchte andere Zeitschriften durch.

«Was sind denn unidentifizierte Säuren?»

«Das ist es ja gerade! Niemand weiß es.

Nicht einmal Banting hat sie bestimmen können. Hast du mal was von Banting gehört?»

«Nein.»

«Er ist so ungefähr der berühmteste lebende Arzt der Welt, weiter nichts.»

Mrs. Taylor sah ihn mit seinem borstigen Kopf, dem haarigen Gesicht und dem plumpen gedrungenen Körper vor dem Bücherschrank hocken, sie hörte seine summende Stimme, und plötzlich fiel ihr auf, daß er irgendwie an eine Biene erinnerte. Sie hatte schon oft festgestellt, daß Frauen mit der Zeit anfingen, ihren Reitpferden zu gleichen, und daß Leute, die Vögel, Bullterrier oder Spitze züchteten, eine gewisse Ähnlichkeit mit den Tieren ihrer Wahl hatten. Nie zuvor aber hatte sie bemerkt, daß ihr Mann wie eine Biene aussah, und so war diese Entdeckung ein gelinder Schock für sie.

«Hat dieser Banting jemals versucht, Gelée Royale zu essen?» erkundigte sie sich.

«Gegessen hat er's natürlich nicht, Mabel. Er hatte ja nur ganz wenig davon. Es ist zu kostbar.»

«Weißt du was?» Sie betrachtete ihn mit

einem leichten Lächeln. «Du siehst neuerdings ein bißchen wie eine Biene aus. Ist dir das schon mal aufgefallen?»

Er drehte sich um und blickte sie erstaunt an.

«Es wird wohl hauptsächlich am Bart liegen», fügte sie hinzu. «Ich wollte, du nähmst ihn dir ab. Sogar die Farbe ist bienenähnlich, findest du nicht?»

«Zum Teufel, was redest du da, Mabel?»

«Aber Albert, sei doch nicht so unbeherrscht.»

«Möchtest du noch mehr hören oder nicht?»

«Ja, Liebster. Entschuldige bitte. War nur ein Scherz. Sprich weiter.»

Er zog eine Zeitschrift heraus und blätterte eine Weile darin. «Hier, Mabel, dies zum Beispiel. ‹Im Jahre neunzehnhundertneununddreißig experimentierte Heyl mit einundzwanzig Tage alten Ratten, denen er Gelée Royale in verschiedenen Mengen injizierte. Als Ergebnis fand er eine vorzeitig follikulare Entwicklung der Ovarien, die in direktem Verhältnis zu der injizierten Dosis Gelée Royale stand.›»

«Siehst du!» rief sie. «Das wußte ich!»

«Was?»

«Ich wußte, daß etwas Schreckliches dabei herauskommen würde.»

«Unsinn. Was ist denn daran so schrecklich? Jetzt hör dir mal das an, Mabel. ‹Still und Burdett stellten fest, daß eine bisher nicht fortpflanzungsfähige männliche Ratte zahlreiche Junge zeugte, nachdem sie täglich eine geringe Dosis Gelée Royale bekommen hatte.›»

«Albert», unterbrach sie ihn, «das Zeug ist *viel* zu stark für ein Baby. Mir gefällt das ganz und gar nicht.»

«Unsinn, Mabel.»

«Dann sag mir, warum sie es nur an Ratten ausprobieren. Warum haben diese berühmten Gelehrten das Zeug nicht selbst eingenommen? Weil sie zu schlau sind. Glaubst du, Dr. Banting will riskieren, daß er – na, wie war's doch? – daß er vorzeitige Ovarien bekommt? Der nicht.»

«Aber sie haben es ja Menschen gegeben, Mabel. Hier ist ein langer Artikel darüber.» Er schlug die Seite um und begann von neuem aus der Zeitschrift vorzulesen. «‹Im

Jahre neunzehnhundertdreiundfünfzig ging eine Gruppe mexikanischer Ärzte dazu über, gegen Leiden wie zerebrale Neuritis, Arthritis, Diabetes, Nikotinvergiftung, männliche Impotenz, Asthma, Krupp und Gicht kleinste Mengen von Gelée Royale zu verordnen... Zahlreiche beglaubigte Zuschriften über Heilerfolge liegen vor... Ein bekannter Effektenmakler in Mexico City litt an einer besonders hartnäckigen Hautflechte. Er wurde physisch abstoßend, verlor viele Kunden, und sein Geschäft ging dem Ruin entgegen. In seiner Verzweiflung griff er zu Gelée Royale – ein Tropfen zu jeder Mahlzeit – und siehe da, in vierzehn Tagen war er geheilt. Ein Kellner im Café Jena, ebenfalls in Mexico City, berichtete, daß sein Vater, nachdem er von dieser Wundersubstanz geringe Quantitäten in Kapseln genommen hatte, mit neunzig Jahren Vater eines gesunden Knaben wurde. Ein Stierkampfunternehmer in Acapulco, dem ein Stier zu träge erschien, injizierte dem Tier, bevor man es in die Arena ließ, ein Gramm Gelée Royale (eine ungewöhnlich große Dosis). Daraufhin wurde der Stier so feurig und wild, daß er sofort zwei Picaderos, drei Pferde sowie einen Matador tötete und schließlich...»

«Horch!» rief Mrs. Taylor. «Ich glaube, das Kind weint.»

Albert blickte von der Zeitschrift auf. Tatsächlich, aus dem Schlafzimmer drang lautes, kräftiges Geschrei.

«Sie wird Hunger haben», meinte er.

Seine Frau sah auf die Uhr und sprang erschrocken auf. «Du lieber Himmel, es ist ja schon über ihre Zeit. Mach rasch die Milch fertig, Albert, ich hole sie inzwischen herunter. Beeil dich, wir dürfen sie nicht warten lassen...» Eine halbe Minute später kam Mrs. Taylor mit dem brüllenden Kind zurück. Sie zitterte vor Aufregung, denn sie war noch nicht an den schrecklichen ununterbrochenen Lärm gewöhnt, den ein gesunder Säugling macht, wenn er nach seiner Nahrung verlangt. «Schnell, Albert!» rief sie, setzte sich in den Sessel und legte das Kind auf ihrem Schoß zurecht. «Bitte, beeil dich!»

Albert brachte ihr aus der Küche die Flasche mit warmer Milch. «Die Temperatur ist gerade richtig», sagte er. «Du brauchst nicht zu probieren.»

Sie rückte das Kinderköpfchen in ihrem Arm etwas höher und schob den Gummipfropfen in den weit offenen schreienden Mund. Sofort verstummte das Gebrüll, und das Baby begann gierig zu saugen. Mrs. Taylor atmete auf.

«Ach, Albert, ist sie nicht süß?»

«Unbeschreiblich süß, Mabel – dank Gelée Royale.»

«Nein, Liebster, ich will nichts mehr von dem gräßlichen Zeug hören. Ich ängstige mich zu Tode, wenn ich nur daran denke.»

«Du machst da einen großen Fehler», sagte er.

«Das wird sich ja zeigen.»

Die Kleine sog unentwegt an der Flasche.

«Ich glaube, sie trinkt wieder alles aus, Albert.» – «Bestimmt.»

Bald darauf war die Flasche leer.

«Ach, was bist du für ein gutes Kind!» rief Mrs. Taylor und wollte behutsam den Sauger herausziehen. Das Baby erriet, was sie im Schilde führte, und sog stärker, weil es die Flasche nicht hergeben mochte. Mrs. Taylor aber ließ nicht locker, und flupp war der Sauger draußen.

«Waa! Waa! Waa! Waa!» schrie das Baby.

«Ja, die dumme Luft», sagte Mrs. Taylor, legte das Kind an ihre Schulter und klopfte es auf den Rücken, bis es zweimal nacheinander aufstieß.

«Siehst du, mein Herzchen, nun ist alles in Ordnung.»

Nach einer Pause von wenigen Sekunden fing das Geschrei von neuem an.

«Laß sie noch mal aufstoßen», riet Albert. «Sie hat zu schnell getrunken.»

Wieder legte seine Frau das Kind an die Schulter. Sie rieb sein Rückgrat. Sie nahm es von der einen Schulter an die andere. Sie bettete es mit dem Gesicht nach unten in ihren Schoß. Sie setzte es auf ihr Knie. Aber statt aufzustoßen, schrie das Würmchen immer lauter und eindringlicher.

«Gut für die Lungen», meinte Albert grinsend. «Auf diese Weise üben sie ihre Lungen. Wußtest du das, Mabel?»

«So, so, so», sagte die Frau und bedeckte das Gesicht des Kindes mit Küssen. «So, so, so.»

Sie wartete weitere fünf Minuten, aber das Geschrei verstummte keinen Augenblick.

«Du solltest sie neu wickeln», schlug Albert vor. «Sie hat sich naß gemacht, das ist alles.» Er holte eine Windel aus der Küche, und Mrs. Taylor legte das Baby trocken.

Es half gar nichts.

«Waa! Waa! Waa! Waa! Waa!» brüllte das Kind.

«Du hast ihr doch nicht die Sicherheitsnadel durch die Haut gestochen, Mabel?»

«Natürlich nicht», antwortete sie und fühlte vorsichtshalber unter der Windel nach.

Die Eltern saßen einander gegenüber in ihren Sesseln, betrachteten nervös lächelnd das Kind auf dem Schoß der Mutter und warteten, daß es müde würde und mit dem Geschrei aufhöre.

«Weißt du was?» sagte Albert Taylor schließlich.

«Ja?»

«Ich wette, sie hat noch Hunger. Bestimmt fehlt ihr nichts weiter als ein ordentlicher Schluck aus der Flasche. Soll ich ihr was holen?»

«Ich glaube nicht, daß wir das tun sollten, Albert.»

«Wird ihr bestimmt nichts schaden», versicherte er und stand auf. «Ich wärme ihr eine zweite Portion.»

Er ging in die Küche und kam nach einigen Minuten mit einer bis zum Rand gefüllten Flasche zurück.

«Ich habe die doppelte Menge genommen», erklärte er. «Acht Unzen. Für alle Fälle.»

«Bist du verrückt, Albert? Weißt du nicht, daß zuviel ebenso schädlich ist wie zuwenig?»

«Du brauchst ihr ja nicht alles zu geben, Mabel. Wenn du denkst, daß sie genug hat, hörst du eben auf. Na los, gib ihr zu trinken.»

Mrs. Taylor kitzelte die Oberlippe des Babys mit der Spitze des Saugers. Wie eine Falle schloß sich der kleine Mund um den Gummipfropfen, und plötzlich herrschte Stille im Zimmer. Der Körper des Kindes entspannte sich, und das Gesicht bekam einen Ausdruck höchster Seligkeit.

«Na bitte, Mabel, was habe ich dir gesagt?»

Mrs. Taylor schwieg.

«Sie ist heißhungrig, sonst nichts. Sieh nur, wie sie saugt.»

Mrs. Taylor beobachtete den Flüssigkeitsspiegel in der Flasche. Er sank schnell, und bald waren von den acht Unzen drei oder vier verschwunden.

«So», sagte sie, «das genügt.»

«Jetzt kannst du nicht plötzlich aufhören, Mabel.»

«Doch, Liebster, ich muß.»

«Ach wo. Gib ihr den Rest und mach dir keine Gedanken.»

«Aber Albert...»

«Siehst du denn nicht, daß sie ausgehungert ist? Nur zu, mein Herzchen, trink weiter.»

«Das ist unvernünftig», widersprach seine Frau, zog aber die Flasche nicht weg.

«Sie holt nach, Mabel, und sie hat's nötig.»

Fünf Minuten später war die Flasche leer. Diesmal protestierte das Kind nicht. Still und friedlich lag es in den Armen der Mutter, seine Augen strahlten vor Zufriedenheit, der Mund stand halb offen, die Lippen waren mit Milch beschmiert.

«Zwölf ganze Unzen, Mabel!» sagte Albert Taylor. «Das Dreifache der normalen Menge. Ist das nicht fabelhaft?»

Seine Frau blickte auf das Baby. Langsam veränderte sich ihr Gesichtsausdruck: Die ängstliche Besorgnis der ratlosen Mutter ergriff wieder von ihr Besitz.

«Was hast du denn?» fragte Albert. «Das ist doch wirklich kein Grund zur Aufregung. Wenn sie sich erholen soll, braucht sie eben mehr als schäbige vier Unzen. Mach dich nicht lächerlich.»

«Komm her, Albert», flüsterte sie.

«Warum?»

«Ich habe gesagt, komm her.»

Er gehorchte und stellte sich neben sie.

«Sieh genau hin und sag mir, ob dir irgendwas auffällt.»

Er beugte sich über das Baby. «Sie ist dikker geworden, Mabel, wenn du das meinst. Dicker und größer.»

«Heb sie hoch», befahl Mrs. Taylor. «Komm, nimm sie auf.»

Er griff zu. «Mein Gott, sie wiegt ja mindestens eine Tonne!»

«So ist es.»

«Wie herrlich!» rief er begeistert. «Ich wette, sie hat schon ihr normales Gewicht erreicht.»

«Mir ist das unheimlich, Albert. Es geht zu schnell.» – «Unsinn.»

«Das liegt nur an diesem widerlichen Gelée», sagte sie. «Ich hasse das Zeug.»

«Gelée Royale ist nicht widerlich», antwortete er empört.

«Du weißt nicht, was du redest, Albert. Glaubst du, es ist *normal*, wenn ein Kind so schnell zunimmt?»

«Du bist aber auch nie zufrieden!» rief er. «Erst stirbst du vor Angst, weil sie abnimmt, und jetzt regst du dich auf, weil sie zunimmt. Was ist eigentlich mit dir los, Mabel?»

Sie stand auf und ging mit dem Baby im Arm zur Tür. «Ich kann nur sagen», erklärte sie, «es ist ein Segen, daß ich hier bin, um aufzupassen. Du wirst ihr nichts mehr davon geben, soviel ist sicher.»

Albert sah ihr durch die offene Tür nach, wie sie die Diele überquerte und anfing, die Treppe hinaufzusteigen. Als sie die dritte oder vierte Stufe erreicht hatte, blieb sie plötzlich ein paar Sekunden regungslos stehen. Sie schien nachzudenken. Dann machte sie kehrt und kam mit schnellen Schritten ins Zimmer zurück.

«Albert», sagte sie.

«Ja?»

«Ich nehme an, in der letzten Flasche, die wir ihr gegeben haben, war kein Gelée Royale.»

«Ich wüßte nicht, warum du das annehmen solltest, Mabel.»

«Albert!»

«Was ist denn?» fragte er unschuldig und sanft.

«Wie kannst du es wagen!»

Albert Taylors rundes, bärtiges Gesicht nahm einen gekränkten und verwirrten Ausdruck an. «Ich finde, du solltest sehr froh sein, daß sie noch mal eine große Dosis bekommen hat», sagte er. «Wirklich, das finde ich. Und glaub mir, Mabel, es war eine sehr große Dosis.»

Seine Frau preßte das schlafende Kind an sich und sah ihren Mann mit weit aufgerissenen Augen an. Wie erstarrt vor Zorn stand sie in der Tür, hoch aufgerichtet, das Gesicht blasser, der Mund schmaler als sonst.

«Warte nur ab», fügte Albert hinzu, «deine Tochter wird so prächtig gedeihen, daß sie auf jeder Baby-Ausstellung im ganzen Land den ersten Preis kriegt. Warum legst du sie nicht gleich mal auf die Waage, um zu sehen, wieviel sie wiegt. Soll ich die Waage holen, damit du's feststellen kannst?»

Seine Frau ging zu dem großen Tisch in der Mitte des Zimmers, legte das Kind darauf und fing an, es zu entkleiden. «Ja», antwortete sie kurz, «hol die Waage.» Das Babyjäckchen und das Hemdchen flogen beiseite, die Windel folgte, und schon lag das Kind nackt auf dem Tisch.

«Mabel!» rief Albert. «Das ist ja ein Wunder! Rund wie eine Kugel ist sie!»

Tatsächlich, das Kind hatte seit dem vorigen Tage eine erstaunliche Menge Fleisch angesetzt. Der schmale eingefallene Brustkorb mit den vorspringenden Rippen war jetzt dick und rund wie ein Fäßchen, und der Bauch wölbte sich weit vor. Arme und Beine dagegen hatten mit diesem Wachstum merkwürdigerweise nicht Schritt gehalten. Sie waren kurz und mager geblieben und erinnerten an Stäbchen, die man in einen Fettkloß gespießt hat.

«Schau», sagte Albert, «sie bekommt sogar einen Pelz auf dem Bauch, der sie warm hält!» Er streckte die Hand aus, um mit den Fingerspitzen über den seidigen gelblichen Flaum zu streichen, der sich von einem Tag zum anderen gebildet hatte.

«Rühr sie nicht an!» schrie seine Frau, fuhr herum und stand mit flammenden Augen vor ihm. Sie sah plötzlich aus wie ein kleiner Kampfhahn. Ihr Hals vor vorgereckt, als wollte sie ihm ins Gesicht fliegen und ihm die Augen aushacken.

«Reg dich nicht auf», sagte er begütigend und wich ein wenig zurück.

«Du mußt verrückt sein!» rief sie.

«Reg dich nicht auf, Mabel, bitte. Wenn du immer noch glaubst, es sei eine gefährliche Substanz... Das glaubst du doch, nicht wahr? Also gut, dann höre jetzt mal genau zu. Ich werde dir ein für allemal beweisen, daß Gelée Royale absolut unschädlich für Menschen ist, auch in großen Mengen. Zum Beispiel – was meinst du wohl, warum wir im vorigen Sommer nur die Hälfte unserer gewöhnlichen Honigernte gehabt haben? Sag mir das.» Er hatte sich inzwischen drei oder vier Schritte von ihr entfernt, und das schien ihm ein Gefühl der Sicherheit zu geben.

«Wir hatten im vorigen Sommer nur deswegen halb soviel Honig wie sonst», fuhr er langsam und leise fort, «weil ich hundert von meinen Bienenkörben auf die Produktion von Gelée Royale umgestellt habe.»

«Was hast du…?»

«Ah», flüsterte er, «das überrascht dich wohl ein wenig? Und ich hab's die ganze Zeit direkt vor deiner Nase getan.» Seine Augen glänzten, und ein listiges Lächeln zog langsam seinen Mund in die Breite. «Den Grund wirst du nie erraten», sprach er weiter. «Ich wollte eigentlich nicht darüber reden, weil ich fürchtete, es würde dich… na ja… irgendwie stören.» Albert machte eine kleine Pause. Er hielt die Hände in Brusthöhe vor sich und rieb sie aneinander, so daß ein schabendes Geräusch entstand.

«Erinnerst du dich, was ich dir aus der Zeitschrift vorgelesen habe? Die Stelle über die Ratte meine ich. Wie heißt es doch da? ‹Still und Burdett stellten fest, daß eine bisher nicht fortpflanzungsfähige männliche Ratte…›» Er zögerte, und sein Lächeln wurde noch breiter. «Hast du verstanden, Mabel?»

Sie stand unbeweglich und sah ihn an.

«Als ich den Satz zum allererstenmal las, sprang ich sofort vom Stuhl auf und sagte mir, wenn das auf eine lausige Ratte so wirkt, dann sehe ich wirklich keinen Grund, warum es nicht auch auf Albert Taylor wirken sollte.»

Er hielt wiederum inne, streckte den Kopf vor und wandte das eine Ohr seiner Frau zu, in der Hoffnung, sie werde etwas sagen. Aber sie schwieg.

«Und das ist noch nicht alles», fuhr er schließlich fort. «Ich fühle mich so ausgezeichnet, Mabel, so ganz anders als vorher, und deswegen habe ich es weitergenommen, auch nachdem du mir die gute Nachricht mitgeteilt hattest. Eimerweise muß ich das Zeug in den letzten zwölf Monaten geschluckt haben.»

Der angstvolle Blick der Frau glitt über Gesicht und Hals ihres Mannes. Am Hals war kein Stückchen Haut zu sehen, nicht einmal unter den Ohren. Bis zu der Stelle, wo der Hals im Hemdkragen verschwand, war rundherum alles mit seidigen gelblichbraunen Haaren bedeckt.

«Bedenke», sagte Albert, während er zärtlich das Baby betrachtete, «auf ein kleines Kind wirkt es natürlich viel besser als auf einen ausgewachsenen Mann wie mich. Du brauchst sie ja nur anzuschauen, dann siehst du's, nicht wahr?»

Langsam wandten sich die Augen der Frau dem Kind zu. Es lag nackt auf dem Tisch, weiß, fett und verschlafen, wie eine gigantische Made, die sich dem Ende ihres Larvenlebens nähert und bald mit fertig ausgebildeten Mundwerkzeugen und Flügeln zum Vorschein kommen wird.

«Warum deckst du sie nicht zu, Mabel?» sagte er. «Wir wollen doch nicht, daß sich unsere kleine Königin erkältet.»

Georgy Porgy

Wenn ich auch weit davon entfernt bin, mein eigenes Lob singen zu wollen, so darf ich doch wohl sagen, daß ich mich in fast jeder Beziehung als eine ziemlich ausgereifte und abgerundete Persönlichkeit betrachte. Ich bin viel gereist. Ich bin einigermaßen belesen. Ich spreche Griechisch und Lateinisch. Ich befasse mich mit den verschiedensten Wissenschaften. Ich habe über die Entwicklung des Madrigals im fünfzehnten Jahrhundert gearbeitet und die Ergebnisse veröffentlicht. Ich war beim Tode vieler Menschen zugegen und habe außerdem, wie ich hoffe, das Leben zahlreicher anderer von der Kanzel herab durch meine Predigten beeinflußt.

Trotz alledem muß ich gestehen, daß ich noch nie – ja, wie soll ich mich ausdrücken? – noch nie wirklich etwas mit Frauen zu tun gehabt habe.

Um ganz ehrlich zu sein, bis vor drei Wochen hatte ich keine einzige auch nur mit dem Finger berührt, abgesehen vielleicht von gelegentlichen Hilfeleistungen beim Übersteigen eines Zauntritts oder dergleichen. Und selbst dann habe ich mich immer bemüht, die Betreffende nur dort anzufassen, wo keine nackte Haut war, zum Beispiel an der Schulter oder der Taille, weil ich es nicht ertragen kann, weibliche Haut an der meinen zu spüren. Die Berührung von Haut mit Haut, das heißt von meiner Haut mit der Haut einer Frau – mag es sich nun um Hals, Gesicht, Bein, Hand oder nur Finger handeln – war mir von jeher so unangenehm, daß ich prinzipiell jede Dame mit fest auf dem Rücken verschränkten Händen begrüßte, um dem sonst unvermeidlichen Händeschütteln zu entgehen.

Wenn ich schon davon spreche, möchte ich sogar sagen, daß mich *jede* Art von physischem Kontakt mit dem anderen Geschlecht ungeheuer verwirrt, selbst wenn es sich nicht um nackte Haut handelt. Steht eine Frau dicht neben mir in einer Schlange, so daß sich unsere Körper berühren, oder quetscht sie sich im Bus neben mich auf den Sitz, Hüfte an Hüfte, Schenkel an Schenkel, dann brennen meine Wangen wie verrückt, und ich triefe förmlich von Schweiß.

Bei einem Schuljungen, der soeben das Alter der Pubertät erreicht hat, ist das alles durchaus in Ordnung. Hier zieht Mutter Natur einfach die Bremse an und hält den Burschen zurück, bis er alt genug ist, sich wie ein Gentleman zu benehmen. Das kann ich nur billigen.

Warum aber ich, ein Mann im reifen Alter von einunddreißig Jahren, noch immer unter einer solchen Verwirrung leide, das ist eine Frage, auf die ich keine Antwort finde. Schließlich hat man mich doch gelehrt, Versuchungen zu widerstehen, und ich habe gewiß keinen Hang zu vulgären Leidenschaften.

Wenn ich mich irgendwie meines Äußeren schämen müßte, so würde das vielleicht vieles erklären. Ich bin jedoch keineswegs häßlich. Im Gegenteil, ich muß zugeben, daß mich das Schicksal in dieser Hinsicht recht freundlich behandelt hat. Ich messe genau fünf und einen halben Fuß, und obwohl meine Schultern leicht abfallen, passen sie gut zu meiner schlanken, geschmeidigen Figur. (Finden Sie nicht auch, daß leicht abfallende Schultern einem Mann, der nicht übermäßig groß ist, ein feines, ästhetisches Aussehen verleihen?) Meine Gesichtszüge sind regelmäßig, die Zähne in bestem Zustand (die oberen stehen ein ganz klein wenig vor), und das Haar, das von einem ungewöhnlich leuchtenden Rotbraun ist, bedeckt üppig und dicht meinen Kopf. Du lieber Himmel, und dabei habe ich Männer, die gegen mich die reinsten Knirpse waren, im Umgang mit dem schönen Geschlecht erstaunliche Sicherheit entfalten sehen. Oh, wie ich sie beneidete! Wie ich mich danach sehnte, es ihnen gleichzutun! Immer habe ich mir gewünscht, daß ich fähig wäre, an einigen dieser amüsanten kleinen Finessen teilzuhaben, die ich fortwährend im Umgang zwischen Männern und Frauen beobachtete – Berührungen der Hände, ein Küßchen auf die Wange, verschlungene Arme, aneinandergepreßte Knie oder Füße unter dem Tisch und vor allem jene rückhaltlose, heftige Umarmung zweier Menschen beim Tanz.

Für mich hat es das alles nie gegeben. Ach, ich mußte mich sogar ständig bemühen, es zu vermeiden. Und das, liebe Freunde, ist leichter gesagt als getan, selbst für einen unbedeutenden Hilfsgeistlichen irgendwo auf dem Lande, weit entfernt von den Fleischtöpfen der Metropole.

Meine Gemeinde, müssen Sie wissen, enthielt eine erstaunlich große Anzahl von Damen. Es gab ihrer eine Unmenge im Kirchspiel, und das Schlimme war, daß die meisten – mindestens sechzig Prozent – alte Jungfern waren, mithin also gänzlich ungebändigt von dem wohltätigen Einfluß der heiligen Ehe.

Behende wie ein Eichhörnchen mußte ich sein, sage ich Ihnen.

Man sollte meinen, daß ich bei der sorgfältigen Erziehung, die meine Mutter mir angedeihen ließ, ohne weiteres mit solchen Dingen hätte fertig werden können, und zweifellos wäre das auch der Fall gewesen, wenn sie nur lange genug gelebt hätte, um meine Erziehung zu vollenden. Doch leider wurde sie mir entrissen, als ich noch sehr jung war.

Sie war eine wunderbare Frau, meine Mutter. An den Handgelenken pflegte sie breite Armbänder zu tragen, immer fünf oder sechs auf einmal, Armbänder, an denen alles mögliche hing und die bei jeder Bewegung klirrten und klingelten. Wo sie auch sein mochte, man konnte sie immer finden, indem man diesem melodischen Geräusch nachging. Besser als Kuhglocken war das. Abends hockte sie in ihren schwarzen Hosen im Türkensitz auf dem Sofa und rauchte ungezählte Zigaretten aus einer langen schwarzen Spitze. Ich kauerte auf dem Boden und beobachtete sie.

«Willst du meinen Martini kosten, George?» fragte sie mich oft.

«Sei vorsichtig, Clare», mahnte dann mein Vater. «Wenn du dem Jungen dauernd Alkohol gibst, hört er auf zu wachsen.»

«Los», sagte sie. «Hab keine Angst. Trink nur.»

Ich gehorchte meiner Mutter stets aufs Wort.

«Nicht soviel», sagte mein Vater. «Ein Schlückchen genügt, damit er weiß, wie es schmeckt.»

«Misch dich nicht ein, Boris. Dies ist *sehr* wichtig.»

Meine Mutter vertrat die Theorie, man

dürfe vor einem Kind nichts in der Welt geheimhalten. Zeige ihm alles. Laß ihn seine Erfahrungen machen.

«Ich will nicht, daß mein Sohn mit anderen Kindern über schmutzige Geheimnisse flüstert und an diesen oder jenen Fragen herumrätselt, nur weil ihm niemand die Wahrheit sagt.»

Sage ihm alles. Laß ihn zuhören.

«Komm her, George, ich will dir erzählen, was man von Gott wissen muß.»

Abends, bevor ich zu Bett ging, las sie mir nie Geschichten vor, statt dessen «erzählte» sie. Jeden Abend etwas anderes.

«Komm her, George, heute will ich dir von Mohammed erzählen.»

Sie hockte in ihren schwarzen Hosen im Türkensitz auf dem Sofa und winkte mir mit einer merkwürdig schlaffen Gebärde. In der Hand hielt sie die lange schwarze Zigarettenspitze, und die Armreifen mit den vielen Anhängern klirrten.

«Wenn man schon eine Religion haben muß, finde ich den Mohammedanismus ebensogut wie irgendeine andere. Er geht davon aus, daß es das wichtigste ist, gesund zu bleiben. Man darf eine Menge Frauen haben, aber weder rauchen noch trinken.»

«Warum darf man weder rauchen noch trinken?»

«Wegen der vielen Frauen, Liebling. Für sie muß man gesund und männlich bleiben.»

«Was heißt männlich?»

«Darüber sprechen wir morgen, mein Herzchen. Immer nur eine Sache auf einmal. Ja, und die Mohammedaner leiden auch nie an Verstopfung.»

«Na, Clare», ließ sich mein Vater vernehmen, «halte dich lieber an die Tatsachen.»

«Was weißt denn du davon, mein guter Boris? Wenn *du* einmal versuchen wolltest, dich täglich morgens, mittags und abends in Richtung auf Mekka zu verneigen, bis deine Stirn die Erde berührt, dann würdest du in dieser Beziehung etwas weniger Schwierigkeiten haben.» Ich verstand zwar kaum die Hälfte von dem, was sie mir erzählte, aber ich hörte ihr trotzdem mit Begeisterung zu. Sie vertraute mir ja Geheimnisse an, und etwas Aufregenderes gab es nicht.

«Komm her, George, ich will dir genau erklären, wie dein Vater sein Geld verdient.»

«Nein, Clare, jetzt ist es genug.»

«Unsinn, Liebster. Warum sollen wir vor dem Jungen ein *Geheimnis* daraus machen? Dann denkt er doch nur, es wäre noch viel, viel schlimmer.»

Als ich zehn Jahre alt war, fing sie an, mir detaillierte Vorträge über die sexuelle Frage zu halten. Das war das größte Geheimnis von allen und daher das reizvollste.

«Komm her, George, ich werde dir erzählen, wie du auf die Welt gekommen bist, ganz von Anfang an.»

Ich sah meinen Vater aufblicken und den Mund weit öffnen, wie er es immer tat, wenn er etwas Wichtiges sagen wollte. Doch schon richtete meine Mutter ihre glänzenden Augen auf ihn, und er wandte sich wieder seinem Buch zu, ohne ein Wort gesprochen zu haben.

«Dein armer Vater ist verlegen», sagte sie und schenkte mir ihr privates Lächeln, das nur ich bekam, niemand anders. Bei diesem Lächeln hob sie langsam den einen Mundwinkel, so daß sich eine hübsche Falte bis zum Auge hinauf bildete und eine Art Blinzel-Lächeln daraus wurde.

«Verlegen sein, Liebling, ist etwas, wovor ich dich um jeden Preis bewahren möchte. Und bilde dir ja nicht ein, daß dein Vater nur *deinetwegen* verlegen wäre.»

Mein Vater rückte nervös im Sessel hin und her.

«Mein Gott, solche Dinge setzen ihn sogar in Verlegenheit, wenn er mit mir, seiner Frau, allein ist.»

«Was für Dinge?» fragte ich.

Mein Vater stand auf und verließ das Zimmer.

Ungefähr eine Woche nach diesem Abend kam meine Mutter ums Leben. Vielleicht waren inzwischen auch schon zehn Tage vergangen oder vierzehn, genau weiß ich das nicht. Ich weiß nur, daß sich diese besondere Serie von «Erzählungen» dem Ende näherte, als es geschah, und weil ich selbst in die kurze Kette von Ereignissen, die zu ihrem Tode führten, verwickelt war, steht mir noch jede Einzelheit dieser merkwürdigen Nacht so deutlich vor Augen, als wäre es gestern gewesen. Jederzeit kann ich meine Erinnerung einschalten und alles wie einen Film an meinen Augen vorüberziehen lassen, und was ich sehe, verändert sich nie. Immer endet es an derselben Stelle, nicht früher, nicht später, und immer beginnt es auf dieselbe Weise, seltsam unvermittelt, im Dunkeln, mit der Stimme meiner Mutter, die irgendwo über mir meinen Namen ruft.

«George! Wach auf, George! Wach auf!»

Und dann blendet mich grelles elektrisches Licht, aus dessen Mitte, aber von weit her, die Stimme auf mich einspricht: «George, wach auf, spring aus dem Bett, zieh deinen Schlafrock an! Schnell! Unten gibt es etwas Interessantes zu sehen. Komm, Kind, komm! Beeil dich! Zieh deine Hausschuhe an. Wir gehen hinaus.»

«Hinaus?»

«Rede nicht lange, George. Tu, was ich dir gesagt habe.»

Ich bin so verschlafen, daß ich kaum die Füße heben kann, aber meine Mutter nimmt mich fest an der Hand und führt mich nach unten, hinaus in die Nacht, wo mir die Kälte entgegenschlägt, als hätte mir jemand einen nassen Schwamm ins Gesicht geworfen. Ich reiße die Augen weit auf und sehe den Rasen, der von Frost glitzert, und die riesigen Äste der Zeder, die schwarz vor der schmalen Mondsichel stehen. Darüber wölbt sich der mit unzähligen Sternen besäte Himmel. Wir eilen über den Rasen, meine Mutter und ich; ihre Armbänder klirren wie toll, und ich muß laufen, um nicht zurückzubleiben. Bei jedem Schritt höre ich das spröde, gefrorene Gras unter meinen Füßen knirschen.

«Josephine hat gerade angefangen, ihre Jungen zu kriegen», sagt meine Mutter. «Das ist eine prachtvolle Gelegenheit. Jetzt wirst du sehen, wie das vor sich geht.»

In der Garage brennt Licht, und wir treten ein. Mein Vater ist nicht da, der Wagen auch nicht. Der leere Raum wirkt riesengroß, und durch die Sohlen meiner Hausschuhe spüre ich den eiskalten Betonfußboden. In einer Ecke liegt Josephine in ihrem niedrigen Drahtkäfig auf einem Strohhaufen. Josephine, ein großes blauschwarzes Kaninchen mit roten Augen, blickt mißtrauisch auf, als wir hereinkommen. Ihr Mann, der Napoleon heißt, ist in einem Käfig in der gegenüberliegenden Ecke untergebracht. Ich bemerke, daß er auf den Hinterbeinen steht und ungeduldig an dem Maschendraht kratzt.

«Schau!» ruft meine Mutter. «Gerade kriegt sie das erste! Es ist schon fast draußen!»

Wir schleichen zu Josephine hin, und ich hocke mich vor den Käfig, das Gesicht ans Gitter gepreßt. Ich bin entzückt. Hier kommt ein Kaninchen aus dem anderen heraus. Phantastisch ist das, die reinste Hexerei. Und sehr geschwind geht es.

«Sieh nur, wie es herauskommt, so hübsch sauber in seinen kleinen Zellophanbeutel verpackt!» sagt meine Mutter. «Und nun gib acht, wie sie für ihr Kleines sorgt! Die Ärmste hat keinen Waschlappen, und wenn sie einen hätte, könnte sie ihn nicht in den Pfoten halten, also wäscht sie ihr Kind mit der Zunge.»

Die Kaninchenmutter wendet ihre kleinen roten Augen ängstlich in unsere Richtung und rückt dann herum, so daß nun ihr Körper zwischen uns und dem Jungen ist.

«Komm nach drüben», sagt meine Mutter. «Das dumme Tier hat sich bewegt. Ich glaube, sie möchte ihr Baby vor uns verstecken.»

Wir gehen auf die andere Seite des Käfigs.

Josephine folgt uns mit dem Blick. Das Männchen krallt sich am Gitter fest und hüpft wie besessen.

«Warum ist Napoleon so aufgeregt?» frage ich.

«Ich weiß nicht, Liebling. Kümmere dich nicht um ihn. Schau Josephine an. Ich glaube, sie kriegt bald das nächste. Sieh nur, wie sorgfältig sie ihr Baby wäscht! Sie behandelt es genauso, wie Menschenmütter ihre Kinder behandeln. Denk dir, als du geboren wurdest, habe ich's mit dir auch so gemacht.»

Das große blauschwarze Kaninchen beobachtet uns noch immer. Dann schiebt es das Junge mit der Schnauze von uns fort, dreht sich langsam auf die andere Seite und fängt von neuem mit Lecken und Säubern an.

«Ist es nicht geradezu ein Wunder, daß eine Mutter instinktiv weiß, was sie zu tun hat?» flüstert meine Mutter. «Nun stell dir mal vor, Liebling, daß du das Baby wärst und ich Josephine – halt, komm wieder nach drüben, sonst siehst du ja nichts.» Wir kriechen um den Käfig herum, damit wir das Junge ungehindert betrachten können.

«Sieh nur, wie sie es hätschelt und mit Küssen bedeckt. Da! Jetzt küßt sie es *wirklich*! Genau wie ich dich!»

Ich schaue genauer hin. Was ist das für eine sonderbare Art zu küssen?

«Nein!» schreie ich. «Sie frißt es!»

Tatsächlich, der Kopf des winzigen Kaninchens verschwindet im Maul der Mutter.

«Schnell, Mammi!»

Mein Schrei ist noch nicht verklungen, da hat Josephine schon den ganzen kleinen Körper verschluckt.

Ich drehe mich hastig um, und ehe ich weiß, wie mir geschieht, ist das Gesicht meiner Mutter über mir, dicht über mir, keine sechs Zoll entfernt. Vielleicht versucht sie etwas zu sagen, vielleicht ist sie auch zu überrascht, um etwas zu sagen, aber ich sehe nichts als ihren Mund, einen riesigen roten Mund, der sich weiter und weiter öffnet, bis er nur noch ein tiefes klaffendes Loch mit einer schwarzen Mitte ist. Ich schreie wieder, und diesmal kann ich nicht aufhören. Dann kommen plötzlich ihre Hände auf mich zu, ich fühle ihre Haut an der meinen, lange, kalte Finger schließen sich eng um meine

Fäuste, ich springe zurück, reiße mich los, stürze blindlings in die Nacht hinaus. Immerfort schreiend, renne ich die Auffahrt entlang und durch das Tor, höre dabei hinter mir im Dunkeln das Klirren der Armbänder, das mein Geschrei übertönt und immer lauter wird, je näher sie mir kommt auf dem Weg, der bergab führt, den Hügel hinunter und über die Brücke zur Landstraße, wo viele Wagen mit blendenden Scheinwerfern im Sechzigmeilentempo dahinrasen.

Irgendwo hinter mir höre ich das Kreischen von Bremsen, das Scharren von Reifen auf dem Asphalt. Dann wird es still, und plötzlich bemerke ich, daß die Armbänder nicht mehr klingeln.

Arme Mutter.

Hätte ich sie nur etwas länger behalten dürfen.

Ich gebe zu, daß sie mir mit diesen Kaninchen einen furchtbaren Schreck eingejagt hat, aber es war nicht ihre Schuld. Irgendwie passierten zwischen uns immer so seltsame Dinge, und ich hatte mir angewöhnt, darin eine Art Abhärtung zu sehen, die mir eher nützte als schadete. Hätte sie nur lange genug gelebt, um meine Erziehung vollenden zu können, so wäre mir sicherlich all der Verdruß erspart geblieben, von dem ich Ihnen vor fünf Minuten berichtet habe.

Damit bin ich wieder bei meinem Thema. Von meiner Mutter wollte ich nämlich gar nicht sprechen. Sie hat nichts mit dem zu tun, wovon hier die Rede sein soll, und ich werde sie nicht mehr erwähnen.

Ich habe Ihnen von den alten Jungfern meines Kirchspiels erzählt. Nicht wahr, alte Jungfer ist ein häßliches Wort? Es beschwört das Bild einer zähen, alten Henne mit runzligem Schnabel herauf oder läßt an ein schandmäuliges Monstrum denken, das in Reithosen im Hause herumstapft. Aber das traf auf meine alten Jungfern keineswegs zu. Sie waren saubere, gesunde, ansehnliche Frauen, die meisten von ihnen aus sehr guter Familie und obendrein wohlhabend, so daß jeder andere unverheiratete Mann ihre Gesellschaft recht erfreulich gefunden hätte.

Anfangs, als ich noch neu im Kirchspiel war, hatte ich keinen Grund zur Klage. Mein Beruf und mein geistliches Gewand boten mir einen gewissen Schutz, und zudem befleißigte ich mich einer würdevollen Zurückhaltung, um Vertraulichkeiten von vornherein abzuwehren. So konnte ich mich einige Monate lang sorglos im Kreise meiner Pfarrkinder bewegen. Keine Dame ließ es sich einfallen, mich auf einem Wohltätigkeitsbasar unterzufassen oder meine Finger zu berühren, wenn sie mir beim Abendessen das Salzfäßchen reichte. Ich war sehr glücklich und fühlte mich so wohl wie seit Jahren nicht mehr. Sogar die nervöse Angewohnheit, beim Sprechen mein Ohrläppchen mit dem Zeigefinger zu reiben, verlor sich allmählich.

Das war, was ich die erste Periode nenne, und sie erstreckte sich über nahezu sechs Monate. Dann kam der Ärger.

Freilich, ich hätte wissen müssen, daß ein gesunder Mann nicht hoffen darf, Verwicklungen nur dadurch zu vermeiden, daß er auf Distanz zwischen sich und den Damen bedacht ist. Auf die Dauer hilft das gar nichts. Hat es eine Wirkung, dann eher die entgegengesetzte.

Wie oft sah ich sie bei einer Whistpartie verstohlen zu mir herüberspähen. Sie tuschelten miteinander, nickten vielsagend, leckten sich die Lippen, sogen an ihren Zigaretten, schmiedeten flüsternd Angriffspläne. Manchmal fing ich ein paar Gesprächsfetzen auf: «Was für ein scheuer Mensch... ein bißchen nervös ist er, nicht wahr... viel zu verkrampft... er braucht Gesellschaft... man müßte ihm die Hemmungen nehmen... ihn lehren, sich zu entspannen.» Und dann, im Laufe der nächsten Wochen, fingen sie an, mich einzukreisen. Ich wußte, daß sie es taten, ich fühlte, was vor sich ging, obwohl sie fürs erste ihre Absicht durch nichts verrieten.

Das war die zweite Periode. Sie dauerte den größten Teil eines Jahres. Eine aufreibende Zeit, und doch war es der Himmel auf Erden, verglichen mit der dritten und letzten Phase.

Denn nun gaben die Angreifer nicht mehr vereinzelte, ungezielte Schüsse aus dem Hinterhalt ab – nein, sie stürzten plötzlich mit aufgepflanztem Bajonett auf mich zu. Entsetzlich war es, schreckenerregend. Nichts kann einen Mann mehr entnerven als ein blitzschneller, unterwarteter Überfall. Ich bin kein Feigling. Jedem *Einzelwesen* meiner Größe biete ich unter allen Umständen unerschrocken die Stirn. Aber dieser Angriff – davon bin ich jetzt fest überzeugt – war das Werk *vieler* Frauen, die eine raffiniert zusammenarbeitende Einheit bildeten.

Der erste Vorstoß kam von Miss Elphinstone, einem dicken Weibsbild mit Muttermalen. Ich mußte sie eines Nachmittags aufsuchen, um von ihr einen Beitrag für die neuen Orgelbälge zu erbitten, und nach einer liebenswürdigen Unterhaltung in der Bibliothek schrieb sie mir huldvoll einen Scheck über zwei Guineen aus. Ich bat sie, mich nicht hinauszubegleiten, und ging in die Halle, um meinen Hut zu holen. Gerade wollte ich ihn vom Haken nehmen, als sie plötzlich – sie mußte mir nachgeschlichen sein –, als sie plötzlich ihren bloßen Arm unter den meinen schob, und gleich darauf waren ihre Finger in den meinen verschlungen. Wieder und wieder drückte sie meine Hand, so fest, so regelmäßig, als betätige sie den Ball eines Zerstäubers.

«Sind Sie wirklich so unnahbar, wie Sie immer tun?» flüsterte sie.

O Himmel!

Ich kann nur sagen, daß ich, als ihr Arm unter den meinen glitt, das Gefühl hatte, eine Kobra ringele sich um mein Handgelenk. Ich wandte mich zur Flucht, stieß die Haustür auf und rannte die Auffahrt hinunter, ohne mich umzusehen.

Am nächsten Tag fand im Gemeindesaal des Dorfes ein Basar statt (auch hier ging es darum, Geld für die neuen Orgelbälge zusammenzubringen). Gegen Ende der Veranstaltung stand ich nichtsahnend in einer Ecke, trank Tee und beobachtete die Dorfbewohner, die sich vor den Ständen drängten. Plötzlich hörte ich neben mir jemanden sagen: «Oje, was haben Sie für hungrige Augen, mein Lieber!» Im nächsten Moment lehnte sich ein kurvenreicher Körper an mich, und eine Hand mit roten Fingernägeln versuchte, mir ein dickes Stück Kokosnußkuchen in den Mund zu schieben.

«Miss Prattley», rief ich. «Bitte!»

Aber schon hatte sie mich an die Wand gequetscht, und ich, in der einen Hand die Tasse, in der anderen die Untertasse, war völlig wehrlos. Ich fühlte, wie mir am ganzen Körper der Schweiß ausbrach, und wäre mein Mund nicht voll von dem Kuchen gewesen, den sie hineinstopfte, dann hätte ich ganz bestimmt geschrien.

Ein häßlicher Zwischenfall, doch es kam noch viel schlimmer.

Am folgenden Tag war es Miss Unwin. Besagte Miss Unwin war eng mit Miss Elphinstone *und* Miss Prattley befreundet, und daher wäre natürlich äußerste Vorsicht am Platze gewesen. Aber wer hätte gedacht, daß ausgerechnet Miss Unwin, dieses stille, sanfte Mäuschen – sie hatte mir erst ein paar Wochen zuvor ein wunderschönes, eigenhändig gesticktes Kissen für die Kirche geschenkt –, wer also hätte gedacht, daß sie sich je irgendwelche Freiheiten herausnehmen würde? Als sie mich bat, sie in die Krypta zu begleiten und ihr die Wandmalereien aus der Sachsenzeit zu zeigen, kam mir keinen Augenblick der Gedanke, daß dies eine Teufelei sein könnte. Und doch war es eine.

Ich mag dieses Erlebnis nicht beschreiben; es war zu peinlich. Andere, nicht weniger grausame Überfälle folgten. Fast täglich ereignete sich eine neue Schändlichkeit. Ich war nur noch ein Nervenbündel. Manchmal wußte ich kaum, was ich tat. Bei der Trauung der jungen Gladys Pitcher fing ich an, die Begräbnisformel zu lesen. Als ich das Neugeborene von Mrs. Harris taufte, ließ ich das Würmchen ins Taufbecken fallen, so daß es beinahe ertrunken wäre. Ein Hautausschlag am Hals, den ich seit reichlich zwei Jahren nicht mehr gehabt hatte, trat wieder auf, und die dumme Geschichte mit meinem Ohrläppchen wurde schlimmer denn je. Sogar mein Haar begann auszufallen. Je mehr ich mich zurückzog, desto heftiger verfolgten sie mich. So sind die Frauen. Nichts reizt sie so sehr wie ein Mann, der zu bescheiden oder zu schüchtern ist, sich ihnen zu nähern. Und doppelt hartnäckig werden sie, wenn es ihnen glückt – und hier muß ich, so schwer es mir wird, ein Geständnis machen –, wenn es ihnen, wie in meinem Fall, glückt, tief in den Augen dieses Mannes einen kleinen geheimen Schimmer von Sehnsucht zu entdecken.

Wissen Sie, im Grunde war ich nämlich ganz wild auf Frauen.

Ja, ich weiß, nach allem, was ich erzählt habe, werden Sie das kaum glaubhaft finden, aber es war wirklich so. Das, was mich an den Frauen erschreckte, war einzig und allein der körperliche Kontakt. Vorausgesetzt, daß sie in sicherer Entfernung blieben, konnte ich sie stundenlang beobachten, und zwar ebenso fasziniert, wie Sie vielleicht ein Tier beobachten, das Sie um keinen Preis anfassen möchten, einen Seepolypen zum Beispiel oder eine Giftschlange. Ich liebte den Anblick eines weißen, weichen Armes, der aus einem Ärmel tauchte, merkwürdig nackt wie eine geschälte Banane. Es regte mich maßlos auf, wenn ein Mädchen in einem enganliegenden Kleid durchs Zimmer ging, und ich genoß es auch, Frauenbeine von hinten zu sehen, besonders wenn sie in Schuhen mit hohen Absätzen steckten – der wundervolle Schwung in den Kniekehlen und die Beine selbst, straff und von einer bis zum äußersten angespannten Elastizität. Wenn ich an einem Sommernachmittag in Lady Birdwells Wohnzimmer am Fenster saß, schaute ich manchmal über den Rand meiner Teetasse zum Schwimmbassin hinüber und war wie berauscht, wenn ich zwischen der oberen und der unteren Hälfte eines zweiteiligen

Badeanzugs einen sonnenverbrannten Streifen Fleisch erspähte.

An solchen Gedanken ist nichts Schlimmes. Alle Männer haben sie von Zeit zu Zeit. Bei mir aber hinterließen sie ein furchtbares Schuldgefühl. Bin ich es etwa, so fragte ich mich immer wieder, der unbewußt verantwortlich ist für die schamlose Art, in der sich diese Damen neuerdings gefallen? Ist es das unkontrollierbare Glänzen meiner Augen, das fortwährend ihre Leidenschaft erregt und sie reizt? Gebe ich ihnen, sooft ich sie anschaue, unwissentlich jenes Signal, das man den Komm-zu-mir-Wink nennt? Tue ich das?

Oder gehört ihr aggressives Benehmen zu den Kennzeichen der weiblichen Natur?

Auf diese Frage hätte ich wohl leicht eine beruhigende Antwort finden können, doch das genügte mir nicht. Mein Gewissen läßt sich nie mit Vermutungen beschwichtigen, es fordert Beweise. Ich mußte einwandfrei feststellen, wer in diesem Fall der schuldige Teil war – ich oder sie. So entschloß ich mich denn zu einem einfachen Experiment eigener Erfindung, das ich mit Hilfe von Snellings Ratten durchführte.

Etwa ein Jahr zuvor hatte ich Ärger mit einem unartigen Chorknaben namens Billy Snelling gehabt. Der Junge hatte an drei aufeinanderfolgenden Sonntagen ein Paar weiße Ratten in die Kirche mitgebracht und sie während meiner Predigt auf dem Fußboden herumlaufen lassen. Schließlich hatte ich die Tiere konfisziert, sie mit nach Hause genommen und in einer Kiste untergebracht, die ich in den Schuppen am Ende des Pfarrgartens stellte. Aus reiner Menschlichkeit hatte ich sie gefüttert, und das Ergebnis war, daß sich diese Kreaturen, wenn auch ohne die geringste Ermutigung von meiner Seite, sehr schnell zu vermehren begannen. Aus dem Pärchen wurden fünf, aus den fünf wurden zwölf.

So stand es, als ich den Entschluß faßte, sie zu Forschungszwecken zu verwenden. Die Bedingungen waren ideal, denn es gab ebenso viele Männchen wie Weibchen, sechs von jeder Sorte.

Zunächst sperrte ich Männchen und Weibchen in getrennte Käfige, und zwar für volle drei Wochen. Die Ratte ist ein sehr wollüstiges Tier, und einundzwanzig Tage sind für sie, wie jeder Zoologe bestätigen wird, eine außerordentlich lange Trennungszeit. Ich vermute, daß eine Woche erzwungenen Zölibats für eine Ratte ungefähr einem Jahr gleicher Behandlung für jemanden wie Miss Elphinstone oder Miss Prattley entspricht – woraus man ersieht, daß ich bemüht war, wirklichkeitsnahe Bedingungen zu schaffen.

Als die drei Wochen vorüber waren, nahm ich eine große Kiste, die in der Mitte durch ein Gitter geteilt war, und setzte die Weibchen auf die eine, die Männchen auf die andere Seite. Das Gitter bestand nur aus drei blanken Drähten mit jeweils einem Zoll Zwischenraum, aber es war mit starkem elektrischem Strom geladen.

Um die Sache der Wirklichkeit noch mehr anzunähern, gab ich jedem Weibchen einen Namen. Das größte, das auch die längsten Barthaare hatte, war Miss Elphinstone. Ein anderes mit einem kurzen, dicken Schwanz nannte ich Miss Prattley. Das kleinste hieß Miss Unwin und so weiter. Die Männchen, alle sechs, waren ICH.

Nun holte ich mir einen Stuhl, ließ mich darauf nieder und beobachtete.

Ratten sind von Natur mißtrauisch, und als ich die beiden Geschlechter, nur durch die Drähte getrennt, in dieselbe Kiste gesetzt hatte, rührte sich zunächst keines der Tiere. Die Männchen starrten die Weibchen unverwandt durch das Gitter an. Die Weibchen wiederum starrten die Männchen an und warteten, daß sie herüberkämen. Ich sah genau, daß beide Seiten vor Verlangen brannten. Die Barthaare zitterten, die Nasen zuckten und gelegentlich schlug ein langer Schwanz scharf gegen die Wand der Kiste.

Nach einer Weile löste sich ein Männchen von seiner Gruppe. Vorsichtig, den Bauch dicht über dem Boden, näherte es sich dem Gitter. Es berührte einen Draht und wurde sofort elektrisch hingerichtet. Die elf Hinterbliebenen saßen regungslos, wie erstarrt.

Neun und eine halbe Minute lang rührte sich auf beiden Seiten nichts, aber ich bemerkte, daß alle Männchen den Körper ihres toten Genossen anstarrten, während die Weibchen nur Augen für die Männchen hatten.

Schließlich konnte es Miss Prattley mit dem kurzen Schwanz nicht länger aushalten.

Sie sprang vorwärts, kam an den Draht und fiel tot um.

Die Männchen preßten den Leib fest an den Boden und betrachteten nachdenklich die beiden Leichen am Drahtgitter. Auch die Weibchen waren anscheinend tief erschüttert, und wieder blieb es auf beiden Seiten geraume Zeit still.

Nun verriet Miss Unwin Zeichen von Ungeduld. Sie schnaufte hörbar, und ihre bewegliche rosa Nasenspitze zuckte hin und her. Dann wippte sie auf und nieder, als wollte sie seilspringen. Sie schaute sich nach ihren vier Gefährtinnen um und hob den Schwanz hoch in die Luft, was wohl heißen sollte: Jetzt geht's los, Kinder! Und schon lief sie flink auf die Drähte zu, steckte den Kopf hindurch und wurde getötet.

Sechzehn Minuten später machte Miss Foster ihre erste Bewegung. Miss Foster war eine Frau aus dem Dorf, die Katzen züchtete, und sie hatte die Unverschämtheit gehabt, an ihrem Haus in der High Street ein großes Schild mit der Aufschrift *Fosters Katzenheim* anzubringen. Durch ihre langjährige Gemeinschaft mit diesen Tieren schien sie all deren schlechte Eigenschaften erworben zu haben, und wenn sie mir in einem Zimmer nahe kam, spürte ich trotz des Rauchs ihrer russischen Zigarette einen schwachen, aber scharfen Katzengeruch. Ich hatte nie den Eindruck gehabt, daß sie imstande sei, ihre niedrigen Instinkte zu beherrschen, und so beobachtete ich mit Genugtuung, wie sich die Törichte das Leben nahm, indem sie mit einem letzten, verzweifelten Sprung auf das männliche Geschlecht zustürzte.

Die nächste war eine Miss Montgomery-Smith, eine energische kleine Person, die mir einmal hatte einreden wollen, sie sei mit einem Bischof verlobt gewesen. Sie starb bei dem Versuch, auf dem Bauch unter dem Draht durchzukriechen, und ich muß sagen, daß ich daraus gewisse Rückschlüsse auf ihre Lebensweise zog.

Die fünf Männchen saßen noch immer unbeweglich und warteten.

Als fünftes Weibchen machte sich Miss Plumley auf den Weg. Sie war eine seltsame Person, die mir immerzu Botschaften in den Klingelbeutel steckte. Erst am letzten Sonntag, als ich nach dem Morgengottesdienst in der Sakristei das Geld zählte, hatte ich in einem zusammengefalteten Zehnshillingschein so ein Zettelchen gefunden. *Bei der Predigt klang heute Ihre arme Stimme recht heiser,* stand darauf. *Bitte, gestatten Sie mir, Ihnen zur Linderung eine Flasche von meinem selbstbereiteten Hustenbalsam zu bringen. Herzlichst Eunice Plumley.*

Miss Plumley schlenderte gemächlich zum Gitter, schnüffelte mit der Nasenspitze an dem mittleren Draht, kam etwas zu nahe, und zweihundertvierzig Volt Wechselstrom fuhren ihr in den Körper.

Die fünf Männchen blieben, wo sie waren, und sahen dem Gemetzel zu.

Auf der weiblichen Seite war jetzt nur noch Miss Elphinstone übrig.

Eine geschlagene halbe Stunde machte weder sie noch eine der anderen Ratten eine Bewegung. Schließlich richtete sich eines der Männchen langsam auf, tat einen Schritt vorwärts, zögerte, besann sich eines Besseren und kauerte sich wieder auf den Boden.

Das muß Miss Elphinstone über die Maßen enttäuscht haben, denn plötzlich stürmte sie mit blitzenden Augen vor und versuchte über das Gitter zu springen. Es war eine bemerkenswerte Leistung, und beinahe hätte sie es geschafft. Eines ihrer Hinterbeine streifte jedoch den obersten Draht, und so starb sie wie die anderen ihres Geschlechts.

Es tat mir unbeschreiblich wohl, dieses einfache und, wie ich selbst sagen muß, klug erdachte Experiment zu beobachten. Mit einem Schlage hatte sich mir die unglaublich lüsterne und hemmungslose weibliche Natur enthüllt. Mein eigenes Geschlecht war glänzend gerechtfertigt, ich konnte beruhigt sein.

All die quälenden Schuldgefühle, die sich immer wieder in mir geregt und mein Gewissen belastet hatten, flogen im Nu aus dem Fenster. Das Bewußtsein meiner Unschuld verlieh mir ungeahnte Kraft und Heiterkeit.

Einen Augenblick spielte ich mit dem absurden Gedanken, das schwarze Eisengitter, das den Pfarrgarten umgab, unter Strom zu setzen; die Pforte allein würde vielleicht schon genügen. Dann konnte ich von der Bibliothek aus in aller Gemütsruhe zuschauen, wie die Damen Elphinstone, Prattley und Unwin – diesmal in Menschengestalt – ihre endgültige Strafe dafür empfingen, daß sie ein unschuldiges männliches Wesen belästigt hatten.

Verrückte Gedanken!

Nein, sagte ich mir, so geht es nicht. Ich muß mich vielmehr mit einer Art unsichtbarem elektrischen Zaun umgeben, der ganz aus meiner persönlichen Moral besteht. Dahinter kann ich dann in vollständiger Sicherheit sitzen, während die Feinde, einer nach dem anderen, gegen das Gitter prallen.

Ich nahm mir vor, ein schroffes Benehmen an den Tag zu legen, alle Frauen kurz abzufertigen und sie nicht anzulächeln. Auch wollte ich keinen Schritt mehr zurückweichen, wenn eine auf mich zukam, sondern ihr standhalten, sie durchdringend ansehen und jeden Annäherungsversuch mit einer scharfen Antwort quittieren.

In dieser Stimmung begab ich mich am nächsten Tag zu Lady Birdwells Tennisgesellschaft.

Ich selbst spielte nicht, aber die Lady hatte mich freundlich aufgefordert, gegen sechs Uhr zu kommen, wenn das Spiel zu Ende sei.

Sie glaubte wohl, die Anwesenheit eines Geistlichen werde der Zusammenkunft eine gewisse Note verleihen, und vielleicht hoffte sie auch, daß sie mich zu einer Darbietung wie bei ihrer letzten Gesellschaft überreden könnte, wo ich nach dem Souper volle einundeinviertel Stunden am Klavier gesessen und die Gäste mit einem Vortrag über die Entwicklung des Madrigals im Laufe der Jahrhunderte unterhalten hatte.

Pünktlich um sechs Uhr erreichte ich auf meinem Fahrrad den langen Weg, der vom Gartentor zum Haus führte. Es war die erste Juniwoche, und die Rhododendronsträucher zu beiden Seiten standen in voller Blüte, purpurn und hellrot. Ich fühlte mich ungewöhnlich munter und verwegen. Nach dem Experiment mit den Ratten konnte mich nun niemand mehr überrumpeln. Ich wußte genau, was meiner harrte, und war entsprechend gerüstet. Das kleine Gitter um mich herum würde mich schützen.

«Ah, guten Abend, mein lieber Vikar», rief Lady Birdwell, als sie meiner ansichtig wurde, und eilte mit ausgestreckten Armen auf mich zu.

Ich hielt mannhaft stand und blickte ihr fest in die Augen.

«Wie geht's Birdwell?» fragte ich. «Ist er noch in der Stadt?»

Bestimmt hatte sie nie zuvor erlebt, daß jemand, der nicht zu Lord Birdwells Bekannten gehörte, in diesem Ton von ihm sprach. Sie erstarrte förmlich zur Salzsäule, sah mich sonderbar an und wußte offenbar nicht, was sie antworten sollte.

«Ich werde mich setzen, wenn Sie nichts dagegen haben», sagte ich und ging an ihr vorbei zur Terrasse, wo neun oder zehn Gäste bequem in Rohrsesseln lehnten und an ihren Drinks nippten. Die Gesellschaft bestand vorwiegend aus Frauen, der gewohnte Kreis, alle in weißen Tenniskleidern, und ich hatte den Eindruck, mein ehrbarer schwarzer Anzug werde es mir erleichtern, die erforderliche Distanz zu halten.

Die Damen begrüßten mich lächelnd. Ich verbeugte mich kurz und nahm auf einem freien Stuhl Platz, ohne ihr Lächeln zu erwidern.

«Ich erzähle meine Geschichte lieber ein andermal zu Ende», sagte Miss Elphinstone.

«Ich glaube, sie würde unserem Vikar nicht gefallen.» Sie kicherte und warf mir einen schelmischen Blick zu. Ich wußte, daß sie auf mein übliches nervöses Lachen wartete und auf meine übliche Beteuerung, wie weitherzig ich sei, aber ich tat nichts dergleichen. Ich hob nur die eine Seite meiner Oberlippe, bis sie sich zu einem schwachen verächtlichen Lächeln kräuselte – das hatte ich am Morgen vor dem Spiegel ausprobiert –, und sagte scharf mit lauter Stimme: «*Mens sana in corpore sano.*»

«Wie bitte?» rief sie. «Noch einmal, Herr Vikar.»

«Ein sauberer Geist in einem gesunden Körper», antwortete ich. «Es ist der Wahlspruch meiner Familie.»

Daraufhin entstand ein ziemlich langes befremdetes Schweigen. Ich sah, daß die Damen Blicke wechselten, die Stirn runzelten und verstohlen den Kopf schüttelten.

«Unser Vikar ist schlechter Laune», verkündete Miss Foster, die Katzenzüchterin. «Ich glaube, er braucht einen Drink.»

«Danke», antwortete ich. «Wie Sie wissen, nehme ich keinen Alkohol zu mir.»

«Darf ich Ihnen dann vielleicht einen schönen kalten Fruchtcocktail mixen?»

Dieser Satz kam sanft und ganz unerwartet von jemand, der rechts hinter mir saß, und aus der Stimme klang eine so aufrichtige Hilfsbereitschaft, daß ich mich hastig umwandte.

Ich erblickte eine Dame von ungewöhnlicher Schönheit, die ich bisher erst einmal, etwa vor einem Monat, gesehen hatte. Sie hieß Miss Roach, und ich entsann mich, daß sie mir damals aufgefallen war, weil sie sich so sehr von den anderen unterschied. Ihre liebenswürdige und dabei zurückhaltende Art hatte mich stark beeindruckt, und die Tatsache, daß ich mich in ihrer Gegenwart wohl gefühlt hatte, ließ nur einen Schluß zu: Miss Roach gehörte nicht zu den Frauen, die sich mir in irgendeiner Weise aufzudrängen suchten.

«Sie müssen doch müde sein, nachdem Sie den weiten Weg geradelt sind», meinte sie.

Ich drehte mich vollends um und betrachtete sie aufmerksam. Sie war wirklich eine auffallende Erscheinung – erstaunlich muskulös für eine Frau, mit breiten Schultern, kräftigen Armen und strammen Waden. Ihr Gesicht, noch erhitzt von den Anstrengungen des Nachmittags, strahlte in einem gesunden Rot.

«Danke vielmals, Miss Roach», erwiderte ich, «aber ich rühre Alkohol in keiner Form an. Vielleicht ein Gläschen Zitronenlimonade...»

«Fruchtcocktail besteht nur aus Obst, Padre.»

Wie ich es liebe, Padre genannt zu werden! Das Wort klingt so militärisch – man denkt sofort an strenge Disziplin und Offiziersrang.

«Fruchtcocktail?» sagte Miss Elphinstone. «Eine völlig harmlose Sache.»

«Da ist nichts drin als Vitamin C», fügte Miss Foster hinzu.

«Viel besser für Sie als Brauselimonade», versicherte Lady Birdwell. «Kohlensäure greift die Magenschleimhaut an.»

«Ich hole Ihnen ein Glas», sagte Miss Roach und lächelte mir freundlich zu. Es war ein gutes, offenes Lächeln, und von einem Mundwinkel zum anderen konnte ich nichts Arglistiges oder Boshaftes darin entdecken.

Sie erhob sich und ging zu dem Tisch, auf dem die Getränke standen. Ich sah, wie sie eine Orange zerkleinerte, dann einen Apfel, eine Gurke, eine Traube. Das alles füllte sie in ein Glas und goß ziemlich viel Flüssigkeit aus einer Flasche dazu. Ich konnte die Aufschrift auf dem Etikett ohne Brille nicht lesen, aber ich glaubte einen Namen wie *Jim* oder *Tim* oder *Pim* zu erkennen.

«Ich hoffe, es ist noch genug davon da», rief Lady Birdwell. «Meine Kinder sind so gierig danach.»

«Reichlich», antwortete Miss Roach. Sie kam mit dem Glas zurück und stellte es vor mich hin.

Auch ohne das Getränk zu probieren, verstand ich, weshalb die Kinder so dafür schwärmten. Die Flüssigkeit war von einem dunklen Bernsteinrot, zwischen den Eiswürfeln schwammen Obststückchen, und Miss Roach hatte das Ganze mit etwas Minze garniert. Ich vermutete, sie habe die Minze eigens für mich dazugetan, um die Süße zu mildern und der Mischung, die sonst wohl nur für Jugendliche bestimmt war, einen «erwachsenen» Geschmack zu geben.

«Ist es Ihnen auch nicht zu dickflüssig, Padre?»

«Keineswegs», erwiderte ich und nahm einen Schluck. «Es schmeckt köstlich. Wirklich, ganz ausgezeichnet.»

Nach all der Mühe, die sich Miss Roach gemacht hatte, schien es fast unrecht, das Getränk so schnell hinunterzugießen, doch es war derart erfrischend, daß ich nicht widerstehen konnte.

«Soll ich Ihnen noch eins zurechtmachen?»

Statt mir das Glas aus der Hand zu nehmen, wartete sie, bis ich es auf den Tisch gestellt hatte, und das gefiel mir.

«Die Minze würde ich aber nicht essen», sagte Miss Elphinstone.

«Ich will lieber noch eine Flasche aus dem Haus holen», rief Lady Birdwell. «Sie werden sie brauchen, Mildred.»

«Tun Sie das», antwortete Miss Roach. «Ich trinke Unmengen von dem Zeug», erklärte sie, zu mir gewandt. «Und ich glaube nicht, daß man mich abgemagert nennen kann.»

«Gewiß nicht», beteuerte ich eifrig. Ich beobachtete sie wieder beim Mischen des Getränks, und als sie die Flasche hob, sah ich unter der Haut ihres Armes die Muskeln spielen. Sie kehrte mir den Rücken zu, und ich bemerkte, daß sie einen prachtvollen Hals hatte, nicht dürr und sehnig wie die Hälse vieler sogenannter moderner Schönheiten, sondern fleischig und stark, mit einer kleinen Furche auf jeder Seite, wo die Sehnen vorsprangen. Bei einer solchen Person konnte man das Alter schwer erraten, aber ich schätzte sie auf nicht mehr als achtundvierzig oder neunundvierzig Jahre.

Kaum hatte ich mein zweites Glas geleert, als mich eine höchst merkwürdige Empfindung überkam. Mir war, als stiege ich von meinem Stuhl in die Luft, emporgetragen von Hunderten kleiner warmer Wellen, die unter mir fluteten. Ich fühlte mich leicht wie eine Wasserblase; alles um mich herum schien auf und ab zu schweben und dabei sanft von einer Seite zur anderen zu schwingen. Das war überaus angenehm, und ich verspürte eine fast unbezwingbare Lust, laut zu singen.

«Na, geht's Ihnen gut?» hörte ich Miss

Roachs Stimme aus weiter Ferne. Ich drehte mich um und stellte zu meinem Erstaunen fest, daß sie dicht neben mir saß. Auch sie schwebte auf und ab.

«Großartig», versicherte ich. «Mir geht's einfach großartig.»

Ihr breites rosiges Gesicht war mir so nahe, daß ich den hellen Flaum sah, der ihre Wangen bedeckte. Im Sonnenlicht schimmerte jedes einzelne Härchen wie Gold. Plötzlich war ich versucht, die Hand auszustrecken und diese Wangen zu streicheln. Um ehrlich zu sein – es wäre mir gar nicht unangenehm gewesen, hätte sie das bei mir getan.

«Hören Sie», sagte sie weich, «wollen wir beide nicht einen kleinen Spaziergang durch den Garten machen und die Lupinen anschauen?»

«Fein», antwortete ich. «Wunderbar. Ganz wie Sie wünschen.»

In Lady Birdwells Garten befindet sich neben dem Krocketplatz ein kleines Sommerhaus, und ehe ich wußte, wie mir geschah, saß ich in diesem Sommerhaus neben Miss Roach auf einer Art Chaiselongue. Ich schwebte noch immer auf und ab, sie ebenfalls, und was das betrifft, ging es dem Sommerhaus auch nicht anders. Wunderbar war das. Ich fragte Miss Roach, ob ich ihr etwas vorsingen solle.

«Jetzt nicht», erwiderte sie, schlang die Arme um mich und zog meine Brust so fest an die ihre, daß es weh tat.

«Lassen Sie», sagte ich schmelzend.

«So ist es schön», murmelte sie in einem fort. «So ist es schön, nicht wahr?»

Hätte Miss Roach oder irgendein anderes weibliches Wesen eine Stunde zuvor dergleichen getan, ich weiß nicht, was passiert wäre. Wahrscheinlich wäre ich in Ohnmacht gefallen. Vielleicht sogar gestorben. Nun aber, obwohl ich noch immer derselbe war, störte es mich kein bißchen, daß diese üppigen nackten Arme meinen Körper berührten. Im Gegenteil – und das war das erstaunlichste an der Sache –, allmählich erwachte in mir der Wunsch, die Umarmung zu erwidern.

Ich nahm ihr linkes Ohrläppchen zwischen Daumen und Zeigefinger und zog spielerisch daran.

«Unartiger Junge», sagte sie.

Ich zog stärker und drückte gleichzeitig ein wenig. Das erregte sie in solchem Maße, daß sie wie ein Schwein grunzte und schnaufte. Ihr Atem wurde laut und keuchend.

«Küß mich», befahl sie.

«Wie?» fragte ich.

«Los, küß mich.»

In diesem Augenblick sah ich ihren Mund, ihren großen Mund langsam auf mich zukommen, sich öffnen, sich immer weiter öffnen, und auf einmal fühlte ich, wie sich mir der Magen umdrehte, und ich erstarrte vor Schreck.

«Nein!» schrie ich. «Nein, Mammi, nein!»

Glauben Sie mir, in meinem ganzen Leben habe ich nichts Entsetzlicheres gesehen als diesen Mund. Ich konnte es einfach nicht ertragen, daß er mir näher und näher kam. Hätte mir jemand ein rotglühendes Eisen ins Gesicht stoßen wollen, ich wäre längst nicht so versteinert gewesen, das schwöre ich. Die starken Arme hielten mich fest umschlungen, so daß ich mich nicht rühren konnte, und der Mund wurde größer und größer.

Plötzlich war er dicht über mir, riesig, feucht, ein klaffendes Loch – und in der nächsten Sekunde war ich drinnen.

Ich befand mich ganz in dem riesigen Mund, lag längs der Zunge auf dem Bauch, mit den Füßen irgendwo in der Gegend der Kehle, und ich wußte instinktiv, daß ich genau wie das kleine Kaninchen lebend verschluckt werden würde, wenn es mir nicht sofort gelang zu entkommen. Ich fühlte, wie meine Beine durch eine Art Sog in den Schlund hinabgezerrt wurden, hob rasch die Arme, packte die unteren Vorderzähne und hielt mich aus Leibeskräften daran fest. Mein Kopf war nahe der Mundöffnung, ich konnte sogar zwischen den Lippen ein Stückchen Außenwelt sehen – den gebohnerten Holzfußboden des Sommerhauses, der im Sonnenschein glänzte, und darauf einen gigantischen Fuß mit einem weißen Tennisschuh.

Ich hatte mich krampfhaft an den Rand der Zähne geklammert und war dabei, mich trotz des Sogs langsam zum Tageslicht hinaufzuziehen, als plötzlich die oberen Zähne auf meine Fingerknöchel schlugen und so wütend zubissen, daß ich loslassen mußte. Ich glitt abwärts, die Füße voran, und suchte dabei wie verrückt nach irgendeinem Halt, aber alles war so weich und glatt, daß ich nichts packen konnte. Als ich an dem letzten Backenzahn vorbeirutschte, sah ich etwas Goldenes aufblitzen, und drei Zoll weiter erblickte ich über mir etwas, was wie ein dikker roter Stalaktit vom Gaumen herabhing und wohl das Zäpfchen war. Ich griff mit beiden Händen danach, aber das Ding glitschte durch meine Finger, und ich sauste in die Tiefe.

Ich erinnere mich, daß ich um Hilfe rief, doch ich vermochte kaum meine eigene Stimme zu hören, weil die Kehle von lärmenden Atemzügen widerhallte. Hier schien immer eine steife Brise zu wehen, ein merkwürdiger, wechselnder Wind, der bald sehr kalt (beim Einatmen) und bald sehr heiß (beim Ausatmen) war.

Ich brachte es fertig, mich mit den Ellbogen an einer scharfen, fleischigen Erhebung festzuhaken – vermutlich war es der Kehldeckel –, blieb dort einen Augenblick hängen und strampelte mit den Beinen, um an der

Wand des Schlundes Halt zu finden, aber eine heftige Schluckbewegung der Kehle riß mich mit, und es ging wieder abwärts.

Von nun an gab es nichts mehr, woran ich mich hätte klammern können, und ich glitt tiefer und tiefer, bis meine Beine im oberen Teil des Magens baumelten. Ich fühlte, wie mich die langsame, starke rhythmische Darmbewegung ergriff und mich immer weiter nach unten beförderte.

Hoch über mir, draußen an der frischen Luft, hörte ich Frauenstimmen schwatzen:

«Das kann doch nicht wahr sein...»

«Meine liebe Mildred, wie schrecklich...»

«Der Mann muß verrückt sein...»

«Ihr armer Mund, schauen Sie ihn nur an...»

«Ein Wüstling...»

«Ein Sadist...»

«Wirklich, wir sollten an den Bischof schreiben...»

Und dann Miss Roachs Stimme, lauter als die anderen. Sie kreischte wie ein Papagei und fluchte wie ein Landsknecht. «Der kleine Dreckskerl hat verdammtes Glück, daß ich ihn nicht umgebracht habe. Hören

Sie, sagte ich zu ihm, wenn ich mir einen Zahn ziehen lassen will, dann gehe ich zum Zahnarzt und nicht zu einem lausigen Vikar... Dabei habe ich ihm nicht die geringste Veranlassung gegeben...»

«Wo steckt er denn jetzt, Mildred?»

«Weiß der Himmel. Wahrscheinlich in dem verwünschten Sommerhaus.»

«Los, Kinder, wir wollen ihn aufstöbern!»

O Gott, o Gott. Wenn ich jetzt, nach drei Wochen, auf das alles zurückblicke, begreife ich nicht, wie ich den Alpdruck dieses entsetzlichen Nachmittags überlebt habe, ohne den Verstand zu verlieren.

Sich mit einer solchen Hexenbande einzulassen ist sehr gefährlich, und wäre es ihnen gelungen, mich in dem Sommerhaus zu erwischen, sie hätten mich in ihrer sinnlosen Wut auf der Stelle in Stücke gerissen.

Entweder das, oder sie wären mit mir durch die Hauptstraße des Dorfes zur Polizeiwache marschiert, Lady Birdwell und Miss Roach an der Spitze der Prozession.

Aber natürlich erwischten sie mich nicht.

Es ist ihnen damals nicht gelungen, und es

ist ihnen bis heute noch nicht gelungen, und wenn mir das Glück treu bleibt, bin ich für immer vor ihnen sicher – oder jedenfalls für einige Monate, und dann ist ohnehin Gras über die dumme Geschichte gewachsen.

Wie Sie sich denken können, muß ich mich ganz für mich halten und darf mich weder bei öffentlichen noch bei privaten Zusammenkünften blicken lassen. In einem solchen Fall ist Schreiben eine sehr wohltuende Beschäftigung, und ich verwende täglich viele Stunden darauf, mit Sätzen zu spielen. Jeder Satz ist für mich ein Rädchen, und ich habe den Ehrgeiz, mehrere hundert davon zu sammeln und sie da zusammenzufügen, mit ineinandergreifender Verzahnung, wie ein Getriebe, aber jedes Rad von verschiedener Größe und verschieden schneller Umdrehung. Hin und wieder versuche ich, ein sehr großes Rad mit einem sehr kleinen zu verbinden, und zwar so, daß die langsame Bewegung des großen Rades ein summendes Herumwirbeln des kleinen bewirkt. Eine äußerst kniffelige Angelegenheit.

Abends singe ich oft Madrigale, aber dabei vermisse ich sehr mein Spinett.

Trotzdem fühle ich mich hier ganz wohl und habe mir alles so gemütlich gemacht wie nur möglich. Es ist ein kleines Zimmer, das höchstwahrscheinlich im ersten Abschnitt des Zwölffingerdarms liegt – gleich dahinter, in Höhe der rechten Niere, führt er senkrecht nach unten. Der Boden ist ganz eben – die erste ebene Stelle, die ich bei dem schrecklichen Absturz erreichte –, und nur deswegen gelang es mir, hier festen Fuß zu fassen. Über mir sehe ich eine Art Öffnung, die ich für den Pförtner halte, wo der Magen in den Dünndarm mündet (ich entsinne mich, daß meine Mutter mir schematische Zeichnungen der Verdauungsorgane zeigte), und unter mir ist in der Wand eine merkwürdige kleine Höhle, die Mündung des Ausführungsganges der Bauchspeicheldrüse in den Zwölffingerdarm.

Für einen konservativ eingestellten Mann wie mich ist diese Behauptung ein wenig bizarr. Eichenmöbel und Parkettfußboden wären mehr nach meinem Geschmack. Etwas aber gibt es hier, was mir so gefällt, und das sind die Wände. Sie sind wunderschön weich, wie gepolstert, so daß ich nach Herzenslust gegen sie anrennen kann, ohne mir weh zu tun.

Zu meinem größten Erstaunen habe ich hier mehrere Menschen vorgefunden, zum Glück ausschließlich Männer. Aus irgendeinem Grunde tragen sie alle weiße Kittel. Sie tun sehr geschäftig und kommen sich offenbar ungemein wichtig vor. In Wirklichkeit sind sie samt und sonders erbärmliche Dummköpfe. Sie scheinen nicht einmal zu wissen, wo sie sind. Ich versuche dauernd, es ihnen zu erklären, aber sie hören einfach nicht zu. Manchmal bringen sie mich so zur Verzweiflung, daß ich meinen Gleichmut verliere und anfange zu schreien. Dann erscheint auf ihren Gesichtern ein lauernder, mißtrauischer Ausdruck; sie weichen langsam zurück und sagen: «Ja, ja, nur ruhig. Nur ruhig, Herr Vikar. Nicht aufregen. Schön brav sein.»

Was soll so ein Gerede?

Aber da ist auch ein älterer Herr – er besucht mich jeden Morgen nach dem Frühstück –, der anscheinend etwas mehr in der Wirklichkeit lebt als die anderen. Er ist höflich und würdevoll, und ich glaube, er fühlt sich einsam, denn er sitzt mit Vorliebe in meinem Zimmer und hört mir zu. Ärger gibt es nur, wenn wir auf unseren Aufenthaltsort zu sprechen kommen; dann sagt er immer, er wolle mir zur Flucht verhelfen. Auch heute morgen redete er davon, und gleich war der Streit da.

«Verstehen Sie doch», sagte ich geduldig, «ich *will* nicht fliehen.»

«Aber warum denn nicht, mein lieber Vikar?»

«Wie oft soll ich Ihnen noch erzählen, daß sie draußen nach mir suchen.»

«Wer?»

«Miss Elphinstone und Miss Roach und Miss Prattley und die anderen.»

«Was für ein Unsinn.»

«Doch, sie verfolgen mich. Und ich glaube, hinter Ihnen sind sie auch her, Sie wollen es nur nicht zugeben.»

«Nein, lieber Freund, hinter mir sind sie nicht her.»

«Würden Sie mir dann gütigst erklären, was Sie hier unten tun?»

Das verblüffte ihn etwas, und er wußte offensichtlich nicht, was er antworten sollte.

«Ich wette, Sie haben sich mit Miss Roach eingelassen und sind ebenso verschluckt worden wie ich. Jawohl, genau das ist passiert, Sie schämen sich nur, es einzugestehen.»

Als ich das sagte, sah er auf einmal so blaß und niedergeschlagen aus, daß er mir leid tat.

«Soll ich Ihnen ein Lied vorsingen?» fragte ich.

Er erhob sich, ohne zu antworten, und ging langsam hinaus.

«Mut, lieber Freund», rief ich ihm nach. «Seien Sie nicht traurig. Es gibt immer Balsam in Gilead.»

Genesis und Katastrophe

Eine wahre Geschichte

«Alles in bester Ordnung», sagte der Arzt. «Liegen Sie jetzt schön ruhig und entspannen Sie sich.» Seine Stimme schien Meilen und Meilen entfernt zu sein. «Sie haben einen Sohn.»

«Wie?»

«Sie haben einen Sohn, einen Prachtjungen. Das verstehen Sie doch, nicht wahr? Einen Prachtjungen. Haben Sie ihn schreien hören?»

«Ist er gesund, Herr Doktor?»

«Natürlich ist er gesund.»

«Bitte, ich möchte ihn sehen.»

«Ja, Sie können ihn gleich sehen.»

«Sind Sie auch sicher, daß er gesund ist?»

«Ganz sicher.»

«Schreit er noch?»

«Versuchen Sie auszuruhen. Sie brauchen sich keinerlei Sorgen zu machen.»

«Warum schreit er nicht mehr, Herr Doktor? Was ist passiert?»

«Regen Sie sich nicht auf. Es ist alles in Ordnung.»

«Ich möchte ihn sehen. Bitte, ich möchte ihn sehen.»

«Liebe Frau», sagte der Arzt und tätschelte ihre Hand. «Sie haben ein hübsches, kräftiges, gesundes Kind. Warum wollen Sie mir das nicht glauben?»

«Was tut die Frau da drüben mit ihm?»

«Ihr Kleiner wird für Sie schön gemacht», antwortete der Arzt. «Wir waschen ihn ein bißchen, das ist alles. Dafür müssen Sie uns schon einen Augenblick Zeit lassen.»

«Sie schwören, daß er ganz gesund ist?»

«Ich schwöre es Ihnen. So, nun liegen Sie aber still. Machen Sie die Augen zu. Na los, machen Sie die Augen zu. So ist es recht. Sehr gut. Sehr brav...»

«Ich habe gebetet und gebetet, daß er am Leben bleibt, Herr Doktor.»

«Natürlich bleibt er am Leben. Warum denn nicht?»

«Weil die anderen...»

«Wie?»

«Von meinen anderen ist keines am Leben geblieben, Herr Doktor.»

Der Arzt stand neben dem Bett und betrachtete das blasse, erschöpfte Gesicht der jungen Frau. Bis zu diesem Tage hatte er sie noch nie gesehen. Sie und ihr Mann waren erst seit kurzem in der Stadt ansässig. Die Gastwirtsfrau, die heraufgekommen war, um bei der Entbindung zu helfen, hatte ihm erzählt, was sie von dem Ehepaar wußte: Vor etwa drei Monaten waren die beiden unerwartet mit einer Kiste und einem Koffer im Gasthof eingetroffen. Der Mann arbeitete jetzt im Zollamt an der Grenze. Er sei ein Trunkenbold, hatte die Gastwirtsfrau hinzugefügt, ein anmaßender, hochnäsiger, streitsüchtiger kleiner Säufer, aber die junge Frau sei nett und fromm. Nur sehr schwermütig – sie lache nie. Kein einziges Mal hatte die Wirtin sie in diesen Wochen lachen sehen. Angeblich war es die dritte Ehe des Mannes; man sagte, die eine Frau sei gestorben und die andere habe sich aus sehr üblen Gründen von ihm scheiden lassen. Aber das war nur ein Gerücht.

Der Arzt beugte sich vor und zog die Decke

etwas höher über die Brust der Patientin. «Sie brauchen sich wirklich nicht zu sorgen», sagte er freundlich. «Ihr Baby ist ein durchaus normales Kind.»

«Genau das hat man mir bei den anderen auch gesagt. Aber ich habe sie alle verloren, Herr Doktor. In den letzten achtzehn Monaten habe ich drei Kinder verloren. Sie dürfen mir also keine Vorwürfe machen, wenn ich jetzt ängstlich bin.»

«Drei?»

«Dies ist mein viertes... in vier Jahren.»

Der Arzt trat auf den nackten Dielen unbehaglich von einem Fuß auf den anderen.

«Sie können sich bestimmt nicht vorstellen, Herr Doktor, was das heißt, alle Kinder zu verlieren, alle drei, jedes einzeln, eins nach dem anderen. Ich sehe sie heute noch vor mir. Gustavs Gesicht sehe ich so deutlich, als läge er neben mir im Bett. Gustav war ein wunderhübscher Junge, Herr Doktor. Aber er war immer krank. Es ist schrecklich, wenn sie immer krank sind und man ihnen nicht helfen kann.»

«Ich weiß.»

Die Frau öffnete die Augen, um zu dem

Arzt aufzublicken, und schloß sie dann wieder.

«Mein kleines Mädchen hieß Ida. Sie starb ein paar Tage vor Weihnachten. Vier Monate ist das erst her. Ich wollte, Sie hätten Ida sehen können, Herr Doktor.»

«Jetzt haben Sie ja wieder ein Kind.»

«Aber Ida war so schön.»

«Ja», sagte der Arzt. «Ich weiß.»

«Wie können Sie das wissen?» rief sie.

«Ich bin überzeugt, daß sie ein entzückendes Kind war. Aber Ihr neues Baby steht ihr in nichts nach.» Der Arzt wandte sich ab, trat ans Fenster und schaute hinaus in den nassen grauen Aprilnachmittag. Schwere Regentropfen klatschten auf die roten Ziegeldächer der Häuser.

«Ida war zwei Jahre, Herr Doktor... und so schön, daß ich sie immerzu ansehen mußte. Morgens zog ich sie an, und dann ließ ich sie nicht aus den Augen, bis sie abends wohlbehalten im Bett lag. Ich lebte in ewiger Angst, daß dem Kind etwas zustoßen könnte. Gustav war gestorben, mein kleiner Otto auch, und sie war alles, was ich noch hatte. Manchmal stand ich nachts auf, schlich zu

Ida hinüber und hielt mein Ohr dicht an ihren Mund, um mich zu vergewissern, daß sie atmete.»

«Versuchen Sie auszuruhen», mahnte der Arzt und näherte sich dem Bett. «Sie haben es nötig.» Das Gesicht der Frau war weiß, wie ausgeblutet, um Mund und Nase lag ein leichter bläulichgrauer Schatten, und die Haarsträhnen, die ihr in die Stirn hingen, klebten an der schweißfeuchten Haut.

«Als sie starb... ich war wieder schwanger, als es passierte, Herr Doktor. Das neue war schon fünf Monate unterwegs, als Ida starb. ‹Ich will nicht!› schrie ich nach der Beerdigung. ‹Ich will es nicht haben! Ich habe genug Kinder begraben!› Und mein Mann... er schlenderte mit einem großen Glas Bier in der Hand zwischen den Gästen herum... mein Mann drehte sich um und sagte: ‹Ich habe eine Überraschung für dich, Klara, eine gute Nachricht.› Können Sie sich das vorstellen, Herr Doktor? Unser drittes Kind war kaum unter der Erde – und er steht da mit einem Glas Bier in der Hand und sagt, er habe eine gute Nachricht. ‹Heute bin ich nach Braunau versetzt worden›, erzählte er. ‹Du kannst gleich die Koffer packen. Wird ein neuer Anfang für dich werden›, setzte er hinzu. ‹Ein neuer Ort und ein neuer Doktor...›»

«Bitte, Sie dürfen nicht soviel sprechen.»

«Sie sind doch der neue Doktor, nicht wahr?»

«Gewiß.»

«Und wir sind hier in Braunau?»

«Ja.»

«Ich habe Angst, Herr Doktor.»

«Sie müssen sich bemühen, keine Angst zu haben.»

«Wie soll ich nach alledem hoffen, das vierte zu behalten?»

«So dürfen Sie nicht denken.»

«Ich kann nicht anders. Ich bin sicher, daß meine Kinder erblich belastet sind. Deswegen müssen sie sterben. Bestimmt ist es so.»

«Das ist Unsinn.»

«Wissen Sie, was mein Mann bei Ottos Geburt gesagt hat, Herr Doktor? Er kam ins Zimmer, beugte sich über die Wiege, in der Otto lag, und rief aus: ‹Warum müssen *alle* meine Kinder so klein und schwächlich sein?›»

«Das hat er gewiß nicht gesagt.»

«Doch. Und dann steckte er den Kopf in Ottos Wiege, als wollte er ein winziges Insekt untersuchen, und brummte: ‹Ich frage mich bloß, warum sie nicht etwas ansehnlicher sein können. Das ist alles, was ich wissen möchte.› Drei Tage darauf war Otto tot. Wir haben ihn schnell noch am dritten Tag getauft, und an demselben Abend starb er. Und dann starb Gustav. Und dann starb Ida. Alle starben sie, Herr Doktor... und plötzlich war das ganze Haus leer...»

«Denken Sie jetzt nicht daran.»

«Ist dieses sehr klein?»

«Es ist ein ganz normales Kind.»

«Aber klein, nicht wahr?»

«Nun, besonders groß ist es nicht. Aber gerade solche Kinder sind meistens sehr widerstandsfähig. Und stellen Sie sich nur vor, Frau Hitler, nächstes Jahr um diese Zeit wird der Junge schon gehen lernen. Ist das nicht ein hübscher Gedanke?»

Sie antwortete nicht.

«Und in zwei Jahren wird er sich den Mund fusselig reden und Sie mit seinem Geplapper verrückt machen. Haben Sie denn schon einen Namen für ihn?»

«Einen Namen?»

«Ja.»

«Ich weiß nicht. Jedenfalls nicht genau. Ich glaube, mein Mann hat gesagt, wenn's ein Junge wäre, sollte er Adolphus heißen.»

«Dann würde er also Adolf genannt werden.»

«Ja. Mein Mann liebt den Namen, weil Adolf so ähnlich wie Alois klingt. Mein Mann heißt Alois.»

«Ausgezeichnet.»

«O Gott!» rief sie und setzte sich plötzlich im Bett auf. «Bei Ottos Geburt hat man mich genau dasselbe gefragt. Das bedeutet, daß er sterben wird! Sie wollen ihm die Nottaufe geben, nicht wahr?»

«Aber, aber...» Der Arzt nahm sie sanft bei den Schultern. «Wie können Sie so etwas denken? Ich schwöre Ihnen, daß Sie sich irren. Ich bin nun mal ein neugieriger alter Mann und spreche gern über Namen. Adolphus klingt sehr hübsch, finde ich. Einer von meinen Lieblingsnamen. Und sehen Sie... da kommt er.»

Die Wirtin, die den Säugling hoch auf ihrem enormen Busen trug, segelte freudestrahlend auf das Bett zu. «Hier ist die kleine Schönheit!» rief sie. «Wollen Sie ihn nehmen, meine Liebe? Oder soll ich ihn neben Sie legen?»

«Ist er auch warm eingepackt?» fragte der Arzt. «Hier drinnen ist es mächtig kalt.»

«Keine Sorge, der friert bestimmt nicht.»

Das Baby war fest in einen weißen Wollschal gewickelt, der nur sein winziges rotes Köpfchen frei ließ. Die Wirtin legte es behutsam neben die Mutter. «So», sagte sie, «jetzt können Sie ihn nach Herzenslust ansehen.»

«Ich glaube, er wird Ihnen gefallen», meinte der Arzt lächelnd. «Ein prächtiger kleiner Junge.»

«Und was für entzückende Hände er hat!» begeisterte sich die Gastwirtsfrau. «So lange, zarte Finger!»

Die Mutter rührte sich nicht. Sie wandte nicht einmal den Kopf, um ihr Kind anzuschauen.

«Na, was denn!» rief die Wirtin. «Der beißt Sie doch nicht!»

«Ich habe Angst hinzusehen. Ich kann einfach nicht glauben, daß ich wieder ein

Kind habe, noch dazu eines, das ganz gesund ist.»

«Los, los, seien Sie nicht so dumm.»

Langsam bewegte die Mutter den Kopf und blickte in das kleine, überaus friedliche Gesicht neben ihr auf dem Kissen.

«Ist das mein Baby?»

«Natürlich.»

«Oh... oh... wie schön es ist...»

Der Arzt ging zum Tisch und fing an, seine Sachen einzupacken. Die Mutter lag im Bett, schaute ihr Kind an, streichelte es lächelnd und gab kleine Laute der Freude von sich.

«Adolphus», flüsterte sie. «Mein kleiner Adolf...»

«Pst!» machte die Wirtin. «Hören Sie? Ich glaube, Ihr Mann kommt.»

Der Arzt öffnete die Tür und blickte in den Korridor hinaus. «Herr Hitler?»

«Ja.»

«Kommen Sie bitte herein.»

Ein schmächtiger Mann in dunkelgrüner Uniform trat leise ins Zimmer und sah sich suchend um.

«Ich gratuliere», sagte der Arzt. «Sie haben einen Sohn.»

Der Mann hatte einen gewaltigen Backenbart nach dem Vorbild des Kaisers Franz Joseph und roch stark nach Bier. «Einen Sohn?»

«Ja.»

«Wie geht's ihm?»

«Ausgezeichnet. Und Ihrer Frau auch.»

«Gut.» Mit merkwürdig gezierten kleinen Schritten näherte sich der Vater dem Bett seiner Frau. «Nun, Klara», sagte er, durch den Bart lächelnd, «wie war's denn?» Er beugte sich vor, um das Baby zu betrachten. Er beugte sich tiefer. Mit raschen, ruckartigen Bewegungen beugte er sich immer tiefer, bis sein Gesicht nur noch zehn, zwölf Zoll von dem Kinderköpfchen entfernt war. Die Frau lag daneben und sah mit flehendem Blick zu ihm auf.

«Großartige Lungen hat er», verkündete die Gastwirtsfrau. «Sie hätten sein Geschrei hören sollen. Kaum war er auf der Welt, da brüllte er auch schon los.»

«Aber... mein Gott, Klara...»

«Was ist, Lieber?»

«Der ist ja noch schwächlicher als Otto!»

Der Arzt trat hastig ein paar Schritte vor. «Dem Kind fehlt nichts, gar nichts.»

Langsam richtete sich der Mann auf, wandte den Kopf und sah den Arzt an. Er machte einen verwirrten, ratlosen Eindruck. «Mir brauchen Sie nichts vorzulügen, Herr Doktor», sagte er. «Ich weiß Bescheid. Mit dem wird's wieder genauso gehen.»

«Jetzt hören Sie mal zu...» begann der Arzt.

«Ja, wissen Sie denn nicht, was mit den anderen passiert ist?»

«Denken Sie nicht mehr an die anderen, Herr Hitler. Sie müssen zuversichtlich sein.»

«Aber so klein und schwächlich...!»

«Mein lieber Herr, es handelt sich um ein Neugeborenes.»

«Trotzdem...»

«Was soll denn das heißen?» empörte sich die Wirtin. «Wollen Sie ihn etwa ins Grab reden?»

«Genug!» sagte der Arzt scharf.

Die Mutter weinte. Heftiges Schluchzen schüttelte ihren Körper.

Der Arzt trat zu dem Mann und legte ihm die Hand auf die Schulter. «Seien Sie gut zu ihr», flüsterte er. «Bitte. Es ist sehr wichtig.» Er schob ihn mit einem kräftigen Druck auf die Schulter unauffällig an das Bett heran. Der Mann zögerte. Der Arzt drückte stärker, gab ihm mit Fingern und Daumen zu verstehen, was er von ihm erwartete. Schließlich beugte sich der Mann widerstrebend über seine Frau und küßte sie leicht auf die Wange.

«Schon gut, Klara», sagte er. «Hör auf zu weinen.»

«Ich habe so innig gebetet, daß er am Leben bleibt, Alois.»

«Ja.»

«Monatelang bin ich Tag für Tag in die Kirche gegangen und habe die Heilige Jungfrau auf den Knien angefleht, daß sie mir dieses Kind am Leben erhält.»

«Ja, Klara, ich weiß.»

«Drei tote Kinder – mehr kann ich nicht ertragen, verstehst du?»

«Natürlich.»

«Er *muß* leben, Alois. Er *muß*, er *muß*... O Gott, hab Erbarmen mit ihm...»

Edward der Eroberer

Mit einem Geschirrtuch in der Hand trat Louisa aus der Küchentür an der Rückseite des Hauses in den kühlen Oktobersonnenschein hinaus.

«Edward!» rief sie. «Ed-ward! Das Essen ist fertig!»

Sie wartete einen Augenblick und lauschte; dann überquerte sie, von einem kleinen Schatten begleitet, den Rasen. Als sie an dem Rosenbeet vorbeikam, strich sie leicht mit dem Finger über die Sonnenuhr. Für eine kleine, untersetzte Frau bewegte sie sich recht anmutig, schritt mit sanft schwingenden Schultern und Armen elastisch aus. Hinter dem Maulbeerbaum erreichte sie den gepflasterten Weg, auf dem sie weiterging, bis sie in die Senkung am Ende des großen Gartens hinabschauen konnte.

«Edward! Essen!»

Jetzt sah sie ihn dort unten am Waldrand, etwa achtzig Schritte entfernt – eine hochgewachsene, schmale Gestalt in Khakihosen und dunkelgrünem Sweater. Er stand neben einem lodernden Feuer und warf mit der Forke Brombeerranken hinein. Der milchige Rauch, der in Wolken aus den orangefarbenen Flammen quoll und über den Garten hinwegtrieb, verbreitete einen herrlichen Geruch nach Herbst und brennendem Laub.

Louisa lief den Abhang hinunter auf ihren Mann zu. Natürlich hätte sie nur noch einmal zu rufen brauchen, um seine Aufmerksamkeit zu erregen, aber das schöne Feuer zog sie an, lockte sie, dicht heranzutreten, damit sie die Hitze fühlen und das Knistern hören könnte.

«Das Essen ist fertig», sagte sie beim Näherkommen.

«Oh, hallo. Ja, gut – ich komme.»

«Das ist aber ein prächtiges Feuer.»

«Ich habe mir vorgenommen, hier gründlich Ordnung zu schaffen», erklärte der Mann. «Dieses Brombeergestrüpp ist eine schreckliche Plage.» Sein langes Gesicht war naß von Schweiß. An dem Schnurrbart hingen kleine Tropfen wie Tau, und zwei schmale Bäche rannen den Hals hinab auf den Rollkragen des Sweaters.

«Gib nur acht, daß du dich nicht überanstrengst, Edward.»

«Ich wollte, Louisa, du würdest mich nicht immer wie einen Achtzigjährigen behandeln. Ein bißchen Bewegung hat noch niemand geschadet.»

«Ja, Lieber, ich weiß. Ach, Edward, sieh mal – sieh!»

Der Mann drehte sich erstaunt nach Louisa um, die auf die andere Seite des Feuers deutete.

«Da drüben, Edward! Die Katze!»

Auf der Erde, so dicht am Feuer, daß die Flammen sie manchmal zu streifen schienen, saß eine große Katze von sehr ungewöhnlicher Farbe. Ganz still saß sie, den Kopf schräg gelegt, die Nase in der Luft, und beobachtete mit kühlen gelben Augen den Mann und die Frau.

«Sie wird sich verbrennen!» Louisa ließ das Geschirrtuch fallen, sprang rasch auf die Katze zu, packte sie mit beiden Händen, riß sie weg und setzte sie in sicherer Entfernung von den Flammen ins Gras.

«Was ist denn mit dir los, du närrisches Tier?» sagte sie, während sie sich die Hände abwischte.

«Katzen wissen, was sie tun», bemerkte der Mann. «Die tun nichts, was sie nicht wollen. Niemals.»

«Wem gehört sie? Hast du sie schon mal gesehen?»

«Bestimmt nicht. Hat eine eigenartige Farbe.»

Die Katze saß jetzt im Gras und schaute die beiden von der Seite an. Sie hatte einen verschleierten, nach innen gekehrten Ausdruck in den Augen, der ihr etwas seltsam Allwissendes und Nachdenkliches gab, und um die Nase lag ein kaum wahrnehmbarer verächtlicher Zug, als sei der Anblick dieser beiden Personen mittleren Alters – die eine klein, untersetzt und rosig, die andere mager und sehr verschwitzt – zwar einigermaßen überraschend, im Grunde aber sehr unwichtig. Für eine Katze war ihre Farbe tatsächlich recht eigenartig – ein reines Silbergrau ohne jede Spur von Blau –, und sie hatte überaus lange seidige Haare.

Louisa bückte sich und streichelte ihr den

Kopf. «Du mußt jetzt heimgehen», sagte sie. «Sei ein braves Tier, lauf zu deinem Frauchen.»

Die Eheleute stiegen den Abhang hinauf, um in ihr Haus zurückzukehren. Die Katze erhob sich und folgte ihnen. Anfangs hielt sie sich in einigem Abstand, allmählich aber kam sie näher und näher. Bald war sie neben den beiden, dann lief sie vor ihnen her über den Rasen, mit einem Gang, als gehöre ihr hier alles. Ihr Schwanz ragte wie ein Mast steil in die Luft.

«Fort mit dir», rief der Mann. «Los, verschwinde. Wir wollen dich nicht haben.»

Doch die Katze schlüpfte hinter ihnen ins Haus, und Louisa gab ihr in der Küche etwas Milch. Als das Essen aufgetragen war, sprang das Tier auf den freien Stuhl zwischen dem Ehepaar, blieb während der Mahlzeit dort sitzen, mit dem Kopf gerade in Tischhöhe, und beobachtete alles, was vorging mit seinen dunkelgelben Augen, die es langsam von der Frau zu dem Mann und wieder zurückwandern ließ.

«Die Katze gefällt mir nicht», sagte Edward.

«Ach, ich finde sie wunderschön. Hoffentlich bleibt sie ein Weilchen bei uns.»

«Also hör mal, Louisa, hierbleiben kann das Tier unmöglich. Es gehört jemand anders. Es ist weggelaufen. Und wenn es sich nachmittags immer noch hier herumtreibt, bringst du es am besten zur Polizei. Dort wird man schon den Besitzer ermitteln.»

Nach dem Essen ging Edward in den Garten zurück. Louisa beschloß, sich wie gewöhnlich ans Klavier zu setzen. Sie liebte Musik über alles, war eine ausgezeichnete Pianistin und verwendete fast täglich eine Stunde darauf, für sich allein zu spielen. Die Katze lag auf dem Sofa. Louisa blieb einen Augenblick bei ihr stehen und streichelte sie. Das Tier öffnete kurz die Augen, schloß sie dann wieder und schlief weiter. «Du bist eine sehr liebe Katze», sagte Louisa. «Und du hast eine so schöne Farbe. Ich wollte, ich könnte dich behalten.» Als sie über ihr Fell strich, fühlte sie am Kopf, dicht über dem rechten Auge, eine kleine Erhebung, eine Art Höcker. «Arme Katze», murmelte sie, «du hast ja Beulen auf deiner schönen Stirn. Jung scheinst du nicht mehr zu sein.»

Louisa setzte sich auf die lange Klavierbank, fing aber noch nicht an zu spielen. Es gehörte zu ihren besonderen Freuden, jeden Tag ein kleines Konzert zu veranstalten, mit einem sorgfältig ausgewählten Programm, das sie in allen Einzelheiten festlegte, bevor sie begann. Sie unterbrach nicht gern ihr Spiel, um zu überlegen, was nun folgen sollte. Wenn sie nach jedem Stück eine kleine Pause machte, dann nur, damit die Zuhörer begeistert applaudieren und nach mehr verlangen konnten. Ein imaginäres Publikum war viel angenehmer als ein wirkliches. Mitunter – an Glückstagen – verblaßte das Zimmer, verschwamm in Dunkelheit, und dann sah sie nichts als Sitzreihen und ein Meer von weißen Gesichtern, die andächtig, hingerissen, bewundernd zu ihr aufblickten.

Manchmal spielte sie auswendig, manchmal nach Noten. Heute wollte sie auswendig spielen; ihr war gerade danach zumute. Und das Programm? Die Hände im Schoß gefaltet, saß sie vor dem Klavier, eine dralle, rosige kleine Person mit einem runden, noch immer hübschen Gesicht, das Haar in einem schlichten Knoten am Hinterkopf aufgesteckt. Wenn sie die Augen ein wenig nach rechts wandte, konnte sie die zusammengerollte, schlafende Katze sehen, deren silbergraues Fell sich wunderschön von dem purpurroten Bezug des Sofas abhob. Ob man mit Bach anfangen sollte? Nein, lieber mit Vivaldi. Bachs Orgelbearbeitung des *Concerto grosso* d-Moll. Ja, das zuerst. Dann vielleicht Schumann. Den *Carnaval*? Sehr schön. Und danach – nun, zur Abwechslung ein wenig Liszt. Eines der *Petrarca-Sonette*. Das zweite in E-Dur war das hübscheste. Dann noch einen Schumann, etwas von seinen fröhlichen Sachen – die *Kinderszenen*. Und zum Schluß, als Zugabe, einen Walzer von Brahms, vielleicht auch zwei, wenn sie dazu aufgelegt war.

Vivaldi, Schumann, Liszt, Schumann, Brahms. Ein sehr schönes Programm und eines, das sie auswendig spielen konnte. Sie rückte die Bank zurecht und wartete einen Moment, weil im Publikum – sie spürte schon, daß dies einer ihrer Glückstage war –, weil im Publikum noch gehustet wurde; dann hob sie mit jener lässigen Anmut, die fast allen ihren Bewegungen eigen war, die Hände zu den Tasten und fing an zu spielen.

In diesem Moment beachtete Louisa die Katze nicht – sie hatte das Tier sogar völlig vergessen –, doch als die ersten tiefen Töne des Vivaldikonzerts sanft erklangen, bemerkte sie aus dem Augenwinkel eine aufgeregte, blitzschnelle Bewegung auf dem Sofa zu ihrer Rechten. Sofort unterbrach sie ihr Spiel.

«Was ist?» fragte sie, zu der Katze gewandt. «Was hast du denn?»

Das Tier, das eben noch friedlich geschlafen hatte, saß jetzt kerzengerade, mit gestrafftem Körper und gespitzten Ohren. Seine weit aufgerissenen Augen starrten auf das Klavier.

«Habe ich dich erschreckt?» fragte Louisa freundlich. «Vielleicht hast du noch nie Musik gehört.»

Nein, sagte sie sich, ich glaube nicht, daß es daran liegt. Bei näherem Hinsehen schien die Haltung der Katze keine Furcht auszudrücken. Da war nichts Verkrampftes zu erkennen, keine Spur von ängstlichem Zurückweichen. Eher ein Sichvorlehnen, eine

Art Begierde. Und das Gesicht – nun, das hatte einen sonderbaren Ausdruck, ein Mittelding zwischen Überraschung und Schock. Natürlich ist das Gesicht einer Katze klein und ziemlich ausdruckslos, aber wenn man genau auf das Zusammenspiel von Augen und Ohren achtet und vor allem auf die Stelle unter den Ohren und etwas seitlich davon, wo das Fell beweglich ist, dann kann man gelegentlich den Reflex sehr starker Erregungen wahrnehmen. Louisa behielt nun die Katze im Auge, und weil sie gespannt war, was beim zweitenmal passieren würde, griff sie in die Tasten und begann von neuem, Vivaldi zu spielen.

Diesmal war die Katze vorbereitet, und anfangs war nur zu bemerken, daß sich ihr Körper ein wenig mehr straffte. Dann aber, als die Musik anschwoll und schneller wurde, als die erregende Einleitung zur Fuge erklang, zeigte sich auf dem Gesicht des Tieres ein seltsamer, fast ekstatischer Ausdruck. Die gespitzten Ohren erschlafften, sanken nach und nach zurück, die Augenlider schlossen sich, der Kopf neigte sich zur Seite, und in diesem Augenblick hätte

Louisa schwören können, das Tier *genieße* die Musik.

Was sie sah (oder zu sehen vermeinte), war etwas, was sie oft an Menschen beobachtet hatte, die einem Musikstück mit Hingabe lauschen. Wenn sie von den Klängen gepackt und überwältigt werden, bekommen sie einen eigenartig verzückten Blick, der so leicht zu erkennen ist wie ein Lächeln. Soweit Louisa feststellen konnte, hatte die Katze jetzt genau diesen Gesichtsausdruck.

Louisa beendete die Fuge, ging zur Siciliana über und ließ dabei die Katze nicht aus den Augen. Der entscheidende Beweis, daß das Tier zuhörte, war für Louisa sein Verhalten, als die Musik verstummte. Die Katze blinzelte, bewegte sich ein wenig, streckte ein Bein aus, legte sich bequem zurecht, schaute sich rasch im Zimmer um und sah dann erwartungsvoll zu ihr hin. Genauso benimmt sich ein Konzertbesucher in der kurzen Pause zwischen zwei Sätzen einer Sinfonie. Diese durchaus menschliche Reaktion rief bei Louisa eine merkwürdige Erregung hervor.

«Hat's dir gefallen?» fragte sie. «Magst du Vivaldi?»

Kaum hatte sie diese Worte ausgesprochen, da kam sie sich lächerlich vor, wenn auch – und das war ihr etwas unheimlich – nicht ganz so lächerlich, wie sie wußte, daß sie sich hätte vorkommen müssen.

Nun, sie konnte nichts anderes tun als zu der nächsten Nummer ihres Programms übergehen, zu Schumanns *Carnaval*. Bei den ersten Tönen fuhr die Katze hoch und saß wie erstarrt; dann schien sie ganz in der Melodie aufzugehen, sank langsam und selig in eine seltsam hingegebene Ekstase, die an Traum oder Verklärung denken ließ. Es war wirklich ein ungewöhnlicher Anblick – und dazu ein sehr drolliger –, diese silberhaarige Katze so verzückt auf dem Sofa sitzen zu sehen. Und das erstaunlichste, dachte Louisa, ist die Tatsache, daß diese Musik, die dem Tier offenbar so sehr gefällt, überaus schwierig, überaus *klassisch* und somit für die meisten Menschen viel zu hoch ist.

Aber vielleicht, dachte sie weiter, genießt das Tier die Musik gar nicht. Möglicherweise handelt es sich um eine Art hypnotischer Reaktion, wie bei Schlangen. Man kann eine Schlange mit Musik bezaubern, warum also nicht auch eine Katze? Allerdings hören Millionen von Katzen ihr Leben lang täglich Musik – durch Radio, Grammophon und Klavier –, und doch hat sich, soviel man weiß, noch nie eine so benommen wie diese. Sie scheint jede einzelne Note zu verfolgen. Phantastisch ist das.

Ja, es war phantastisch, das reinste Wunder. Wenn sich Louisa nicht sehr täuschte, war die Katze eines von jenen Wundertieren, die alle hundert Jahre nur einmal vorkommen.

«Ich habe dir angesehen, wie sehr du dieses Stück liebst», sagte sie, als die Musik verklungen war. «Ich fürchte nur, daß ich es heute nicht besonders gut gespielt habe. Wer gefällt dir besser – Vivaldi oder Schumann?»

Die Katze gab keine Antwort. Um die Aufmerksamkeit ihrer Zuhörerin nicht zu verlieren, ging Louisa sofort zur nächsten Nummer des Programms über, zu Liszts *Petrarca-Sonett*.

Und nun geschah etwas Erstaunliches. Kaum hatte sie drei oder vier Takte gespielt, als die Barthaare des Tieres zu zucken begannen. Langsam reckte es sich hoch, neigte den Kopf erst auf die eine Seite, dann auf die andere und sah starr vor sich hin, mit einem grüblerischen, konzentrierten Blick, der zu sagen schien: Was ist das? Nein, verrate es nicht. Ich kenne das Stück ganz genau, kann es nur im Moment nicht unterbringen. Louisa war fasziniert. Lächelnd, mit halb geöffnetem Mund spielte sie weiter und wartete, was wohl passieren würde.

Die Katze erhob sich, ging auf dem Sofa entlang, setzte sich in die Ecke, lauschte ein Weilchen, sprang dann plötzlich auf den Boden und von dort auf die Klavierbank, wo sie sitzen blieb. Sie hörte sich das schöne Sonett an, diesmal nicht träumerisch, sondern sehr aufmerksam, die großen gelben Augen auf Louisas Finger gerichtet.

«Ach», sagte Louisa, als sie den letzten Akkord anschlug, «du hast dich also neben mich gesetzt? Gefällt's dir hier besser als auf dem Sofa? Na schön, wenn du artig bist und nicht herumspringst, darfst du hierbleiben.» Sie strich der Katze sanft über den Rücken, vom Kopf bis zum Schwanz. «Das war Liszt», fuhr sie fort. «Manchmal, weißt du, kann er entsetzlich vulgär sein, aber in solchen Sachen ist er wirklich bezaubernd.»

Diese seltsame Tierpantomime machte ihr Spaß, und so begann sie sogleich mit der vierten Programmnummer, mit Schumanns *Kinderszenen*. Nachdem sie ein oder zwei Minuten gespielt hatte, bemerkte sie, daß die Katze auf ihren Sofaplatz zurückgekehrt war. Louisa hatte inzwischen auf ihre Hände geachtet, und deswegen war ihr wohl das Verschwinden der Katze entgangen. Trotzdem mußte es eine äußerst schnelle und leise Bewegung gewesen sein. Das Tier schaute noch immer zu ihr hinüber, horchte noch immer auf die Musik, doch zweifellos nicht mehr mit der gleichen hingerissenen Begeisterung wie bei dem Stück von Liszt. Schon der Umstand, daß es die Klavierbank verlassen hatte, schien ein kleines, aber deutliches Zeichen von Enttäuschung zu sein.

«Was ist denn los?» fragte Louisa, als sie fertig war. «Magst du Schumann nicht? Was ist eigentlich so Wunderbares an Liszt?» Die Katze sah sie unverwandt mit ihren gelben Augen an, in deren Zentrum kleine pechschwarze Striche lagen.

Jetzt wird die Sache wirklich interessant, sagte sich Louisa – sogar etwas unheimlich, wenn man's recht bedenkt. Doch sie beruhigte sich rasch, als sie einen Blick auf die Katze warf, die sehr aufmerksam, sehr interessiert in der Sofaecke kauerte und offensichtlich auf weitere Darbietungen wartete.

«Gut», sagte sie, «weißt du was? Ich werde mein Programm ändern, eigens für dich. Du scheinst Liszt besonders zu lieben und sollst noch mehr von ihm hören.»

Sie zögerte einen Moment, suchte in ihrem Gedächtnis und entschloß sich für den *Weihnachtsbaum*. Sie spielte leise das erste der zwölf kleinen Stücke und beobachtete dabei die Katze genau. Sie stellte fest, daß die Barthaare wieder zu zucken begannen. Das Tier sprang auf den Teppich, blieb einen Augenlick stehen, zitternd vor Erregung und mit gesenktem Kopf, ging dann langsam um das Klavier herum, war mit einem Satz auf der Bank und setzte sich neben Louisa.

So weit waren sie, als Edward hereinkam.

«Edward!» rief Louisa und lief ihm entgegen. «Edward, Liebling, stell dir vor, was passiert ist!»

«Was ist denn los?» knurrte er. «Ich möchte Tee haben.» Sein schmales, scharfnasiges und leicht gerötetes Gesicht glänzte von Schweiß und erinnerte an eine lange, nasse Traube.

«Es handelt sich um die Katze!» Louisa deutete auf das Tier, das ruhig sitzen geblieben war. «Du wirst staunen, wenn du hörst, was geschehen ist!»

«Habe ich nicht gesagt, du sollst sie zur Polizei bringen?»

«Aber Edward, hör doch zu. Es ist *schrecklich* aufregend. Dies ist eine *musikalische* Katze.»

«Ja?»

«Sie liebt Musik und versteht sie auch.»

«Red keinen Unsinn, Louisa, und kümmere dich gefälligst um den Tee. Ich bin todmüde, nachdem ich all die Brombeersträucher ausgerissen und verbrannt habe.» Er setzte sich in einen Sessel, nahm aus der Dose neben ihm eine Zigarette und zündete sie mit einem großen Feuerzeug an, das auf dem Tisch bereitlag.

«Bitte, begreife doch», sagte Louisa, «während du im Garten warst, hat sich hier in unserem Haus etwas unglaublich Aufregendes ereignet, etwas, was sogar... nun... folgenschwer sein könnte.»

«Aha.»

«Edward, *bitte*!»

Louisa stand neben dem Klavier, ihr kleines rosiges Gesicht war rosiger denn je, mit einem purpurroten Fleck auf jeder Wange. «Wenn du es wissen möchtest», fuhr sie fort, «will ich dir sagen, was ich denke.»

«Ich höre, meine Liebe.»

«Wir befinden uns in diesem Augenblick – jedenfalls halte ich das für durchaus möglich – in Gegenwart von...» Sie verstummte, als wäre sie sich auf einmal der Absurdität ihres Gedankens bewußt geworden.

«Nun?»

«Du wirst mich vielleicht für verrückt halten, Edward, aber ich bin fest davon überzeugt...»

«In Gegenwart von wem, zum Donnerwetter?»

«Von Franz Liszt persönlich!»

Edward zog kräftig an seiner Zigarette und blies den Rauch zur Decke hinauf. Er hatte hohle Wangen mit straffer Haut, wie ein Mann sie hat, der seit Jahren ein künstliches Gebiß trägt, und sooft er den Rauch inhalierte, fielen die Wangen noch mehr ein, und die Knochen stachen hervor wie bei einem Gerippe. «Was soll das heißen?» erkundigte er sich.

«Hör zu, Edward. Nach dem, was ich heute nachmittag mit eigenen Augen gesehen habe, scheint es sich tatsächlich um eine Art Wiedergeburt zu handeln.»

«Meinst du etwa die lausige Katze?»

«Lieber, bitte, sprich nicht so.»

«Du bist doch nicht krank, Louisa, wie?»

«Danke schön, mir geht's ausgezeichnet. Gewiß, ich bin ein wenig durcheinander, aber wer wäre das nicht nach dem, was geschehen ist? Edward, ich schwöre dir...»

«Was *ist* denn geschehen, wenn ich fragen darf?»

Louisa erklärte es ihm. Während sie sprach, lag ihr Mann im Sessel, beide Beine lang ausgestreckt, zog an der Zigarette und blies den Rauch zur Decke hinauf. Um seinen Mund spielte ein kleines zynisches Lächeln.

«Ich sehe an alledem nichts Ungewöhnliches», sagte er, als sie ihren Bericht beendet hatte. «Eine dressierte Katze. Irgend jemand hat sie abgerichtet, das ist alles.»

«Unsinn, Edward. Immer wenn ich Liszt spiele, wird sie maßlos aufgeregt, kommt angelaufen und setzt sich zu mir auf die Klavierbank. Aber nur bei Liszt, und niemand kann eine Katze den Unterschied zwischen Liszt und Schumann lehren. Den kennst ja nicht einmal du. Aber sie weiß genau Bescheid, sogar bei ganz unbekannten Sachen von Liszt. Jedesmal.»

«Zweimal», warf der Mann ein. «Sie hat's nur zweimal so gemacht.»

«Zweimal genügt.»

«Los, versuch's gleich noch mal.»

«Nein», widersprach Louisa. «Auf keinen Fall. Denn wenn es Liszt ist, wie ich glaube, oder jedenfalls Listzs Seele oder was sonst wiederkommt, dann ist es gewiß unrecht und taktlos, eine Menge alberner Versuche mit ihm anzustellen.»

«Meine Liebe, das hier ist eine *Katze* – eine ziemlich dumme graue Katze, die sich vorhin im Garten beinahe das Fell am Feuer versengt hätte. Und überhaupt, was weißt du von Reinkarnation?»

«Wenn seine Seele hier ist, genügt mir das», antwortete Louisa energisch. «Das ist alles, worauf es ankommt.»

«Dann soll er's vormachen, dieser Herr Liszt. Laß ihn zeigen, daß er zwischen seinen und anderen Werken unterscheiden kann.»

«Nein, Edward. Ich habe dir schon gesagt, daß ich mich weigere, irgendwelche Tests mit ihm zu veranstalten. Für einen Tag hat er davon reichlich genug gehabt. Aber eines werde ich tun. Ich werde ihm noch eine seiner eigenen Kompositionen vorspielen.»

«Als ob das etwas beweisen könnte!»

«Paß nur auf. Ich versichere dir, wenn er die Musik erkennt, wird er sich nicht von der Bank rühren, auf der er jetzt sitzt.»

Louisa ging zum Notenschrank, zog einen Band Liszt heraus, blätterte ihn rasch durch und wählte eine seiner schönsten Schöpfungen, die *Sonate b-Moll*. Eigentlich hatte sie nur den ersten Satz spielen wollen, aber als sie die Katze sah, die buchstäblich vor Wonne zitterte und ihre Hände wieder mit jenem hingerissenen und dabei konzentrierten Blick beobachtete, da brachte sie es nicht übers Herz, aufzuhören. Sie spielte die Sonate zu Ende und schaute dann lächelnd ihren Mann an. «Bitte sehr», sagte sie, «du kannst nicht leugnen, daß er es über alle Maßen genossen hat.»

«Ach was, das Tier liebt den Lärm, das ist alles.»

«Nicht den Lärm, sondern die Musik. Habe ich nicht recht, Liebling?» fragte sie und nahm die Katze auf den Arm. «Ach, wenn er doch nur reden könnte. Stell dir vor, Edward – in seiner Jugend hat er Beethoven gekannt. Und Schubert und Mendelssohn und Schumann und Berlioz und Grieg und Delacroix und Ingres und Heine und Balzac. Und… ja, warte… er war Wagners Schwiegervater! Mein Gott, ich halte Wagners Schwiegervater in meinen Armen!»

«Louisa!» sagte der Mann scharf und richtete sich kerzengerade auf. «Nimm dich zusammen.» Seine Stimme hatte plötzlich einen anderen Klang, und er sprach ungewöhnlich laut.

Louisa warf ihm einen raschen Blick zu. «Edward, ich glaube, du bist eifersüchtig.»

«Auf eine lausige graue Katze? Daß ich nicht lache!»

«Dann sei gefälligst nicht so mürrisch und zynisch. Wenn du dich so benehmen willst, geh lieber an deine Gartenarbeit zurück und laß uns beide in Frieden. Das wäre für uns alle das beste, nicht wahr, Liebling?» sagte sie zu der Katze und streichelte ihr den Kopf. «Und heute abend werden du und ich noch ein wenig musizieren, natürlich aus deinen eigenen Werken. Ach ja» – sie küßte das Tier mehrmals auf den Nacken –, «vielleicht spielen wir dann auch etwas von Chopin. Du brauchst mir gar nichts zu sagen – ich weiß, daß du Chopin gern hast. Du warst sehr befreundet mit ihm, nicht wahr, Herzchen? Wenn ich mich recht erinnere, bist du sogar in Chopins Wohnung der großen Liebe deines Lebens, dieser Madame Soundso, begegnet. Drei uneheliche Kinder hatte sie von dir, wie? Jawohl, so war es, du unartiges Ding, versuche nur nicht, es abzustreiten. Nun, du sollst nachher ein bißchen Chopin hören», schloß sie und küßte die Katze von neuem. «Das wird vermutlich allerlei schöne Erinnerungen in dir wecken.»

«Louisa, jetzt ist aber Schluß!»

«Reg dich doch nicht auf, Edward.»

«Du benimmst dich absolut idiotisch. Außerdem vergißt du, daß wir heute unseren Canasta-Abend bei Bill und Betty haben.»

«Nein, heute kann ich unmöglich ausgehen. Das ist ganz ausgeschlossen.»

Edward erhob sich langsam aus seinem Sessel, beugte sich vor und stieß die Zigarette hart in den Aschenbecher. «Sag mal», fragte er ruhig, «glaubst du das wirklich – diesen Quatsch, den du da redest?»

«Aber *natürlich*. Da kann's doch gar keinen Zweifel mehr geben. Und ich finde, es lädt uns eine enorme Verantwortung auf, Edward – uns beiden. Dir ebenso wie mir.»

«Und weißt du, was *ich* finde?» versetzte er. «Ich finde, du solltest zum Doktor gehen, und zwar schleunigst.»

Wütend drehte er sich um und stapfte durch die Verandatür in den Garten hinaus.

Louisa sah ihm nach, während er über den Rasen zu seinem Feuer und seinem Brombeergestrüpp ging. Sie wartete, bis er außer Sicht war, machte dann kehrt und lief, noch immer mit der Katze im Arm, zur Haustür.

Gleich darauf saß sie im Wagen und fuhr in die Stadt.

Sie parkte vor der Bibliothek, schloß die Katze im Wagen ein, eilte die Stufen zu dem Gebäude hinauf und steuerte geradewegs auf das Katalogzimmer zu. Dort suchte sie im Schlagwortkatalog nach Büchern über zwei Themen: *Seelenwanderung* und *Liszt*.

Unter *Seelenwanderung* fand sie ein Werk mit dem Titel *Wiederkehr des Erdenlebens – Wie und Warum*, das von einem Mann namens F. Milton Willis verfaßt und im Jahre 1921 erschienen war. Unter *Liszt* waren zwei Biographien aufgeführt. Sie entlieh alle drei Bände, kehrte zu ihrem Wagen zurück und fuhr nach Hause.

Daheim setzte sie sich mit den drei Büchern und der Katze aufs Sofa, fest entschlossen, ernsthafte Studien zu betreiben. Als erstes wollte sie das Buch von Mr. F. Milton Willis vornehmen. Der Band war dünn und etwas beschmutzt, aber er lag gewichtig in ihrer Hand, und der Name des Verfassers klang irgendwie vertrauenerweckend.

‹Die Lehre von der Seelenwanderung›, las sie, ‹weist nach, daß sich geistige Seelen von Mal zu Mal in höheren Tierformen verkörpern. Ein Mensch kann zum Beispiel ebensowenig als Tier wiedergeboren werden wie ein Erwachsener wieder zum Kind werden.»

Sie las den letzten Satz noch einmal. Woher wußte er das? So etwas konnte doch niemand mit Gewißheit behaupten. Trotz ihrer Skepsis nahm ihr jedoch diese Feststellung ziemlich viel Wind aus den Segeln.

‹Um unser Bewußtseinszentrum herum befinden sich vier Körper, wobei der feste äußere Körper nicht mitgerechnet ist. Sie sind für unser fleischliches Auge unsichtbar, jedoch vollständig sichtbar für alle diejenigen, deren Fähigkeit, übernatürliche Dinge wahrzunehmen, angemessen entwickelt ist...›

Damit konnte Louisa nichts anfangen, aber sie las weiter und kam bald an eine interessante Stelle, die davon handelte, wie lange eine Seele im allgemeinen von der Erde entfernt blieb, bevor sie in einen anderen Körper zurückkehrte. Dieses Zwischenstadium war je nach dem Typus kürzer oder länger, und Mr. Willis gab folgende Übersicht:

Trunkenbolde und Taugenichtse	40–50 Jahre
Ungelernte Arbeiter	60–100 Jahre
Facharbeiter	100–200 Jahre
Die Bourgeoisie	200–300 Jahre
Der gehobene Mittelstand	500 Jahre
Die oberste Klasse der Gutsbesitzer	600–1000 Jahre
Die auf dem Wege zur Erkenntnis Befindlichen	1500–2000 Jahre

Rasch griff Louisa nach einem der anderen Bücher, um festzustellen, wann Liszt das Zeitliche gesegnet hatte. Sie erfuhr, daß er 1886 in Bayreuth gestorben war. Vor 67 Jahren. Nach Mr. Willis mußte er also ungelernter Arbeiter gewesen sein, sonst wäre er nicht so schnell wiedergekommen. Das schien gar nicht zu passen. Louisa hielt überhaupt nicht viel von der Einstufungsmethode des Verfassers. Ihm zufolge umfaßte ‹die oberste Klasse der Gutsbesitzer› so ungefähr die höchststehenden Bewohner der Erde. Rote Fräcke, Steigbügeltrunk und das blutige, sadistische Morden von Füchsen... Nein, dachte sie, das kann nicht stimmen. Sie freute sich, daß ihr Zweifel an Mr. Willis kamen.

Weiter hinten im Buch fand sie eine Liste der berühmtesten Wiederverkörperungen. Epiktet, so behauptete Mr. Willis, war als Ralph Waldo Emerson auf die Erde zurückgekehrt, Cicero als Gladstone, Alfred der Große als Königin Viktoria, Wilhelm der Eroberer als Lord Kitchener, Ashoka Vardhana, König von Indien (272 v.Chr.), als Oberst Henry Steel Olcott, ein angesehener amerikanischer Jurist. Pythagoras war als Master Koot Hoomi zurückgekehrt, also als der Herr, der gemeinsam mit Madame Blavatsky und Oberst H. S. Olcott (dem angesehenen amerikanischen Juristen, alias Ashoka Vardhana, König von Indien) die Theosophische Gesellschaft gegründet hatte. Wessen Seele in Madame Blavatsky wiederverkörpert war, stand nicht da. Aber von Theodore Roosevelt hieß es: ‹Er hat in vielen Inkarnationen eine bedeutende Führerrolle gespielt... Von ihm stammte das Königsgeschlecht des alten Chaldäa ab, denn er wurde um 30000 v. Chr. zum Herrscher über Chaldäa ausersehen, und zwar von dem Ego, das wir als Cäsar kennen und das damals König von Persien war... Roosevelt und Cäsar sind immer wieder als militärische Führer und Regenten zusammengetroffen, und einmal, vor vielen Jahrtausenden, waren sie Mann und Frau...›

Das reichte Louisa. Mr. F. Milton Willis war offensichtlich ein Phantast. Seine dogmatischen Behauptungen beeindruckten sie nicht im geringsten. Vielleicht befand sich der Bursche auf der richtigen Spur, aber seine Thesen waren viel zu verstiegen, um glaubhaft zu sein, besonders jene erste über die Tiere. Louisa hoffte, es werde ihr bald gelingen, die ganze Theosophische Gesellschaft durch den Nachweis zu verwirren, daß ein Mensch tatsächlich als niederes Tier wiedergeboren werden konnte und daß man kein ungelernter Arbeiter zu sein brauchte, um innerhalb von hundert Jahren zurückzukehren.

Sie schlug nun eine der Biographien von Liszt auf, und während sie darin blätterte, kam ihr Mann ins Zimmer.

«Was machst du denn da?» fragte er.

«Ach, ich suche nur so ein bißchen herum. Hör mal, Lieber, hast du gewußt, daß Theodor Roosevelt einmal Cäsars Frau war?»

«Louisa», sagte er, «was soll denn dieser Unsinn? Du benimmst dich ausgesprochen närrisch, und das gefällt mir gar nicht. Gib mir die verwünschte Katze, ich bringe sie selbst zur Polizei.»

Louisa antwortete nicht. Sie starrte mit offenem Mund auf ein Bild von Liszt, das sie in dem Buch gefunden hatte.

«Mein Gott!» rief sie. «Edward, sieh nur!»
«Was?»
«Da! Die Warzen! Die hatte ich ganz vergessen. Er hatte große Warzen im Gesicht und war dafür berühmt. Seine Schüler ließen sich sogar kleine Haarbüschel an den gleichen Stellen stehen, um ihm zu ähneln.»

«Was haben die damit zu tun?»

«Nichts. Ich meine, die Schüler haben nichts damit zu tun. Aber die Warzen.»

«O Himmel», stöhnte der Mann. «O du allmächtiger Gott.»

«Die Katze hat sie auch! Warte, ich zeige sie dir.» Sie nahm das Tier auf den Schoß und fing an, sein Gesicht zu untersuchen. «Hier! Hier ist eine! Und da noch eine! Augenblick mal, ich glaube, sie sitzen an den gleichen Stellen! Wo ist das Bild?»

Es war ein berühmtes Altersporträt des Musikers, auf dem das schöne, bedeutende Antlitz zu sehen war, umrahmt von einer Flut grauer Haare, die über die Ohren fielen und bis in den Nacken reichten. Auf dem Gesicht war jede große Warze getreulich wiedergegeben; insgesamt waren es fünf.

«Also auf dem Bild ist *eine* über der rechten Augenbraue.» Sie sah über der rechten Augenbraue der Katze nach. «Ja! Da ist sie! Stimmt ganz genau! Und eine links an der Nasenspitze... Die ist auch da! Und eine gerade darunter auf der Wange... Und zwei dicht nebeneinander rechts unter dem Kinn... Edward! Edward! Sieh dir das an! Es ist genau das gleiche.»

«Das beweist gar nichts.»

Sie blickte zu ihrem Mann auf, der in seinem grünen Sweater und den Khakihosen mitten im Zimmer stand und noch immer heftig schwitzte. «Du hast Angst, Edward, nicht wahr? Du hast Angst, deine kostbare Würde zu verlieren und zum Gespött der Leute zu werden.»

«Ich weigere mich nur, wegen einer Katze hysterisch zu werden, sonst nichts.»

Louisa wandte sich wieder ihrem Buch zu. «Das ist interessant», sagte sie. «Hier steht, daß Liszt alle Werke von Chopin geliebt hat, nur eines nicht - das *Scherzo* b-Moll. Das hat er gehaßt. Er nannte es das ‹Gouvernanten-Scherzo› und sagte, es sei nur für Damen bestimmt, die diesen Beruf ausübten.»

«Na und?»

«Ich will dir was sagen, Edward. Da du dich darauf versteifst, so gräßlich zu sein und mir kein Wort zu glauben, werde ich jetzt dieses Scherzo spielen, und du kannst dabeistehen und sehen, was geschieht.»

«Und dann wirst du vielleicht geruhen, dich um unser Abendbrot zu kümmern.»

Louisa erhob sich und holte einen großen grünen Band, der Chopins sämtliche Werke enthielt. «Da ist es. O ja, ich erinnere mich. Ich hab's auch immer scheußlich gefunden. So, nun hör zu – oder vielmehr beobachte. Beobachte, was er tut.»

Sie stellte die Noten aufs Klavier und nahm Platz. Ihr Mann blieb stehen, die Hände in den Taschen, eine Zigarette im Mund, und beobachtete widerwillig die Katze, die auf dem Sofa schlummerte.

Louisa schlug die ersten Töne an. Die Wirkung war äußerst dramatisch. Das Tier fuhr hoch, wie von der Tarantel gestochen, und verharrte mindestens eine Minute lang regungslos, mit gespitzten Ohren, am ganzen Körper zitternd. Dann fing es an, auf dem Sofa hin- und herzugehen. Schließlich sprang es auf den Fußboden und verließ langsam und majestätisch das Zimmer, Nase und Schwanz stolz erhoben.

«Da!» rief Louisa und lief dem Tier nach. «Das genügt! Jetzt haben wir den Beweis!» Sie kam mit der Katze im Arm zurück und setzte sie wieder auf das Sofa. Ihr Gesicht glühte vor Erregung, die Knöchel ihrer geballten Hände waren weiß, der kleine Haarknoten am Hinterkopf hatte sich gelockert und rutschte auf die Seite. «Was sagst du nun, Edward? Was meinst du?» Sie begleitete ihre Worte mit einem nervösen Lachen.

«War ganz amüsant, finde ich.»

«*Amüsant!* Mein lieber Edward! Das ist das größte Wunder aller Zeiten! O Himmel!» rief sie, nahm die Katze auf und preßte sie an sich. «Ist es nicht ein herrlicher Gedanke, daß Franz Liszt bei uns wohnt?»

«Na, Louisa, wir wollen doch nicht hysterisch werden.»

«Ich kann nicht anders, wirklich nicht. Und sich *vorzustellen*, daß er für immer in unserem Haus leben wird!»

«Wie bitte?»

«Ach Edward! Ich kann vor Aufregung kaum sprechen. Und weißt du, was ich als nächstes tun werde? Natürlich wird jeder Musiker in der ganzen Welt mit ihm zusammentreffen wollen, um ihn nach den großen Komponisten zu fragen, die er gekannt hat – nach Beethoven und Chopin und Schubert...»

«Sie werden nur keine Antwort kriegen», warf der Mann ein.

«Ja – richtig. Aber jedenfalls werden sie alle herkommen wollen, um ihn zu sehen, ihn anzufassen und ihm ihre eigenen Kompositionen vorzuspielen, moderne Musik, die er noch nie gehört hat.»

«So bedeutend war Liszt doch gar nicht. Ja, wenn es Bach wäre oder Beethoven...»

«Bitte, unterbrich mich nicht, Edward. Ich werde also alle bekannten lebenden Komponisten benachrichtigen. Das ist meine

Pflicht. Ich werde ihnen mitteilen, daß Liszt hier ist und daß sie ihn besuchen können. Paß auf, wie sie dann von allen Ecken der Welt herbeieilen.»

«Um eine graue Katze zu sehen?»

«Liebling, das ist doch dasselbe. Die Katze ist *er*. Wen kümmert's denn, wie er aussieht? Ach Edward, das wird die größte Sensation, die es je gegeben hat!»

«Sie werden dich für verrückt halten.»

«Warte nur ab.» Sie hielt die Katze in den Armen und streichelte sie zärtlich, schaute aber dabei zu ihrem Mann hinüber, der zur Verandatür gegangen war und in den Garten hinausblickte. Es wurde Abend, das Grün des Rasens färbte sich nach und nach schwarz, und in der Ferne sah Edward den Rauch seines Feuers als weiße Säule in die Luft steigen.

«Nein», sagte er, ohne sich umzuwenden, «das will ich nicht haben. Nicht in meinem Haus. Wir beide würden ja als komplette Narren dastehen.»

«Wie meinst du das, Edward?»

«Genau wie ich es sage. Ich verbiete dir ein für allemal, mit einer so verrückten Geschichte Staub aufzuwirbeln. Du hast zufällig eine dressierte Katze gefunden. Okay – schön und gut. Wenn's dir Spaß macht, behalte sie. Dagegen ist nichts einzuwenden. Aber weiter darfst du nicht gehen, Louisa, verstanden?»

«Weiter als was?»

«Ich will nichts mehr von diesem blöden Geschwätz hören. Du benimmst dich, als ob du irrsinnig wärst.»

Langsam setzte Louisa die Katze auf das Sofa. Dann richtete sich die kleine Person langsam zu ihrer vollen Höhe auf und machte einen Schritt vorwärts. «Verdammt noch mal, Edward!» schrie sie und stampfte mit dem Fuß auf. «Zum ersten Male in unserem Leben passiert etwas wirklich Aufregendes, und du willst nichts damit zu tun haben! Du zitterst vor Angst, daß jemand über dich lachen könnte! So ist es doch, nicht wahr? Kannst du das leugnen?»

«Louisa», sagte der Mann, «jetzt ist aber Schluß. Reiß dich zusammen und höre sofort mit dem dummen Gerede auf.» Er nahm eine Zigarette aus der Dose auf dem Tisch und zündete sie mit dem großen Feuerzeug an.

Seine Frau stand daneben; unter ihren Lidern quollen Tränen hervor, die in zwei Bächen über die gepuderten Wangen liefen und schmale glänzende Streifen hinterließen.

«Solche Szenen haben wir in letzter Zeit mehr als genug gehabt, Louisa», fuhr Edward fort. «Nein, nein, unterbrich mich nicht. Ich will gern zugeben, daß gerade dieser Abschnitt deines Lebens nicht leicht für dich ist und daß...»

«O mein Gott! Du Idiot! Du riesengroßer Idiot! Begreifst du denn nicht, daß es sich um etwas ganz anderes handelt – um etwas Wunderbares? Sieh das doch endlich ein!»

Er trat auf sie zu und packte sie fest an den Schultern. Die frisch angezündete Zigarette hing zwischen seinen Lippen, und seine Haut war fleckig von getrocknetem Schweiß. «Hör mal», sagte er, «ich bin hungrig. Ich habe heute auf mein Golfspiel verzichtet und dafür den ganzen Tag im Garten geschuftet, ich bin müde und hungrig und möchte essen. Du wirst auch Hunger haben. Geh also in die Küche und mach uns etwas Gutes zurecht.»

Louisa zuckte zusammen und preßte beide Hände auf den Mund. «Du lieber Himmel!» rief sie. «Das habe ich ganz vergessen. Er muß ja völlig ausgehungert sein. Bis auf die Milch hat er seit seiner Ankunft nichts zu essen bekommen.»

«Wer?»

«Na, *er* natürlich. Ich muß ihm sofort etwas recht Leckeres kochen. Wenn ich nur wüßte, was seine Leibgerichte waren! Kannst du mir nicht einen Rat geben, Edward?»

«Himmeldonnerwetter, Louisa...»

«Bitte, Edward, mäßige dich! Jetzt werde ich einmal tun, was *ich* will. Du bleibst hier», sagte sie zu der Katze und strich ihr sanft über das Fell. «Es dauert nicht lange.»

Louisa ging in die Küche, wo sie einen Augenblick stehenblieb und überlegte, was für ein Gericht sie zubereiten sollte. Vielleicht ein Soufflé? Ein gutes Käsesoufflé? Ja, das war etwas Vortreffliches. Edward liebte es allerdings nicht sehr, aber darauf konnte sie keine Rücksicht nehmen.

Kochen war Louisas schwache Seite, und sie wußte nie, ob ein Soufflé geraten würde oder nicht, aber diesmal gab sie sich besondere Mühe und achtete darauf, daß der Ofen genau die richtige Temperatur hatte. Während das Soufflé buk, suchte sie nach einer passenden Zuspeise. Plötzlich fiel ihr ein, daß Liszt vermutlich noch nie Avocadobirnen oder Grapefruit gekostet hatte, und sie entschloß sich, ihm beides zusammen als Salat vorzusetzen. Ich bin gespannt, wie er darauf reagiert, dachte sie. Sehr gespannt, wirklich.

Als alles fertig war, brachte sie die Schüsseln auf einem Tablett ins Wohnzimmer. Beim Eintreten sah sie, daß ihr Mann durch die Verandatür aus dem Garten hereinkam.

«Hier ist das Essen», sagte sie, stellte das Tablett auf den Tisch und wandte sich zum Sofa. «Wo ist er?»

Ihr Mann schloß die Tür hinter sich, ging durch das Zimmer und nahm eine Zigarette aus der Dose.

«Edward, wo ist er?»

«Wer?»

«Du weißt genau, wen ich meine.»

«Ach ja. Richtig. Nun... hm... die Sache ist so...»

Er beugte sich vor, um die Zigarette anzuzünden, und seine Hände umfaßten das große Feuerzeug. Als er den Kopf hob, bemerkte er, daß Louisa ihn musterte – sie betrachtete seine Schuhe und die Hosenbeine, die feucht waren vom Gehen im hohen Gras.

«Ich war eben mal draußen, um nach dem Feuer zu sehen», erklärte er.

Ihr Blick glitt langsam höher und blieb an seinen Händen haften.

«Es brennt noch gut», fuhr er fort. «Ich glaube, es wird die ganze Nacht brennen.»

Die Art, wie sie ihn anstarrte, bereitete ihm allmählich Unbehagen.

«Was ist denn?» fragte er, ließ das Feuerzeug sinken und schaute an sich hinab. Erst jetzt sah er, daß ein langer, dünner Kratzer diagonal über den Rücken seiner einen Hand lief, vom Fingerknöchel bis zum Handgelenk.

«Edward!»

«Ja», sagte er, «ich weiß. Diese Brombeerranken sind gräßlich. Sie reißen einen geradezu in Stücke. Nanu, Louisa, sachte, sachte. Was ist denn los?»

«Edward!»

«Um Himmels willen, Frau, setz dich hin und sei ruhig. Du hast überhaupt keinen Grund, dich aufzuregen. Louisa! Louisa, *setz dich hin*!»

Schwein

I

Vor langen Jahren begab es sich, daß in der Stadt New York ein reizender kleiner Junge zur Welt kam, dem die Eltern den Namen Lexington gaben. Kaum war die Mutter mit Lexington in den Armen aus der Klinik in ihr Heim zurückgekehrt, da sagte sie zu ihrem Mann: «Liebling, heute mußt du unbedingt mit mir ausgehen. Wir werden in dem allerbesten Restaurant essen, um die Geburt unseres Sohnes und Erben zu feiern.»

Ihr Mann umarmte sie zärtlich und versicherte ihr, daß eine Frau, die ein so schönes Kind wie Lexington zur Welt gebracht habe, durchaus berechtigt sei, einen solchen Wunsch zu äußern. Und dann erkundigte er sich, ob sie denn schon kräftig genug sei, spätabends in der Stadt herumzulaufen.

Nein, sagte sie, das nicht, aber darum kümmere sie sich kein bißchen.

Am Abend warfen sie sich also in Gala, ließen den kleinen Lexington in der Obhut einer ausgebildeten Kinderpflegerin, die sie täglich zwanzig Dollar kostete und obendrein aus Schottland stammte, und gingen in das feinste und teuerste Restaurant der Stadt. Dort aßen sie jeder einen riesigen Hummer und teilten sich eine Flasche Champagner. Dann zogen sie in einen Nachtklub, wo sie eine zweite Flasche Champagner tranken und ein paar Stunden Hand in Hand sitzenblieben, um mit höchster Bewunderung über sämtliche körperlichen Vorzüge ihres entzückenden neugeborenen Sohnes zu sprechen. Gegen zwei Uhr morgens kehrten sie zu ihrem Haus im östlichen Manhattan zurück. Der Mann bezahlte den Taxichauffeur und fing dann an, in seinen Taschen nach dem Hausschlüssel zu suchen. Nach einer Weile wurde ihm klar, daß er ihn in der Tasche seines anderen Anzugs vergessen hatte, und er schlug vor zu läuten, damit die Kinderpflegerin herunterkäme. Eine Nurse für zwanzig Dollar täglich müsse darauf gefaßt sein, gelegentlich nachts aus dem Bett geholt zu werden, fügte er hinzu.

Er klingelte also. Sie warteten. Nichts geschah. Der Mann läutete noch einmal, lange und laut. Sie warteten wieder eine Minute. Schließlich stellten sie sich mitten auf die Straße und riefen den Namen der Nurse (McPottle) zu den Fenstern des Kinderzimmers im dritten Stock hinauf. Keine Antwort. Das Haus blieb dunkel und stumm. Die Frau machte sich Sorgen. Dort oben war ihr Baby eingesperrt. Allein mit McPottle. Und wer war McPottle? Man hatte sie erst seit zwei Tagen und wußte kaum mehr von ihr, als daß sie schmale Lippen, einen mißbilligenden Blick, einen gestärkten Busen und offenbar einen für ihren Beruf viel zu festen Schlaf hatte. Wenn sie die Haustürglocke nicht hörte, wie konnte sie dann erwarten, ein Baby schreien zu hören? Vielleicht hatte das arme Würmchen in eben diesem Augenblick seine Zunge verschluckt oder war in seinem Kissen erstickt.

«Er hat ja gar kein Kissen», erwiderte der Mann. «Du brauchst dich wirklich nicht aufzuregen. Aber wenn du hineinwillst – bitte sehr, das schaffen wir schon.» Nach all dem Champagner war er glänzender Laune. Er bückte sich, band einen seiner Lackschuhe auf und zog ihn aus. Dann packte er ihn an der Spitze und warf ihn mit kräftigem Schwung durch die Fensterscheibe des Eßzimmers im Erdgeschoß.

«Na also», sagte er grinsend. «Das ziehen wir McPottle vom Lohn ab.»

Er ging hin, griff sehr vorsichtig durch das Loch im Glas, öffnete den Riegel und schob das Fenster auf.

«So, jetzt werde ich dich hineinheben, Mütterchen», erklärte er, nahm seine Frau um die Taille und hob sie hoch. Das brachte ihre schwellenden roten Lippen sehr nah an seinen Mund, und er fing an, sie zu küssen. In dieser Stellung mit baumelnden Beinen und im übrigen unfähig, sich zu rühren, lassen sich Frauen sehr gern küssen, das wußte er aus Erfahrung, und deshalb blieb er eine Weile dabei, während sie mit den Füßen strampelte und glucksende Laute ausstieß. Schließlich drehte er sie um und schickte sich an, sie behutsam durch das offene Fenster ins Eßzimmer zu schieben. In diesem Augenblick näherte sich auf der Straße geräuschlos ein Streifenwagen der Polizei. Er hielt etwa dreißig Schritte vom Haus entfernt, drei Polizisten irischer Abstammung sprangen heraus, zogen ihre Revolver und rannten auf das Ehepaar zu.

«Hände hoch!» riefen sie. «Hände hoch!» Diesem Befehl konnte der Mann jedoch unmöglich folgen, ohne seine Frau loszulassen, und hätte er das getan, so wäre sie entweder auf das Pflaster gestürzt oder teils innerhalb, teils außerhalb des Hauses hängengeblieben, was für eine Frau eine höchst unbequeme Stellung ist. Also fuhr er ritterlich fort, sie hochzustemmen. Die Polizisten, die alle schon Medaillen für das Töten von Verbrechern bekommen hatten, eröffneten sofort das Feuer, und obwohl sie im Laufen schossen und obwohl ihnen die Frau nur ein sehr kleines Ziel bot, brachten sie es fertig, jeden Körper mehrmals zu treffen – was in beiden Fällen tödlich wirkte.

So geschah es, daß der kleine Lexington bereits im Alter von zwölf Tagen Waise wurde.

II

Die Nachricht von diesem blutigen Zwischenfall, der für die Polizisten einige Verhöre zur Folge hatte, wurde sämtlichen Angehörigen des verstorbenen Ehepaares von eifrigen Zeitungsreportern mitgeteilt, und sofort stiegen die nächsten Verwandten, zwei Leichenbestatter, drei Rechtsanwälte und ein Geistlicher in Taxis, um sich zu dem Haus mit dem zerbrochenen Fenster zu begeben. Alle, Männer wie Frauen, versammelten sich im Wohnzimmer, saßen im Kreise auf Sofas und Sesseln, rauchten Zigaretten, nippten Sherry und überlegten, was in aller Welt man nun mit dem Baby dort oben, dem Waisenkind Lexington, anfangen sollte.

Wie sich bald herausstellte, hatte keiner der Verwandten besondere Lust, die Verantwortung für das Kind zu übernehmen, und so dauerten die Diskussionen und Verhandlungen den ganzen Tag an. Jeder erklärte, er habe den dringenden, fast unwiderstehlichen Wunsch, sich um den Kleinen zu kümmern, und würde es auch mit der größten Freude tun, wenn nicht... Entweder war die

Wohnung zu klein, oder der Betreffende hatte schon ein Baby und konnte unmöglich noch eines versorgen, oder er hatte keine Ahnung, wo er das Kind während der Sommerreise lassen sollte, oder er befand sich im vorgeschrittenen Alter, was doch für einen heranwachsenden Knaben recht nachteilig war, und so weiter und so fort. Alle wußten natürlich, daß der Vater sehr verschuldet und das Haus mit Hypotheken belastet war, daß man also aus der Sache kein Geld herausschlagen konnte.

Abends um sechs sprachen sie noch immer mit äußerster Lebhaftigkeit aufeinander ein, als plötzlich eine alte Tante des verstorbenen Vaters – ihr Name war Glosspan – aus Virginia hereingefegt kam. Ohne Hut und Mantel abzulegen, ohne sich auch nur hinzusetzen, ignorierte sie alle Angebote von Martini, Whisky und Sherry und verkündete energisch, sie werde von nun an die alleinige Sorge für den kleinen Jungen übernehmen. Außerdem, so erklärte sie, sei sie bereit, sämtliche Kosten für Unterhalt und Ausbildung zu tragen, so daß die anderen mit beruhigtem Gewissen zurückgehen könnten, wohin sie gehörten. Damit eilte sie die Treppe hinauf ins Kinderzimmer, riß Lexington aus seiner Wiege, nahm ihn fest in die Arme und entschwand. Die Verwandten saßen wie die Ölgötzen da – manche glotzten nur, andere lächelten erleichtert –, und McPottle, die Nurse, stand steif und mißbilligend auf der obersten Treppenstufe mit zusammengekniffenen Lippen, die Arme über dem gestärkten Busen gekreuzt.

Und so geschah es, daß der kleine Lexington im Alter von dreizehn Tagen die Stadt New York verließ und südwärts fuhr, um bei seiner Großtante Glosspan im Staate Virginia zu leben.

III

Tante Glosspan ging auf die Siebzig zu, als sie Lexingtons Beschützerin wurde, aber niemand, der sie sah, hätte das erraten. Sie war lebhaft wie eine halb so alte Frau, hatte ein schmales, runzliges, aber noch immer schönes Gesicht und zwei allerliebste braune Augen, die einen munter und vergnügt anblitzten. Daß sie eine alte Jungfer war, hätte auch niemand vermutet, denn an Tante Glosspan war nichts Altjüngferliches. Sie war weder verbittert noch mürrisch, noch reizbar, und sie hatte keinen Schnurrbart. Überdies war sie nicht im geringsten auf andere Leute neidisch, und das findet man selten bei einer alten Jungfer oder einer jungfräulichen Dame, wobei wir natürlich nicht genau wissen, ob Tante Glosspan nur das eine oder auch das andere war.

Auf jeden Fall war sie eine exzentrische alte Frau, das konnte niemand bezweifeln. Seit dreißig Jahren führte sie ein seltsames Einsiedlerleben in einem Häuschen an den Hängen der Blue Ridge Mountains, einige Meilen vom nächsten Dorf entfernt. Sie hatte fünf Morgen Weideland, einen Gemüsegarten, einen Blumengarten, drei Kühe, ein Dutzend Hühner und einen prächtigen Hahn. Und jetzt hatte sie noch den kleinen Lexington.

Als strenge Vegetarierin hielt sie den Genuß von Tierfleisch nicht nur für ungesund und widerwärtig, sondern auch für eine entsetzliche Grausamkeit. Sie aß nur schöne, saubere Nahrungsmittel wie Milch, Butter, Eier, Käse, Gemüse, Nüsse, Kräuter und Obst, und sie war glücklich in dem Bewußtsein, daß ihretwegen keine lebende Kreatur getötet wurde, nicht einmal eine Garnele. Als eine der braunen Hennen in der Blüte ihrer Jahre an Legenot verstarb, war Tante Glosspan so traurig, daß sie um ein Haar das Eieressen aufgegeben hätte.

Von Säuglingen verstand sie nicht das geringste, aber das machte ihr keine Sorgen. Während sie in New York auf den Zug wartete, der sie und Lexington nach Virginia bringen sollte, kaufte sie sechs Saugflaschen, zwei Dutzend Windeln, eine Schachtel Sicherheitsnadeln, Milch für die Reise und ein broschiertes Büchlein mit dem Titel *Kinderpflege*. Was brauchte sie mehr? Als sich der Zug in Bewegung setzte, gab sie dem Baby etwas Milch, legte es nach bestem Wissen trocken und bettete es zum Schlafen auf den Sitz. Dann las sie die *Kinderpflege* von A bis Z durch.

«Das ist kein Problem», sagte sie und warf das Buch aus dem Fenster. «Überhaupt kein Problem.»

Und merkwürdigerweise war es das wirklich nicht. Daheim in dem Landhaus ging alles so glatt wie nur möglich. Der kleine Lexington trank seine Milch, stieß auf, schrie und schlief, kurzum, er tat alles, was man von einem artigen Baby erwartet. Tante Glosspan strahlte vor Freude, sooft sie ihn ansah, und küßte ihn immer wieder ab.

IV

Mit sechs Jahren war Lexington zu einem wunderschönen Jungen mit langem, goldblondem Haar und kornblumenblauen Augen herangewachsen. Er war gescheit und fröhlich und lernte bald, seiner alten Tante auf allerlei Weise in der Wirtschaft zu helfen. So sammelte er zum Beispiel im Hühnerstall die Eier ein, drehte die Kurbel des Butterfasses, grub im Gemüsegarten Kartoffeln aus und suchte am Berghang wilde Kräuter. Tante Glosspan sagte sich, daß sie allmählich an seinen Unterricht denken müsse.

Der Gedanke, ihn in ein Internat zu schikken, war ihr jedoch unerträglich. Sie liebte

Lexington jetzt so sehr, daß selbst die kürzeste Trennung ihr Tod gewesen wäre. Natürlich gab es unten im Tal eine Dorfschule, aber die sah schrecklich aus, und sie wußte, daß man ihn dort von Anfang an zwingen würde, Fleisch zu essen.

«Weißt du was, mein Liebling?» sagte sie eines Tages zu ihm, als er in der Küche auf einem Schemel saß und zusah, wie sie Käse bereitete. «Eigentlich könnte ich dich doch sehr gut selbst unterrichten.»

Der Junge blickte mit seinen großen blauen Augen zu ihr auf und lächelte sie vertrauensvoll an. «Das wäre fein», antwortete er.

«Und als allererstes werde ich dich kochen lehren.»

«Ich glaube, das würde mir Spaß machen, Tante Glosspan.»

«Spaß oder nicht, lernen mußt du's auf jeden Fall», erwiderte sie. «Wir Vegetarier haben nicht so viele Lebensmittel zur Verfügung wie andere Leute, und deswegen müssen wir mit dem, was wir haben, doppelt geschickt umgehen.»

«Tante Glosspan», fragte der Junge, «was essen denn andere Leute und wir nicht?»

«Tiere», sagte sie und schüttelte sich vor Ekel.

«Meinst du lebende Tiere?»

«Nein, tote.»

Der Junge dachte einen Augenblick nach. «Du meinst, die Leute *essen* die Tiere, wenn sie sterben, statt sie zu begraben?»

«Sie warten nicht, bis sie sterben, mein Schätzchen. Sie töten sie.»

«Wie machen sie das, Tante Glosspan?»

«Meistens schneiden sie ihnen mit einem Messer die Kehle durch.»

«Und was für Tiere töten sie?»

«Hauptsächlich Kühe und Schweine. Auch Schafe.»

«Kühe!» rief der Junge. «Meinst du solche wie Daisy und Schneeglöckchen und Lily?»

«Ganz recht, mein Liebling.»

«Aber *wie* essen sie sie denn, Tante Glosspan?»

«Sie zerschneiden sie und kochen die Stücke. Am liebsten haben sie es, wenn das Fleisch ganz rot und blutig ist und an den Knochen klebt. Klumpen von Kuhfleisch, aus denen noch das Blut sickert, essen sie besonders gern.»

«Schweine auch?»

«Sie schwärmen für Schweine.»

«Für Klumpen von blutigem Schweinefleisch», murmelte der Junge. «Stell dir das vor. Was essen sie sonst noch, Tante Glosspan?»

«Hühner.»

«Hühner?»

«Millionen davon.»

«Mit Federn und allem?»

«Nein, Liebling. Die Federn nicht. Aber nun lauf hinaus, mein Herzchen, und hole Tante Glosspan ein bißchen Schnittlauch, ja?»

Bald darauf begann der Unterricht. Er umfaßte fünf Fächer – Lesen, Schreiben, Geographie, Rechnen und Kochen –, von denen das letzte bei Lehrerin und Schüler das weitaus beliebteste war. Wie sich nach kurzer Zeit herausstellte, wies Lexington in dieser Hinsicht eine wirklich große Begabung auf. Er war flink und geschickt, der geborene Koch. Seine Pfannen handhabte er wie ein Jongleur, und er konnte eine Kartoffel in zwanzig papierdünne Scheiben schneiden, bevor seine Tante eine andere geschält hatte.

Sein Gaumen war außerordentlich fein entwickelt, und wenn in einer kräftigen Zwiebelsuppe ein einziges Blättchen Salbei war, dann schmeckte er das sogleich heraus. Bei einem so kleinen Jungen waren diese Fähigkeiten etwas verwirrend, und Tante Glosspan wußte offengestanden nicht recht, was sie daraus machen sollte. Trotzdem war sie über die Maßen stolz auf das Kind und prophezeite ihm eine glänzende Zukunft.

«Was für ein Segen», sagte sie, «daß ich einen so entzückenden kleinen Gefährten habe, der mir in meinem hohen Alter zur Seite steht.»

Nach ein paar Jahren zog sie sich endgültig aus der Küche zurück und überließ Lexington die Sorge für sämtliche Mahlzeiten. Der Junge war nun zehn Jahre alt und Tante Glosspan fast achtzig.

V

Als Alleinherrscher in der Küche begann Lexington sofort zu experimentieren. Die alten Lieblingsgerichte interessierten ihn nicht mehr. Ein heftiger Drang zum Schöpferischen beseelte ihn; er hatte Hunderte von neuen Ideen im Kopf. «Ich will damit anfangen, ein Kastaniensoufflé zu erfinden», sagte er, ging an die Arbeit und brachte das Soufflé an demselben Abend auf den Tisch. Es war fabelhaft. «Du bist ein Genie!» rief Tante Glosspan, erhob sich von ihrem Stuhl und küßte ihn auf beide Wangen. «Du wirst Geschichte machen!»

Von nun an verstrich kaum ein Tag, ohne daß er eine leckere neue Schöpfung serviert hätte. Er bereitete Paranußsuppe, Maiskotelett, Gemüseragout, Löwenzahnomelette, Käsecremepfannkuchen, gefüllten Kohl, Schalotten *à la bonne femme, Mousse piquante* von roten Rüben, Stroganoff-Pflaumen, überbackenen Käsetoast, panierte Rübenschnitzel, brennende Tannennadeltorte und viele andere herrliche Gerichte eigener Erfindung. Tante Glosspan erklärte, sie habe nie im Leben so gut gegessen. Jeden Morgen saß sie schon lange vor der Mittagszeit in ihrem Schaukelstuhl auf der Veranda, leckte sich die Lippen, schnüffelte nach den Gerüchen, die aus dem Küchenfenster drangen, und sah mit Spannung der kommenden Mahlzeit entgegen.

«Was machst du denn heute, mein Junge?» fragte sie dann wohl.

«Rate mal, Tante Glosspan.»

«Riecht wie Schwarzwurzelpfannkuchen, finde ich», antwortete sie und schnüffelte angestrengt.

Und dann kam das zehnjährige Kind mit einem kleinen Triumphlächeln heraus, in den Händen einen großen Topf, in dem ein himmlisches Ragout aus Pastinak und Liebstöckel dampfte.

«Weißt du, was du tun solltest?» meinte die Tante, während sie sich das Ragout schmekken ließ. «Du solltest sofort Papier und Bleistift nehmen, dich hinsetzen und ein Kochbuch schreiben.»

Langsam die Pastinakwurzel kauend, blickte Lexington zu ihr hinüber.

«Warum nicht?» rief sie. «Ich habe dich

schreiben gelehrt, und ich habe dich kochen gelehrt, und jetzt brauchst du nur noch beides zu vereinigen. Ja, mein Liebling, du schreibst ein Kochbuch, und das wird dich in der ganzen Welt berühmt machen.»

«Schön», sagte er. «Einverstanden.»

An demselben Tag begann Lexington mit der Niederschrift des monumentalen Werkes, das ihn für den Rest seines Lebens beschäftigen sollte. Er gab ihm den Titel: *Iß gut und gesund.*

VI

Sieben Jahre später hatte der nunmehr Siebzehnjährige etwa neuntausend Rezepte aufgezeichnet, samt und sonders eigene Erfindungen und alle ausgezeichnet.

Dann aber wurde seine Arbeit durch Tante Glosspans tragisches Ende jäh unterbrochen. Eines Nachts hatte sie einen heftigen Anfall, und Lexington, der in ihr Schlafzimmer gestürzt kam, um zu sehen, was der Lärm bedeutete, fand sie auf ihrem Bett liegen, schreiend und fluchend und sich zu allerlei komplizierten Knoten verdrehend. Es war ein entsetzlicher Anblick, und der aufgeregte Jüngling tanzte händeringend in seinem Pyjama um sie herum. Er hatte keine blasse Ahnung, was er tun sollte. In dem Bemühen, sie zu beruhigen, holte er schließlich einen Eimer Wasser aus dem Teich auf der Kuhweide und kippte ihn ihr über den Kopf, was jedoch die Krämpfe nur verstärkte, so daß die alte Dame binnen einer Stunde ihren Geist aufgab.

«Das ist wirklich zu schlimm», sagte der arme Junge und kniff sie ein paarmal, um sich zu vergewissern, daß sie tot war. «Und so plötzlich! So schnell und unerwartet! Vor wenigen Stunden schien es ihr doch noch ausgezeichnet zu gehen, denn sie aß drei große Portionen von meiner neuesten Schöpfung, den Pilzbouletten in Teufelssauce, und sie sagte, es schmecke herrlich.»

Da er seine Tante sehr geliebt hatte, weinte er einige Minuten. Dann riß er sich zusammen, trug sie hinaus und begrub sie hinter dem Kuhstall.

Am nächsten Tag räumte er ihre Sachen auf, und dabei fand er einen Umschlag, der in ihrer Handschrift an ihn adressiert war.

Als er ihn öffnete, kamen zwei Fünfzigdollarnoten und ein Brief zum Vorschein. *Geliebter Junge*, las er, *ich weiß, daß Du immer hier oben gelebt hast, seit Du dreizehn Tage alt warst, und nie ins Tal hinuntergekommen bist. Aber sobald ich tot bin, mußt Du Dir Schuhe und ein sauberes Hemd anziehen und ins Dorf hinunter zum Doktor gehen. Bitte den Doktor, Dir einen Totenschein zu geben, damit Du beweisen kannst, daß ich gestorben bin. Diesen Totenschein bringst Du meinem Rechtsanwalt, einem Mann namens Samuel Zuckermann, der in der Stadt New York lebt und bei dem ich mein Testament hinterlegt habe. M. Zuckermann wird sich um alles kümmern. Das Geld in diesem Brief reicht aus, den Doktor und die Fahrkarte nach New York zu bezahlen. Mr. Zuckermann wird Dir mehr Geld geben, und es ist mein ausdrücklicher Wille, daß Du es dazu verwendest, Dein Studium kulinarischer und vegetarischer Angelegenheiten fortzusetzen. Arbeite weiterhin an Deinem großen Buch, bis Du es in jeder Hinsicht als vollkommen ansiehst. Deine Dich liebende Tante Glosspan.*

Lexington, der immer alles getan hatte, was seine Tante ihm sagte, steckte das Geld ein, zog Schuhe und ein reines Hemd an, ging den Berg hinunter ins Dorf und trug dem Doktor sein Anliegen vor.

«Die alte Glosspan?» rief der Arzt. «Mein Gott, ist sie tot?»

«Ganz gewiß ist sie tot», antwortete der junge Mann. «Wenn Sie mit mir kommen wollen, werde ich sie ausgraben, und dann können Sie sich selbst davon überzeugen.»

«Wie tief haben Sie sie begraben?» erkundigte sich der andere.

«Sechs oder sieben Fuß tief, schätze ich.»

«Und wann?»

«Ach, vor etwa acht Stunden.»

«Dann ist sie tot», sagte der Arzt. «Hier ist der Totenschein.»

VII

Unser Held machte sich auf den Weg nach der Stadt New York, um Mr. Zuckermann aufzusuchen. Er reiste zu Fuß, schlief hinter Hecken, lebte von Beeren und wilden Kräutern und brauchte sechzehn Tage, um die Metropole zu erreichen.

«Was für ein erstaunlicher Ort», rief er, als er an der Ecke der Siebenundfünfzigsten Straße und der Fifth Avenue Umschau hielt. «Nirgends Kühe, nirgends Hühner, und von all den vielen Frauen sieht keine wie Tante Glosspan aus.»

Was Mr. Zuckermann betraf, so ließ auch er sich mit nichts vergleichen, was Lexington je gesehen hatte.

Der Anwalt war ein schwammiger kleiner Mann mit fahlen Wangen und einer riesigen blauroten Nase, und wenn er lächelte, schossen aus seinem Mund herrliche goldene Blitze. In seinem vornehm eingerichteten Büro drückte er Lexington warm die Hand und gratulierte ihm zum Tod seiner Tante.

«Ich nehme an, Sie wissen, daß Ihre hochverehrte Pflegemutter eine sehr wohlhabende Frau war?» fragte er.

«Meinen Sie die Kühe und die Hühner?»

«Ich meine eine halbe Million Dollar», sagte Mr. Zuckermann.

«Wieviel?»

«Eine halbe Million, mein Junge. Und dieses Vermögen hat sie Ihnen vermacht.» Mr. Zuckermann lehnte sich in seinem Stuhl zurück und faltete die Hände über dem wabbeligen Bauch. Gleichzeitig schob er heimlich den rechten Zeigefinger durch die Weste und unter das Hemd, um sich in der Nabelgegend zu kratzen – eine Beschäftigung, die ihm besonderen Genuß bereitete. «Natürlich muß ich fünfzig Prozent für meine Bemühungen abziehen», fügte er hinzu, «aber zweihundertfünfzigtausend bleiben immerhin für Sie übrig.»

«Ich bin reich!» rief Lexington. «Wie herrlich! Wann kann ich das Geld haben?»

«Nun», sagte Mr. Zuckermann, «zum Glück stehe ich mit den Steuerbehörden hier in der Gegend auf ziemlich freundschaftlichem Fuß, und so werde ich sie wohl überreden können, daß sie auf alle Erbschaftssteuern und sonstigen Abgaben verzichten.»

«Das ist sehr freundlich von Ihnen», murmelte Lexington.

«Natürlich werde ich dem zuständigen Herrn ein kleines Honorar zahlen müssen.»

«Tun Sie, was Sie für richtig halten, Mr. Zuckermann.»

«Ich denke, hunderttausend werden genügen.»

«Du lieber Himmel, ist das nicht *sehr* viel?»

«Bei Steuerinspektoren und Polizisten darf man sich nie knauserig zeigen», erklärte Mr. Zuckermann. «Merken Sie sich das für die Zukunft.»

«Und was bleibt für mich übrig?» fragte der Jüngling in sanftem Ton.

«Einhundertfünfzigtausend. Aber davon gehen noch die Begräbniskosten ab.»

«*Begräbniskosten?*»

«Sie müssen das Bestattungsinstitut bezahlen. Ist Ihnen das nicht bekannt?»

«Ich habe sie doch selbst begraben, Mr. Zuckermann. Hinter dem Kuhstall.»

«Daran zweifle ich nicht», erwiderte der Rechtsanwalt. «Trotzdem...»

«Ich habe kein Bestattungsinstitut in Anspruch genommen.»

«Hören Sie», sagte Mr. Zuckermann geduldig. «Sie werden es vielleicht nicht wissen, aber wir haben in dieser Stadt ein Gesetz, demzufolge kein Testamentserbe einen Pfennig vom Nachlaß bekommt, solange die

Begräbniskosten nicht restlos beglichen sind.»

«Das ist ein *Gesetz*?»

«Allerdings, und zwar ein sehr gutes. Die Bestattungsinstitute gehören zu unseren großen nationalen Errungenschaften und müssen unter allen Umständen geschützt werden.»

Mit einer Gruppe auf das Gemeinwohl bedachter Ärzte leitete Mr. Zuckermann selbst ein Unternehmen dieser Art, das in der Stadt neun luxuriös eingerichtete Institute besaß, ganz zu schweigen von einer Sargfabrik in Brooklyn und einer Fortbildungsschule für Einbalsamierer in Washington Heights. Folglich waren feierliche Beisetzungen in Mr. Zuckermanns Augen eine durch und durch religiöse Angelegenheit. Ja, das alles bewegte ihn tief – fast so tief, möchte man sagen, wie die Geburt Jesu Christi den Krämer.

«Sie hatten kein Recht, hinzugehen und Ihre Tante auf diese Weise zu beerdigen», erklärte er. «Absolut kein Recht.»

«Es tut mir sehr leid, Mr. Zuckermann.»

«Gerade umstürzlerisch ist das.»

«Ich will ja alles tun, was Sie sagen, Mr. Zuckermann. Aber ich möchte gern wissen, wieviel mir bleibt, wenn auch das erledigt ist.»

Eine Pause entstand. Mr. Zuckermann seufzte, runzelte die Stirn und fuhr insgeheim fort, mit der Fingerspitze den Rand seines Nabels zu bearbeiten.

«Wie wär's mit fünfzehntausend?» schlug er vor und ließ ein breites goldenes Lächeln aufblitzen. «Das ist eine hübsche, runde Summe.»

«Kann ich das Geld gleich mitnehmen?»

«Bitte sehr, wie Sie wünschen.»

Mr. Zuckermann rief seinen Kassierer und wies ihn an, Lexington aus der Kleingeldkasse fünfzehntausend Dollar gegen Quittung zu verabfolgen. Der Jüngling, der mittlerweile froh war, überhaupt etwas zu bekommen, nahm das Geld dankbar an und steckte es in sein Ränzel. Dann schüttelte er Mr. Zuckermann die Hand, dankte ihm herzlich für seine Hilfe und verließ das Büro.

«Die Welt gehört mir!» rief unser Held, als er auf die Straße hinaustrat. «Jetzt habe ich fünfzehntausend Dollar, von denen ich leben kann, bis mein Buch erschienen ist. Und dann werde ich natürlich noch viel mehr haben.» Er stand vor Mr. Zuckermanns Haus und überlegte, in welche Richtung er gehen sollte. Schließlich wandte er sich nach links, schlenderte gemächlich die Straße hinunter und bewunderte die Sehenswürdigkeiten der Großstadt.

«Was für ein widerwärtiger Geruch», sagte er schnüffelnd. «Das ist ja nicht auszuhalten.» Für seine empfindlichen Geruchsnerven, die nur an die köstlichsten Küchendüfte gewöhnt waren, bedeutete der Gestank der aus den Omnibussen dringenden Auspuffgase eine wahre Folter.

«Nur fort von hier, bevor meine Nase völlig ruiniert ist», murmelte er. «Aber zuerst muß ich etwas zu essen haben. Ich sterbe vor Hunger.» Der arme Junge hatte in den letzten Wochen nur von Beeren und wilden Kräutern gelebt, und sein Magen schrie nach einer soliden Mahlzeit. Jetzt hätte ich gern ein hübsches Maiskotelett, dachte er, oder vielleicht ein paar saftige Schwarzwurzelpfannkuchen.

Er überquerte die Straße und trat in ein

kleines Restaurant. Drinnen war es heiß, dunkel und still. Ein durchdringender Geruch nach Bratfett und Kohlwasser erfüllte die Luft. Der einzige Gast, ein Mann mit einem braunen Hut auf dem Kopf, saß hingegeben über sein Essen gebeugt und sah bei Lexingtons Eintritt nicht auf.

Unser Held nahm an einem Ecktisch Platz und hängte sein Ränzel über die Stuhllehne. Das wird höchst interessant, sagte er sich. Zeit meines Lebens, also siebzehn Jahre lang, habe ich nur Gerichte gegessen, die Tante Glosspan oder ich gekocht hatten – abgesehen natürlich von der Milch, die mir McPottle gewärmt haben muß, solange ich ihr anvertraut war. Jetzt aber habe ich Gelegenheit, die Kunst eines neuen Küchenchefs zu begutachten, und mit einigem Glück springen dabei vielleicht ein paar nützliche Anregungen für mein Buch heraus.

Ein Kellner löste sich aus dem Schatten des Hintergrundes und blieb neben dem Tisch stehen.

«Guten Tag», sagte Lexington. «Ich möchte, bitte, ein großes Maiskotelett haben. Braten Sie es in einer sehr heißen Pfanne fünfundzwanzig Sekunden auf jeder Seite, richten Sie es mit saurer Sahne an und streuen Sie vor dem Servieren eine Prise Liebstöckel darüber – es sei denn, daß Ihr Chef eine originellere Methode hat, die kennenzulernen ich natürlich entzückt wäre.»

Der Kellner legte den Kopf schräg und starrte seinen Gast mißtrauisch an. «Schnitzel mit Kohl können Sie haben», erwiderte er. «Etwas anderes ist nicht mehr da.»

«Schnitzel? Was für ein Schnitzel?»

Der Kellner zog ein schmutziges Taschentuch heraus, das er an einem Zipfel faßte und wie eine Peitsche heftig durch die Luft schlug. Dann schneuzte er sich laut und ausgiebig.

«Wollen Sie's nehmen oder nicht?» fragte er, während er sich die Nase wischte.

«Ich habe keine Ahnung, woraus dieses Schnitzel besteht», antwortete Lexington, «aber ich würde es gern kosten. Wissen Sie, ich schreibe nämlich ein Kochbuch und...»

«Ein Schnitzel mit Kohl!» schrie der Kellner, und irgendwo in den hinteren Räumen des Restaurants wiederholte eine ferne Stimme die Bestellung.

Der Kellner verschwand. Lexington holte sein Messer und seine Gabel aus dem Ränzel. Tante Glosspan hatte ihm das Besteck aus schwerem Silber zu seinem sechsten Geburtstag geschenkt, und seither hatte er nie ein anderes benutzt. Während er auf das Essen wartete, polierte er Messer und Gabel sorgfältig mit einem Lappen aus weichem Musselin. Bald erschien der Kellner mit einem Teller, auf dem eine dicke goldbraune Scheibe dampfte. Lexington beugte sich vor und schnupperte neugierig an dem unbekannten Gericht. Seine Nasenflügel blähten sich zitternd, um den Geruch aufzunehmen.

«Aber das ist ja himmlisch!» rief er aus. «Dieses köstliche Aroma! Phantastisch!»

Der Kellner trat einen Schritt zurück, ohne seinen Gast aus den Augen zu lassen.

«Nie im Leben habe ich etwas so herrlich Würziges gerochen», erklärte unser Held und griff nach seinem Besteck. «Woraus ist denn das nur gemacht?»

Der Mann mit dem braunen Hut drehte sich um, glotzte den Jüngling an und aß dann weiter. Der Kellner steuerte im Rückwärtsgang auf die Küche zu.

Lexington schnitt ein Stückchen von der dampfenden Scheibe ab, spießte es auf seine silberne Gabel und führte es an die Nase, um noch einmal daran zu riechen. Dann steckte er es in den Mund und begann langsam zu kauen, mit halbgeschlossenen Augen und gespanntem Körper.

«Wunderbar!» rief er. «Ein ganz neuer Geschmack! O Glosspan, geliebte Tante, wärst du doch bei mir und könntest dieses bemerkenswerte Gericht kosten! Kellner! Kommen Sie schnell her! Ich brauche Sie!»

Der eingeschüchterte Kellner beobachtete ihn vom anderen Ende des Raumes und schien nicht gewillt, dem Ruf zu folgen.

«Wenn Sie herkommen und mit mir reden, schenke ich Ihnen dies», sagte Lexington und schwenkte eine Hundertdollarnote. «Bitte, kommen Sie, ich muß Sie etwas fragen.» Vorsichtig schlich sich der Kellner an den Tisch heran, griff hastig nach dem Geldschein, hielt ihn dicht vor die Augen, betrachtete ihn von allen Seiten und ließ ihn dann in der Tasche verschwinden.

«Was kann ich für Sie tun, lieber Freund?» erkundigte er sich.

«Hören Sie zu», antwortete Lexington, «wenn Sie mir mitteilen, woraus dieses köstliche Gericht besteht und wie es zubereitet wird, dann gebe ich Ihnen noch einmal hundert Dollar.»

«Ich hab's Ihnen doch schon gesagt. Es ist Schnitzel.»

«Und was ist Schnitzel?»

«Haben Sie denn noch nie Schnitzel gegessen?» Der Kellner sah ihn verwundert an.

«Sagen Sie mir um Himmels willen, was es ist, und spannen Sie mich nicht so auf die Folter.»

«Schweinefleisch ist es», erwiderte der Kellner. «Man braucht's nur in die Pfanne zu legen.»

«*Schweinefleisch?* Ist das wahr?»

«Dafür kann ich Ihnen garantieren.»

«Aber... aber... das ist unmöglich», stammelte der Jüngling. «Tante Glosspan, die mehr von solchen Dingen verstand als sonst jemand auf der Welt, hat immer behauptet, daß Fleisch jeder Art abscheulich sei, ekelerregend, schrecklich, widerwärtig, mit einem Wort ungenießbar. Und doch ist das Stück hier auf meinem Teller zweifellos das Lekkerste, was ich je gekostet habe. Wie in aller Welt erklären Sie sich das? Tante Glosspan hätte mir gewiß nicht gesagt, es sei widerlich, wenn es nicht so wäre.»

«Vielleicht hat Ihre Tante das Fleisch nicht richtig zubereitet», meinte der Kellner.

«Ist das möglich?»

«Aber ja. Besonders bei Schwein, Schwein muß sehr sorgfältig zubereitet werden, sonst kann man's nicht essen.»

«Heureka!» rief Lexington. «Ich wette, genauso war es! Sie hat es falsch gemacht!» Er drückte dem Mann einen zweiten Hundertdollarschein in die Hand. «Führen Sie mich in die Küche», bat er, «und stellen Sie mich dem Genie vor, das dieses Gericht zubereitet hat.»

Sofort wurde Lexington in die Küche geleitet, wo er den Koch kennenlernte, einen älteren Mann mit einem Hautausschlag auf einer Seite des Halses.

«Sie müssen aber noch einen Hunderter herausrücken», bemerkte der Kellner.

Lexington tat das mit größter Bereitwilligkeit, doch diesmal gab er das Geld dem Koch. «Hören Sie», sagte er, «ich muß gestehen, daß ich von dem, was mir der Kellner erzählt hat, ganz verwirrt bin. Sind Sie wirklich sicher, daß jenes köstliche Gericht, das ich soeben verzehrt habe, aus Schweinefleisch gemacht war?»

Der Koch hob die rechte Hand und kratzte sich an seinem Ausschlag.

«Nun», antwortete er und blinzelte dabei dem Kellner listig zu, «ich kann nur so viel sagen, daß ich *glaube*, es war Schweinefleisch.»

«Sie meinen, Sie wissen es nicht genau?»

«Genau weiß man so etwas nie.»

«Was könnte es denn sonst gewesen sein?» fragte Lexington interessiert.

«Hm…» Der Koch sprach sehr langsam und blickte den Kellner unverwandt an. «Sehen Sie, es besteht immerhin die Möglichkeit, daß es ein Stück Mensch war.»

«Von einem Mann?»

«Ja.»

«Du lieber Himmel.»

«Vielleicht auch von einer Frau. Der Geschmack ist in beiden Fällen der gleiche.»

«Nun, das ist wirklich überraschend», meinte der Jüngling.

«Man lernt nie aus.»

«Ja, das stimmt.»

«Erst kürzlich haben uns die Metzger große Mengen davon statt Schweinefleisch geliefert», erklärte der Koch.

«Tatsächlich?»

«Das Schlimme ist, daß man nie weiß, welches welches ist. Gut ist beides.»

«Das Stück, das ich hatte, war einfach herrlich.»

«Freut mich, daß es Ihnen geschmeckt hat», erwiderte der Koch. «Aber um ehrlich zu sein, ich denke, es war vom Schwein. Ich bin sogar ziemlich sicher.»

«Ja?» – «Ja, wirklich.»

«Dann wollen wir also annehmen, daß Sie recht haben», sagte Lexington. «Würden Sie mir jetzt wohl erzählen – und hier sind nochmals hundert Dollar für Ihre Mühe – würden Sie mir, bitte, genau erzählen, wie Sie es zubereitet haben?»

Nachdem der Koch das Geld eingesteckt hatte, erging er sich in einer anschaulichen Beschreibung, wie man ein Schweineschnitzel klopft, paniert und brät, während sich der Jüngling, um kein Wort von diesem großartigen Rezept zu verlieren, an den Küchentisch setzte und jede Einzelheit in seinem Notizbuch festhielt.

«Ist das alles?» fragte er, als der Koch seinen Vortrag beendet hatte.

«Das ist alles.»

«Aber gewiß gehört doch noch mehr dazu?»

«Vor allem brauchen Sie natürlich ein gutes Stück Fleisch», belehrte ihn der Koch. «Dann haben Sie schon halb gewonnen. Das Schwein muß erstens gesund und zweitens vorschriftsmäßig geschlachtet sein, sonst schmeckt es scheußlich, ganz gleich, wie Sie es zubereiten.»

«Machen Sie es mir vor», bat Lexington. «Schlachten Sie eins, damit ich es lerne.»

«In der Küche schlachten wir keine Schweine», erklärte der Koch. «Das Fleisch, von dem Sie gegessen haben, stammt aus dem Schlachthaus.»

«Dann geben Sie mir die Adresse.»

Der Koch gab sie ihm. Unser Held dankte den beiden vielmals für ihre Freundlichkeit, lief hinaus, sprang in ein Taxi und fuhr zum Schlachthaus.

VIII

Das Schlachthaus war ein großes vierstöckiges Backsteingebäude, dem ein eigenartiger Geruch entströmte, süßlich und schwer wie Moschus. Am Haupteingang hing ein Schild mit der Aufschrift: *Besichtigung jederzeit*. Dadurch ermutigt, ging Lexington hinein und gelangte auf einen Hof mit Kopfsteinpflaster, der das Haus umgab. Er folgte einer Reihe von Wegweisern (*Zu den Führungen*) und kam schließlich zu einer vom Hauptgebäude getrennten Wellblechbude (*Warteraum für Besucher*). Nach höflichem Anklopfen trat er ein.

In dem Raum befanden sich bereits sechs Personen: eine dicke Mutter mit zwei kleinen Jungen von etwa neun und elf Jahren; ein junges Paar mit strahlenden Augen – die beiden schienen noch in den Flitterwochen zu sein –; und eine blasse Frau, die lange weiße Handschuhe trug, sehr aufrecht saß, starr vor sich hin blickte und die Hände im Schoß gefaltet hatte. Niemand sprach. Lexington überlegte, ob sie wohl alle, wie er, Kochbücher schrieben, doch als er die Frage laut an sie richtete, bekam er keine Antwort. Die Erwachsenen lächelten nur geheimnisvoll und schüttelten den Kopf, während die beiden Kinder ihn wie einen Verrückten anstarrten.

Bald darauf öffnete sich die Tür. Ein Mann mit einem lustigen roten Gesicht stand auf der Schwelle und sagte: «Die nächsten, bitte.» Die Mutter erhob sich und ging mit den beiden Jungen hinaus.

Nach zehn Minuten kam der Mann zurück. «Die nächsten, bitte», sagte er, und die Jungvermählten sprangen auf.

Zwei neue Besucher traten ein und setzten sich – ein Mann in mittleren Jahren und seine ungefähr gleichaltrige Frau, die einen Einkaufskorb mit Lebensmitteln bei sich hatte.

«Die nächsten, bitte», sagte der Führer wieder, und die Frau mit den langen weißen Handschuhen stand auf.

Mehrere Leute kamen herein und nahmen auf den steiflehnigen Holzstühlen Platz.

Bald erschien der Führer zum viertenmal, und nun war Lexington an der Reihe.

«Folgen Sie mir bitte», sagte der Mann

und ging mit dem Jüngling über den Hof auf das Hauptgebäude zu.

«Wie aufregend das ist!» Lexington hüpfte von einem Fuß auf den anderen. «Ich wollte nur, meine liebe Tante Glosspan könnte das alles mit mir zusammen erleben.»

«Ich mache nur den ersten Teil der Führung», erklärte sein Begleiter. «Danach reiche ich Sie weiter.»

«Ganz wie Sie meinen», rief der begeisterte Jüngling.

Sie gelangten zu einem großen eingezäunten Platz hinter dem Hauptgebäude, wo einige hundert Schweine herumliefen. «Hier fängt's an», sagte der Führer, «und dann werden sie da drüben hineingetrieben.»

«Wo?»

«Dort.» Der Mann deutete auf einen langen Holzschuppen an der Außenwand des Gebäudes. «Wir nennen es den Kettenpferch. Kommen Sie bitte.»

Als Lexington und der Führer sich näherten, waren drei Männer in hohen Gummistiefeln gerade dabei, ein Dutzend Schweine in den Pferch zu treiben, und so gingen die beiden gleich mit hinein.

«Passen Sie auf», sagte der Führer, «jetzt werden die Tiere angekettet.»

Der Schuppen hatte Holzwände und kein Dach. An der einen Wand, parallel zum Fußboden, war in etwa drei Fuß Höhe ein Stahlkabel mit Haken angebracht, das in ständiger langsamer Bewegung war. Am Ende des Schuppens wechselte es die Richtung, stieg senkrecht zur Dachöffnung hinauf und weiter zum obersten Stockwerk des Hauptgebäudes.

Die zwölf Schweine, die sich in der Nähe des Eingangs zusammendrängten, standen unbeweglich und blickten furchtsam umher. Einer der Männer in Gummistiefeln nahm eine Eisenkette von der Wand, ging damit von hinten auf eines der Schweine zu, bückte sich und schlang ihm rasch ein Ende der Kette ums Hinterbein. Das andere Kettenende befestigte er an einem Haken des vorbeilaufenden Kabels. Die Kette straffte sich. Das Bein des Tieres wurde hochgezerrt und nach hinten gezogen, und das Schwein kam ins Rutschen. Es fiel jedoch nicht hin, denn es war ein ziemlich gelenkiges Schwein und brachte es irgendwie fertig, im Gleichgewicht zu bleiben, während es auf drei Beinen hüpfte und sich gegen die ziehende Kette wehrte. Aber das Tier glitt immer weiter rückwärts, bis es am Ende des Schuppens, wo das Kabel die Richtung änderte und senkrecht nach oben führte, plötzlich den Boden unter den Füßen verlor und aufwärts schwebte. Schrilles Protestgequieke erschallte.

«Das ist wirklich faszinierend», sagte Lexington. «Aber was hat da so merkwürdig gekracht, als es in die Luft gezogen wurde?»

«Wahrscheinlich das Bein», antwortete der Führer. «Oder das Becken.»

«Macht das nichts aus?»

«Was soll es ausmachen?» meinte der andere. «Die Knochen ißt man ja nicht.»

Die Männer in Gummistiefeln beeilten sich, auch die übrigen Schweine anzuketten; eines nach dem anderen wurde an das laufende Kabel gehakt und schwebte unter lautem Protestgeschrei himmelwärts.

«Zu diesem Rezept gehört ein gut Teil mehr als Kräuterpflücken», sagte Lexington. «Tante Glosspan hätte das nie geschafft.»

Während Lexington nach oben schaute, wo soeben das letzte Schwein entschwand, näherte sich ihm von hinten ein Mann in Gummistiefeln, schlang eine Kette um das Fußgelenk des Jünglings und hakte das andere Ende an das laufende Kabel. Bevor unser Held wußte, wie ihm geschah, fiel er um und wurde über den Betonboden des Kettenpferchs geschleift.

«Halt!» schrie er. «Alles anhalten! Mein Bein ist in die Kette gekommen.»

Niemand schien ihn zu hören, und fünf Sekunden später wurde der unglückselige junge Mann vom Fußboden hochgerissen und stieg durch das offene Dach des Schuppens nach oben, hilflos an einem Knöchel hängend und wie ein Fisch zappelnd.

«Hilfe!» brüllte er. «Hilfe! Ein Irrtum! Ein furchtbarer Irrtum! Haltet die Maschinen an! Laßt mich runter!»

Der Führer nahm die Zigarre aus dem Mund, sah gelassen zu, wie der Jüngling rasch gen Himmel fuhr, und sagte kein Wort. Die Männer in Gummistiefeln waren schon damit beschäftigt, die nächste Gruppe Schweine in den Pferch zu treiben.

«Rettet mich!» kreischte unser Held. «Laßt mich runter! Bitte laßt mich runter!» Aber er näherte sich bereits dem obersten Stockwerk des Gebäudes, wo sich das Kabel wie eine Schlange krümmte und auf eine Öffnung in der Wand zulief, auf eine Art Tor ohne Türflügel. Und dort, zum Empfang bereit, anzusehen wie Petrus an der Himmelspforte, stand in einer fleckigen gelben Gummischürze der Schlächter.

Lexington, der mit dem Kopf nach unten hing, sah ihn verkehrt herum – und auch das nur kurz –, doch er bemerkte sofort den Ausdruck friedlichen Wohlwollens, das freundliche Blinzeln der Augen, das leichte nachdenkliche Lächeln, die Grübchen in den Wangen – und das alles erfüllte ihn mit Hoffnung.

«Hallo», grüßte der Schlächter freundlich.

«Schnell! Retten Sie mich!» schrie unser Held.

«Mit Vergnügen», antwortete der Schlächter, nahm Lexington mit der linken Hand sanft am Ohr, hob die Rechte und schnitt ihm mit einem Messer die Halsschlagader durch.

Das Kabel lief mit Lexington weiter. Für den Jüngling stand alles kopf, und das Blut, das aus seiner Kehle drang, floß ihm in die Augen, aber er konnte trotzdem so einigermaßen sehen. Er hatte den verschwommenen Eindruck, in einem sehr langen Raum zu sein, an dessen anderem Ende sich ein riesiger dampfender Wasserkessel befand. Dunkle, halb vom Dampf verhüllte Gestalten tanzten um den Behälter herum und schwenkten lange Stangen. Das Förderband führte offenbar über den Kessel hinweg, und wenn Lexington sich nicht täuschte, wurden die Schweine eines nach dem anderen in das kochende Wasser getaucht. Eines der Tiere schien an den Vorderbeinen lange weiße Handschuhe zu tragen.

Unser Held fühlte sich plötzlich sehr schläfrig, aber erst als sein gutes, kräftiges Herz den letzten Blutstropfen aus seinem Körper gepumpt hatte, ging er aus dieser, der besten aller möglichen Welten, in die nächste über.

Der Weltmeister

Den ganzen Tag – das heißt, soweit die Kunden uns Zeit dazu ließen – hatten wir im Büro der Tankstelle am Tisch gehockt und die Rosinen präpariert. Sie waren dick und weich, weil sie in Wasser gelegen hatten, und wenn man sie mit einer Rasierklinge ritzte, sprang die Haut auf, und das gelbe Fleisch quoll heraus. Alles ging so glatt, wie man es nur wünschen konnte.

Aber es handelte sich um insgesamt hundertsechsundneunzig Stück, und so wurden wir erst am späten Nachmittag fertig.

«Sehen sie nicht herrlich aus?» rief Claud und rieb sich die Hände. «Wie spät ist es, Gordon?»

«Kurz nach fünf.»

Durch das Fenster sahen wir einen Kombiwagen an den Pumpen vorfahren. Er wurde von einer Frau gelenkt, und hinten saßen acht oder neun Kinder, die Eis schleckten.

«Wir müssen bald aufbrechen», sagte

Claud. «Die ganze Geschichte wird ein Reinfall, wenn wir nicht vor Sonnenuntergang draußen sind, das ist dir wohl klar.» Zweifellos, er fing an, nervös zu werden. Sein Gesicht hatte den gleichen aufgeregten, etwas glotzäugigen Ausdruck wie vor einem Hunderennen oder einem abendlichen Rendezvous mit Clarice.

Wir gingen beide hinaus, und Claud gab der Frau so viele Gallonen Benzin, wie sie verlangte. Als sie fort war, blieb er mitten auf dem Fahrweg stehen und blinzelte besorgt zu der Sonne hinauf, die nur noch eine Handbreit von der Baumlinie des Hügelrükkens auf der anderen Talseite entfernt war.

«Schön», sagte ich, «schließ ab.»

Er ging rasch von Pumpe zu Pumpe und befestigte jeden Schlauch mit einem kleinen Vorhängeschloß am Halter.

«Diesen gelben Pullover solltest du lieber ausziehen», meinte er.

«Warum denn?»

«Weil du sonst im Mondschein wie ein verdammter Leuchtturm wirkst.»

«Es wird schon gehen.»

«Wird es nicht», widersprach er. «Tu mir

den Gefallen, Gordon, zieh ihn aus. Wir treffen uns in drei Minuten.» Er verschwand in seinen Wohnwagen hinter der Tankstelle, und ich ging hinein, um meinen gelben Pullover mit einem blauen zu vertauschen.

Als ich zurückkam, hatte Claud schwarze Hosen an und einen dunkelgrünen Sweater mit Rollkragen. Auf dem Kopf trug er eine braune Stoffmütze, deren Schirm er tief in die Stirn gezogen hatte. Er sah aus wie ein Apachendarsteller aus einem Nachtklub.

«Was hast du da drunter?» fragte ich und deutete auf einen Wulst um seine Hüften.

Er zog den Sweater hoch und zeigte mir zwei schmale, aber sehr lange, weiße Baumwollsäcke, die fest um seinen Bauch gebunden waren. «Für den Transport», antwortete er in geheimnisvollem Ton.

«Aha.»

«Gehen wir», sagte er.

«Ich bin noch immer dafür, den Wagen zu nehmen.»

«Viel zu riskant. Man würde ihn stehen sehen.»

«Bis zum Wald sind's aber reichlich drei Meilen.»

«Ja», bestätigte er. «Die Sache ist nur so, daß wir jeder sechs Monate ins Kittchen kommen, wenn sie uns erwischen.»

«Davon hast du mir gestern nichts gesagt.»

«Nein?»

«Ich gehe nicht mit», erklärte ich. «Das lohnt sich nicht.»

«Ach was, der Spaziergang wird dir guttun, Gordon. Komm nur.»

Es war ein stiller, sonniger Abend. Kleine, leuchtendweiße Wolkenstreifen hingen unbeweglich am Himmel, und das Tal war kühl und sehr ruhig, als wir am Grasrand der Straße entlangwanderten, die zwischen den Hügeln nach Oxford führt.

«Hast du die Rosinen?» fragte Claud.

«Ja, in der Tasche.»

Zehn Minuten später bogen wir von der Hauptstraße nach links ab, und nun ging es auf einem schmalen Weg zwischen hohen Hecken bergan.

«Wie viele Wildhüter sind dort?» erkundigte ich mich.

«Drei.»

Claud warf seine halb aufgerauchte Zigarette weg und zündete sich sofort eine neue an.

«Im allgemeinen bin ich nicht für neue Methoden zu haben», sagte er. «Jedenfalls nicht bei so was.» – «Natürlich.»

«Aber bei Gott, Gordon, ich glaube, diesmal wird's ein Treffer.»

«Meinst du?»

«Gar keine Frage.»

«Hoffentlich hast du recht.»

«Wir werden einen neuen Meilenstein in der Geschichte des Wilderns errichten», schwärmte er. «Aber du darfst keiner Menschenseele erzählen, wie wir's angefangen haben, verstehst du? Denn wenn das durchsickert, wird's jeder Dummkopf in der Gegend ebenso machen, und dann bleibt nicht ein Fasan übrig.»

«Kein Wort verrate ich.»

«Du kannst sehr stolz auf dich sein», fuhr er fort. «Jahrhundertelang haben sich kluge Männer mit diesem Problem beschäftigt, und keiner von ihnen ist jemals auf eine Idee gekommen, die auch nur halb so schlau war wie deine. Warum hast du mir nicht schon eher davon erzählt?»

«Du hast mich nie nach meiner Meinung gefragt», erwiderte ich.

Und so war es. Bis zum Tage zuvor hatte Claud nie mit mir über das geheiligte Thema, nämlich das Wildern, gesprochen. Oft genug hatte ich an Sommerabenden beobachtet, wie er nach getaner Arbeit mit der Mütze auf dem Kopf aus seinem Wohnwagen schlüpfte und in Richtung der Wälder verschwand. Wenn ich ihm vom Bürofenster aus nachschaute, hatte ich mich mitunter gefragt, was er wohl vorhabe, was für hinterlistige Streiche er dort oben im stockdunklen Wald verüben wolle. Selten kam er vor Mitternacht zurück, und nie, schlechterdings nie, brachte er bei seiner Heimkehr Beute mit. Und doch – ich hatte keine Ahnung, wie er das machte – hing am nächsten Tag immer ctwas zu essen in unserer Vorratskammer – ein Fasan, ein Hase oder ein Paar Rebhühner.

In diesem Sommer war Claud besonders rührig gewesen, und in den letzten beiden Monaten hatte er sein Tempo derart gesteigert, daß er wöchentlich vier oder fünf solcher Ausflüge unternahm. Und das war noch nicht alles. Mir schien, daß sich seine Einstellung zum Wildern neuerdings auf eine subtile, mysteriöse Weise verändert hatte. Er kam mir so zielbewußt, verschlossen, ja verbissen vor wie noch nie, und ich hatte den Eindruck, es handle sich nicht mehr um eine Spielerei, sondern um einen Kreuzzug, um eine Art Privatkrieg, den Claud ganz allein gegen einen unsichtbaren, verhaßten Feind führte.

Aber gegen wen?

Ich war meiner Sache nicht sicher, hatte jedoch den Verdacht, es sei kein anderer als Mr. Hazel, der berühmte Mr. Victor Hazel, dem die Wälder und die Fasanen gehörten. Dieser Herr, der Besitzer einer großen Brauerei, zeichnete sich durch unglaubliche Arroganz aus und war über alle Maßen reich. Seine Ländereien erstreckten sich meilenweit auf beiden Seiten des Tales. Er war ein Selfmademan ohne jeglichen Charme und mit bemerkenswert wenigen Vorzügen, verachtete alle Menschen in untergeordneter Stellung, obgleich er selbst einmal zu ihnen gehört hatte, und machte verzweifelte Anstrengungen, in jene Gesellschaftskreise zu gelangen, die er für die richtigen hielt. Er veranstaltete Parforcejagden, gab große Jagdgesellschaften, trug phantastische Westen und fuhr an jedem Wochentag auf dem Weg zur Fabrik in seinem riesigen schwarzen Rolls-Royce an unserer Tankstelle vorüber. Manchmal erspähten wir dann für einen Moment über dem Lenkrad sein feistes, glänzendes Brauergesicht, rot wie ein Schinken, aufgedunsen und erhitzt von übermäßigem Biergenuß.

Um auf Claud zurückzukommen – tags zuvor hatte er ganz unvermittelt zu mir gesagt: «Ich gehe heute abend wieder in Hazels Wälder hinauf. Willst du mich nicht begleiten?»

«Ich?»

«Für dieses Jahr wird's dann wohl aus sein mit Fasanen», fügte er hinzu. «Die Jagd wird am Sonnabend eröffnet, und später sind die Vögel in alle Winde verstreut – sofern welche übrigbleiben.»

«Warum diese plötzliche Einladung?» fragte ich mißtrauisch.

«Kein besonderer Grund, Gordon. Gar keiner.»

«Ist es gefährlich?»

Darauf gab er mir keine Antwort.

«Ich nehme an, du hast da oben eine Flinte oder so was versteckt?»

«Eine Flinte!» rief er entsetzt. «Kein Mensch *schießt* Fasanen, weißt du das nicht? In Hazels Wäldern brauchst du nur eine Kinderpistole abzufeuern, und schon fallen die Wildhüter über dich her.»

«Wie machst du's denn sonst?»

«Ach», sagte er nur und senkte geheimnistuerisch die Lider. Erst nach längerem Schweigen sprach er weiter. «Traust du dir zu, daß du den Mund halten kannst, wenn ich dir das eine oder andere erzähle?»

«Ganz entschieden.»

«Noch nie in meinem Leben habe ich jemandem ein Wort davon gesagt, Gordon.»

«Ich fühle mich sehr geehrt», antwortete ich. «Du kannst dich vollständig auf mich verlassen.»

Er wandte den Kopf und blickte mich mit seinen blassen Augen an. Sie waren groß und feucht wie die eines Ochsen und so dicht vor mir, daß ich im Zentrum, verkehrt herum gespiegelt, mein Gesicht sah.

«Ich werde dir jetzt die drei besten Arten

der Welt schildern, Fasanen ohne Flinte zu erlegen», begann er. «Und da du auf diesem kleinen Spaziergang mein Gast bist, darfst du bestimmen, wie wir es heute machen wollen. Einverstanden?»

«Dahinter steckt etwas.»

«Nichts steckt dahinter, Gordon. Ich schwöre.»

«Gut. Also weiter.»

«Paß auf», fuhr er fort, «hier kommt das erste große Geheimnis.» Er hielt inne, um kräftig an seiner Zigarette zu ziehen. «Fasanen», flüsterte er, «sind *wild* auf Rosinen.»

«Rosinen?»

«Auf gewöhnliche Rosinen. Das ist bei ihnen geradezu eine Manie. Mein Vater hat das vor mehr als vierzig Jahren entdeckt. Und er hat auch alle drei Methoden entdeckt, die ich dir jetzt beschreiben werde.»

«Hast du nicht mal gesagt, daß dein Vater ein Säufer war?»

«Allerdings. Aber er war auch ein großer Wilderer, Gordon. Vielleicht der größte, den es je in der Geschichte Englands gegeben hat. Mein Vater studierte das Wildern wie eine Wissenschaft.»

«Tatsächlich?»

«Es ist mein Ernst, Gordon. Mein voller Ernst.»

«Ich glaub dir's ja.»

«Weißt du», erzählte er weiter, «mein Vater hielt immer eine Schar junger Hähne auf unserem Hof. Nur zu Versuchszwecken.»

«Hähne?»

«Ganz recht. Und sooft er sich etwas Neues ausgedacht hatte, um Fasanen zu fangen, probierte er die Wirkung zuerst an einem Hahn aus. Auf diese Weise hat er die Sache mit den Rosinen entdeckt. Und auch die Roßhaarmethode.» Claud warf einen raschen Blick über die Schulter, als wollte er sich vergewissern, daß uns niemand belauschte. «Man macht das so», erklärte er. «Zuerst legt man ein paar Rosinen über Nacht in Wasser, damit sie hübsch rund und saftig werden. Dann nimmt man ein schönes steifes Roßhaar und schneidet es in fingernagellange Stücke. Darauf sticht man durch jede Rosine ein solches Stück Roßhaar, und zwar so, daß es rechts und links ein wenig herausschaut. Verstanden?»

«Ja.»

«Nun kommt also der alte Fasan und frißt eine von den Rosinen, nicht wahr? Du stehst hinter einem Baum und beobachtest das. Und wie geht's weiter?»

«Ich nehme an, das Haar bleibt ihm in der Kehle stecken.»

«Selbstverständlich, Gordon. Aber das Erstaunliche, das, was mein Vater entdeckt hat, ist folgendes: Sowie das geschieht, *kann der Fasan nicht mehr die Füße heben.* Er steht da wie angenagelt, steht da und bewegt seinen albernen Hals wie einen Pumpenschwengel auf und ab. Du brauchst nur noch aus deinem Versteck hervorzukommen und ihn in aller Ruhe mit den Händen zu pakken.»

«Das glaube ich nicht.»

«Ich schwör's dir», beteuerte er. «Hat ein Fasan erst mal das Roßhaar verschluckt, dann kannst du dicht an seinem Ohr ein Gewehr abfeuern, ohne daß er auch nur einen Sprung macht. Das ist eine von jenen unerklärlichen Kleinigkeiten, die zu entdecken es eines Genies bedarf.»

Er schwieg eine Weile, und in seinen Augen blitzte Stolz auf, während er sich der

Erinnerung an seinen Vater, den großen Erfinder, überließ.

«Das war die Methode Nummer eins», fuhr er fort. «Methode Nummer zwei ist sogar noch einfacher. Man braucht dazu nur eine Angelschnur. Auf den Haken wird als Köder eine Rosine gesteckt, und dann kann man die Fasanen genau wie Fische angeln. Man wirft die Schnur weit aus, legt sich im Gebüsch auf den Bauch und wartet, bis einer anbeißt. Dann holt man ihn ein.»

«Das hat aber bestimmt nicht dein Vater erfunden.»

Claud zog es vor, meinen Einwurf zu überhören. «Diese Methode ist bei Sportanglern sehr beliebt. Vor allem bei solchen, die nicht so oft, wie sie möchten, an die Küste fahren können. Es verschafft ihnen etwas von der altgewohnten Spannung. Das Dumme ist nur, daß es ziemlichen Lärm macht. Wenn man die Schnur einholt, schreit der Fasan wie verrückt, und alle Wildhüter im Walde kommen angerannt.»

«Und wie ist die Methode Nummer drei?» fragte ich.

«Oh», antwortete er, «Nummer drei ist

eine bildschöne Sache. Die letzte, die mein Vater vor seinem Tode noch erfunden hat.»

«Die Krönung seines Lebenswerkes, wie?»

«Genau das, Gordon. Ich kann mich noch deutlich an alles erinnern, sogar daran, daß es an einem Sonntag war. Stell dir vor, morgens kommt mein Vater plötzlich mit einem weißen Hahn unter dem Arm in die Küche und sagt: ‹Ich glaube, ich hab's.› Er lächelt ein bißchen, in seinen Augen ist ein Schimmer von Stolz, er kommt sehr leise und ruhig herein, setzt den Vogel mitten auf den Küchentisch und sagt: ‹Bei Gott, diesmal ist die Sache goldrichtig.› Meine Mutter sieht von ihrem Abwasch auf und sagt: ‹Was ist goldrichtig? Nimm sofort den dreckigen Vogel von meinem Tisch, Horace.› Der Hahn hat einen komischen kleinen Papierhut auf dem Kopf, wie eine umgekehrte Waffeltüte für Eis, und mein Vater zeigt stolz mit dem Finger darauf. ‹Streichle ihn›, sagt er zu mir. ‹Er wird sich nicht vom Fleck rühren.› Der Hahn versucht, mit dem Fuß den Papierhut herunterzukratzen, aber der sitzt fest, als wäre er angeleimt. ‹Kein Vogel in der Welt läuft weg, wenn man ihm die Augen verdeckt›, erklärt mein Vater. Er stößt den Hahn mit dem Finger, pufft ihn und knufft ihn, ohne daß der Vogel im geringsten Notiz davon nimmt. ‹Den kannst du haben›, sagt er zu Mutter, ‹schlachte ihn und tische ihn uns zur Feier der Erfindung auf, die ich soeben gemacht habe.› Damit packt er mich am Arm, läuft mit mir hinaus, und schon marschieren wir über die Felder zu dem großen Wald von Haddenham, der früher dem Herzog von Buckingham gehört hat. In weniger als zwei Stunden hatten wir fünf schöne, fette Fasanen gefangen, und zwar ohne jede Mühe. War ebenso einfach, wie sie im Laden zu kaufen.»

Claud hielt inne, um Atem zu schöpfen. Seine Augen waren groß, feucht und träumerisch von dem Rückblick in die Wunderwelt seiner Jugend.

«Etwas begreife ich aber nicht», sagte ich. «Wie hat er den Fasanen im Wald die Papierhüte auf den Kopf stülpen können?»

«Das wirst du nie erraten.»

«Bestimmt nicht.»

«Nun, die Sache ist so. Zuerst gräbt man ein kleines Loch in die Erde, dann dreht man aus einem Stück Papier eine Tüte, stellt sie mit der Spitze nach unten in das Loch, bestreicht das Innere der Tüte mit Vogelleim und tut ein paar Rosinen hinein. Auf der Erde legt man einen Streifen Rosinen aus, der zu dem Tütchen hinführt. Der alte Fasan folgt pickend der Spur, und wenn er an das Loch kommt, steckt er den Kopf hinein, um auch die letzten Rosinen zu verschlingen. Im nächsten Moment merkt er, daß er Papier über den Augen hat und nichts mehr sieht. Ist doch fabelhaft, worauf manche Leute verfallen, nicht wahr, Gordon?»

«Dein Vater war ein Genie», bestätigte ich.

«Dann entschließe dich. Such dir ganz nach Belieben eine von den drei Methoden aus, und die wollen wir dann heute abend anwenden.»

«Findest du nicht, daß sie alle drei ziemlich grausam sind?»

«Grausam?» rief er entrüstet. «Du lieber Gott! Und wer hat in den letzten sechs Monaten fast täglich gebratenen Fasan gegessen, ohne einen Penny dafür zu bezahlen?»

Er drehte sich um und ging auf die Tür der Werkstatt zu. Ich sah ihm an, daß meine Bemerkung ihn tief verletzt hatte.

«Warte mal», sagte ich. «Geh nicht.»

«Kommst du heute abend mit oder nicht?»

«Ja, aber ich habe noch eine Frage. Mir ist da gerade etwas eingefallen.»

«Behalt's für dich», knurrte er. «Was verstehst du schon von Fasanen!»

«Erinnerst du dich an das Schlafmittel, das mir der Arzt vorigen Monat wegen meiner Rückenschmerzen gegeben hat?»

«Na und?»

«Warum sollte das Zeug nicht auch auf Fasanen wirken?»

Claud schloß die Augen und schüttelte mitleidig den Kopf.

«Warte», sagte ich.

«Darüber brauchen wir gar nicht erst zu reden», erwiderte er. «Kein Fasan in der Welt schluckt die lausigen roten Kapseln. Wenn dir nichts Besseres einfällt…»

«Du vergißt die Rosinen», unterbrach ich ihn. «Hör mal zu. Wir nehmen eine Beere, weichen sie ein, bis sie aufgequollen ist, machen mit einer Rasierklinge einen kleinen

Einschnitt und höhlen sie ein bißchen aus. Dann öffnen wir eine von meinen roten Kapseln und schütten alles Pulver in die Rosine, worauf wir den Ritz mit Nadel und Faden sorgfältig zunähen. Nun...»

Aus den Augenwinkeln konnte ich beobachten, wie sich Clauds Mund langsam öffnete.

«Nun», fuhr ich fort, «haben wir eine hübsche, sauber aussehende Rosine, die zweieinhalb Gran Schlafpulver enthält, und jetzt will ich *dir* etwas sagen: Das reicht aus, einen erwachsenen *Mann* bewußtlos zu machen, also erst recht einen *Vogel*!»

Ich wartete zehn Sekunden, damit der Stoß seine volle Wirkung entfalten konnte.

«Und was noch wichtiger ist», fuhr ich fort, «diese Methode gestattet uns, in großem Maßstab zu operieren. Wenn wir Lust haben, können wir *zwanzig* Rosinen präparieren. Wir brauchen nichts weiter zu tun, als sie bei Sonnenuntergang auf den Futterplätzen auszustreuen und dann wegzugehen. Nach einer halben Stunde fangen die Pillen an zu wirken, die Fasanen, die sich zum Schlafen auf den Bäumen niedergelassen haben, werden schwindlig, sie taumeln, suchen sich im Gleichgewicht zu halten, aber bald fällt jeder Vogel, der auch nur eine einzige Rosine gefressen hat, bewußtlos herunter. Wie Äpfel vom Baum werden sie purzeln, und wir brauchen sie nur noch aufzusammeln.»

Claud starrte mich hingerissen an. «Großer Gott», murmelte er.

«Ein weiterer Vorteil ist, daß uns niemand erwischen wird. Wir bummeln ganz harmlos durch den Wald, lassen hier und dort ein paar Rosinen fallen, und selbst, wenn man uns beobachtet, wird kein Mensch Verdacht schöpfen.»

«Gordon», sagte er, legte die Hand auf mein Knie und sah mich mit Augen an, die groß und leuchtend wie Sterne waren. «Gordon, wenn das glückt, wird es das Wildern revolutionieren.»

«Freut mich sehr.»

«Wie viele Pillen hast du denn noch?» fragte er.

«Neunundvierzig. Fünfzig waren in dem Glas, und ich habe nur eine genommen.»

«Neunundvierzig sind nicht genug. Wir brauchen mindestens zweihundert.»

«Bist du verrückt?» rief ich.

Er ging langsam zur Tür, blieb dort stehen, mit dem Rücken zu mir, und betrachtete den Himmel.

«Zweihundert sind das Minimum», sagte er ruhig. «Wenn wir die nicht haben, brauchen wir gar nicht erst anzufangen.»

Was soll das? dachte ich. Was, zum Teufel, hat dieser Bursche vor?

«Es ist unsere letzte Chance, bevor die Jagd eröffnet wird», fügte er hinzu.

«Mehr kann ich nicht kriegen.»

«Sollen wir vielleicht mit leeren Händen heimkommen? Wie?»

«Aber warum so *viele*?»

Claud wandte den Kopf und blickte mich mit großen unschuldigen Augen an. «Warum nicht?» sagte er freundlich. «Hast du etwas dagegen?»

Plötzlich ging mir ein Licht auf. Mein Gott, dachte ich, der verdrehte Kerl will Mr. Victor Hazels festliche Eröffnung der Jagd torpedieren.

«Du besorgst zweihundert von diesen Pillen», befahl er. «Dann lohnt sich die Sache.»

«Das schaffe ich nie.»

«Du kannst es wenigstens versuchen, nicht wahr?»

Mr. Hazel eröffnete die Jagd alljährlich am ersten Oktober, und das war ein großes Ereignis. Schwächliche Herren in Tweedanzügen, teils Angehörige alter Adelsgeschlechter, teils Besitzer von sehr viel Geld, kamen in Begleitung ihrer Gewehrträger, Hunde und Gattinnen von weit her gefahren, und den ganzen Tag hallte das Tal vom Lärm der Schüsse wider. Fasanen gab es immer in Hülle und Fülle, denn jeden Sommer wurde der Bestand durch Dutzende und aber Dutzende junger Vögel aufgefrischt, was unglaublich teuer war. Ich hatte sagen hören, daß sich die Kosten für das Aufziehen und die Ernährung eines jeden Fasans, bis er schußreif war, auf mehr als fünf Pfund beliefen (annähernd der Preis für zweihundert Laib Brot). Aber Mr. Hazel fand, daß sich jeder Penny dieser Investition lohnte. Er wurde, wenn auch nur für wenige Stunden, ein großer Mann in einer kleinen Welt, und selbst das Oberhaupt der Grafschaft klopfte ihm beim Abschied auf den Rücken und versuchte, sich seines Vornamens zu erinnern.

«Wie wär's, wenn wir die Dosis verringerten?» schlug Claud vor. «Könnten wir nicht den Inhalt einer Kapsel auf vier Rosinen verteilen?»

«Ich glaube, das ließe sich machen.»

«Aber wird der vierte Teil einer Kapsel für einen Vogel genügen?»

Wirklich, der Bursche schien Nerven wie Stricke zu haben. Es war gefährlich genug, um diese Jahreszeit auch nur einen einzigen Fasan aus Mr. Hazels Wäldern zu holen, und er wollte gleich mit dem ganzen Bestand aufräumen.

«Ein Viertel ist überreichlich», erwiderte ich.

«Bist du sicher?»

«Rechne dir's selbst aus. Es geht nach Körpergewicht, und folglich würden die Fasanen immer noch etwa zwanzigmal mehr als nötig bekommen.»

«Dann werden wir's also mit dem vierten Teil der Dosis probieren», entschied Claud und rieb sich die Hände. Er stellte eine kurze Berechnung an. «Das ergibt hundertsechsundneunzig Rosinen.»

«Ist dir auch klar, was das bedeutet?»

fragte ich. «Das Präparieren wird stundenlang dauern.»

«Wenn schon!» rief er. «Dann gehen wir eben erst morgen. Wir weichen die Rosinen über Nacht ein und können sie vormittags und nachmittags fertig machen.»

Und so geschah es.

Nun, vierundzwanzig Stunden später, waren wir unterwegs. Wir schritten schnell aus, und nach ungefähr vierzig Minuten näherten wir uns der Stelle, wo der Pfad nach rechts abbog und auf dem Hügelkamm zu dem großen Wald führte, in dem die Fasanen lebten. Bis dahin hatten wir noch eine Meile zu gehen.

«Ich darf doch wohl annehmen, daß die Wildhüter keine Gewehre haben», sagte ich.

«Alle Wildhüter sind bewaffnet.»

Das hatte ich befürchtet.

«Hauptsächlich wegen der kleinen Raubtiere.»

«Aha.»

«Natürlich schließt das nicht aus, daß sie auch mal einem Wilderer eins aufbrennen.»

«Du machst Witze.»

«Keineswegs. Aber sie schießen nur von

hinten. Wenn man wegrennt, meine ich. Sie knallen einem gern auf fünfzig Schritt Entfernung in die Beine.»

«Das dürfen sie nicht!» rief ich. «So etwas ist strafbar!»

«Wildern auch», versetzte Claud.

Eine Weile gingen wir stumm nebeneinanderher. Die Sonne stand hinter der hohen Hecke zu unserer Rechten, und der Weg lag im Schatten.

«Sei froh, daß wir heute leben und nicht vor dreißig Jahren», begann Claud von neuem. «Damals schossen sie sofort auf Anruf.»

«Glaubst du das?»

«Ich weiß es», erwiderte er. «Wenn ich als kleiner Bengel nachts in die Küche kam, habe ich meinen Alten oft genug bäuchlings auf dem Tisch liegen sehen, während ihm meine Mutter mit einem Kartoffelmesser die Schrotkugeln aus den Hinterbacken kratzte.»

«Hör auf», sagte ich. «Du machst mich nervös.»

«Jetzt glaubst du's mir, wie?»

«Ja.»

«Zuletzt war er über und über mit kleinen weißen Narben bedeckt. Sah aus wie beschneit.»

«Ja», sagte ich. «Schon gut.»

«Wildererarsch nannte man es damals», fuhr Claud fort. «Und im ganzen Dorf gab es keinen Mann, der nicht wenigstens ein paar solcher Narben gehabt hätte. Aber mein Alter hielt den Rekord.»

«Gratuliere», murmelte ich.

«Ich wollte wirklich, er wäre jetzt hier», meinte Claud gedankenvoll. «Er hätte alles darum gegeben, heute abend dabeizusein.»

«Ich würde ihm gern meinen Platz abtreten», sagte ich.

Wir hatten den Kamm des Hügels erreicht und sahen nun den düsteren Hochwald über uns. Hinter den Bäumen ging die Sonne unter, und kleine Goldfunken blitzten durch das Geäst.

«Gib mir die Rosinen», sagte Claud.

Ich reichte ihm die Tüte, und er steckte sie in die Hosentasche.

«Im Wald wird nicht mehr gesprochen», mahnte er. «Geh immer hinter mir her und sieh zu, daß du keine Zweige abbrichst.»

Fünf Minuten später hatten wir es geschafft. Der Weg, von einer niedrigen Hecke begrenzt, führte drei- bis vierhundert Schritte am Waldrand entlang. Claud kroch auf allen vieren durch die Hecke, und ich folgte ihm.

Im Wald war es kühl und dunkel. Kein Sonnenlicht fiel herein.

«Das ist ja geradezu gespenstisch», sagte ich.

«Psst!»

Claud war ganz Auge und Ohr. Er ging dicht vor mir, hob die Füße sehr hoch und setzte sie vorsichtig auf den feuchten Boden. Sein Kopf war unaufhörlich in Bewegung; er ließ den Blick von einer Seite zur anderen wandern und hielt Umschau, ob irgendwo Gefahr drohte. Ich versuchte, das gleiche zu tun, gab es jedoch bald auf, da ich hinter jedem Baum einen Wildhüter sah.

Im Dach des Waldes tauchte nun ein großes Stück Himmel auf, und ich wußte, daß wir uns der Lichtung näherten. Claud hatte mir erzählt, die Lichtung sei die Stelle im Walde, wo die jungen Fasanen Anfang Juli ausgesetzt und dann von den Wildhütern gefüttert, getränkt und bewacht würden. Viele Vögel blieben aus Gewohnheit bis zum Beginn der Jagd dort.

«In der Lichtung gibt es immer eine Menge Fasanen», hatte er gesagt.

«Und auch Wildhüter, nehme ich an.»

«Ja, aber ringsum ist Gebüsch, und das hilft.»

Wir liefen in raschen, kurzen Sprüngen geduckt von Baum zu Baum, machten immer wieder halt, warteten, lauschten, rannten dann weiter und knieten schließlich im Schutze einer dichten Gruppe von Erlen unmittelbar am Rande der Lichtung. Claud grinste, knuffte mich in die Rippen und deutete durch die Zweige auf die Fasanen.

Die Lichtung wimmelte von Vögeln. Es müssen mindestens zweihundert gewesen sein, die zwischen den Baumstümpfen herumstolzierten.

«Da siehst du's», flüsterte Claud.

Der Anblick war überwältigend – eine Art Wirklichkeit gewordener Wildderertraum. Und wie nah sie waren! Einige standen kaum zehn Schritte von unserem Versteck entfernt. Die plumpen Hennen waren gelblichbraun und so fett, daß ihre Brustfedern beinahe die Erde streiften. Die Hähne waren schön und geschmeidig, mit langen Schwänzen und leuchtendroten Ringen um die Augen, wie scharlachrote Brillen. Ich blickte Claud von der Seite an. Auf seinem breiten Gesicht lag ein Ausdruck höchster Verzükkung. Mit leicht geöffnetem Mund starrte er aus glasigen Augen auf die Fasanen.

Ich glaube, daß alle Wilderer ähnlich reagieren, wenn sie Wild sichten. Sie sind wie Frauen, die im Schaufenster eines Juweliers riesige Smaragde erspähen. Der Unterschied ist nur, daß Frauen weniger wählerisch in den Methoden sind, deren sie sich später bedienen, um den Schmuck zu erbeuten. Ein Wildererarsch ist nichts gegen die Qualen, die ein weibliches Wesen bereitwillig auf sich nimmt.

«Aha», hörte ich Claud leise sagen, «da ist ja der Wildhüter.»

«Wo?»

«Drüben auf der anderen Seite, hinter dem dicken Baum. Sei vorsichtig.»

«Mein Gott!»

«Schon gut. Er kann uns nicht sehen.»

Zusammengekauert beobachteten wir den Wildhüter. Der kleine Mann mit einer Mütze auf dem Kopf und einem Gewehr unter dem Arm stand unbeweglich. Er glich einem in die Erde gerammten Pfahl.

«Komm, wir gehen», flüsterte ich.

Das Gesicht des Mannes war von dem Mützenschirm beschattet, aber ich hatte den Eindruck, daß er zu uns herüberschaute.

«Ich bleibe hier nicht», sagte ich.

«Psst!» machte Claud.

Langsam, ohne die Augen von dem Wildhüter abzuwenden, griff er in die Tasche und holte eine Rosine heraus. Er legte sie in die rechte Handfläche und schleuderte sie mit einem kleinen Schwung des Handgelenks durch die Luft. Ich sah sie über die Büsche fliegen und dicht hinter zwei Hennen niederfallen, die neben einem alten Baumstumpf standen. Beide Vögel drehten sich rasch um, als die Rosine aufprallte. Die eine Henne hüpfte hin und pickte etwas auf, was zweifellos die Rosine war.

Ich behielt den Wildhüter im Auge. Er hatte sich nicht gerührt.

Claud warf eine zweite Rosine auf die

Lichtung, dann eine dritte, eine vierte und eine fünfte.

In diesem Moment wandte der Wildhüter den Kopf, um in den Wald hinter sich zu blicken.

Blitzschnell zog Claud die Papiertüte aus der Tasche und schüttete einen Haufen Rosinen in die rechte Hand.

«Laß das», sagte ich.

Aber schon hatte er mit einer weit ausholenden Armbewegung die ganze Handvoll hoch über die Büsche auf die Lichtung geworfen.

Wie Regentropfen auf trockenes Laub fielen die Rosinen mit einem leisen, weichen Klatschen zu Boden, und jeder Fasan auf der Lichtung mußte sie entweder gesehen oder gehört haben. Die Folge war ein großes Flügelschlagen, als alle herbeistürzten, um den Schatz zu finden.

Der Kopf des Wildhüters fuhr herum, als wäre im Hals eine Sprungfeder eingebaut. Die Vögel pickten mit wildem Eifer die Rosinen auf. Der Mann machte zwei schnelle Schritte vorwärts, und eine Sekunde fürchtete ich, er werde der Sache auf den Grund gehen. Aber nein – er blieb stehen und ließ den Blick aufmerksam in die Runde schweifen.

«Komm», flüsterte Claud. «Und nicht aufrichten!» Damit kroch er geschwind auf allen vieren davon, wie ein Affe.

Ich folgte ihm. Er hatte die Nase dicht über der Erde, und sein breites, kräftiges Hinterteil ragte gen Himmel. Nun verstand ich auch, warum der Wildererarsch in dieser Zunft eine Berufskrankheit geworden war.

So krochen wir ein gutes Stück.

«Jetzt rennen», befahl Claud.

Wir richteten uns auf, liefen weiter, und wenige Minuten später schlüpften wir durch die Hecke in die schöne Sicherheit des offenen Weges hinaus.

«Glänzend ist das gegangen», sagte Claud schweratmend. «Hat es nicht wunderbar geklappt?» Sein Gesicht war scharlachrot und leuchtete vor Triumph.

«Ein Reinfall war es», knurrte ich.

«Was?» rief er.

«Natürlich war es ein Reinfall. Wir können doch jetzt unmöglich zurückgehen. Der Wildhüter weiß, daß jemand da war.»

«Gar nichts weiß er», antwortete Claud. «In fünf Minuten ist es im Wald stockdunkel, und dann verzieht er sich nach Hause zum Abendbrot.»

«Ich glaub, ich werde es ebenso machen.»

«Du bist ein schöner Wilderer», meinte Claud. Er setzte sich auf die Böschung an der Hecke und zündete sich eine Zigarette an.

Die Sonne war untergegangen, und über dem blassen Rauchblau des Himmels lag ein schwacher gelber Glanz. Im Walde hinter uns wurden die grauen Schatten zwischen den Bäumen allmählich schwarz.

«Wie lange dauert es, bis das Schlafmittel wirkt?» fragte Claud.

«Vorsicht», flüsterte ich. «Da kommt jemand.»

Der Mann war geräuschlos aus der Dämmerung aufgetaucht; als ich ihn erblickte, war er knapp dreißig Schritte von uns entfernt. «Noch so ein elender Wildhüter», murmelte Claud.

Wir sahen dem Mann entgegen, der geradewegs auf uns zukam. Er trug eine Schrotflinte unter dem Arm, und ein schwarzweißer Hühnerhund folgte ihm dicht auf den

Fersen. Kurz vor uns machte er halt. Auch der Hund blieb stehen und beobachtete uns zwischen den Beinen seines Herrn hindurch.

«Guten Abend», grüßte Claud freundlich.

Der Mann war etwa vierzig Jahre alt, ein großer, hagerer Kerl mit scharfem Blick, vorspringenden Backenknochen und harten, gefährlichen Händen.

«Ich kenne euch», sagte er ruhig und kam näher. «Ich kenne euch beide.»

Claud schwieg.

«Ihr seid von der Tankstelle. Stimmt's?»

Seine Lippen waren schmal und trocken und mit einer Art bräunlicher Kruste überzogen.

«Ihr seid Cubbage und Hawes von der Tankstelle an der Landstraße. Stimmt's?»

«Was spielen wir hier eigentlich?» fragte Claud. «Quiz?»

Der Wildhüter spuckte einen dicken Klecks Speichel aus, den ich durch die Luft fliegen und sechs Zoll vor Clauds Füßen klatschend im Staub landen sah. Der schleimige Klumpen glich einer kleinen Auster.

«Schert euch weg», sagte der Mann. «Los, verschwindet!»

Claud saß auf der Böschung, rauchte seine Zigarette und betrachtete den Klecks Speichel.

«Los, los», wiederholte der Mann. «Verschwindet!»

Beim Sprechen hob sich seine Oberlippe und entblößte das Zahnfleisch. Ich sah eine Reihe kleiner, mißfarbiger Zähne, von denen der eine schwarz war und die anderen gelb oder braun schimmerten.

«Dies ist zufällig ein öffentlicher Weg», antwortete Claud. «Ich ersuche Sie, uns nicht zu belästigen.»

Der Wildhüter nahm das Gewehr vom linken Arm in den rechten. «Ihr treibt euch hier herum und wollt offenbar ein Verbrechen begehen», sagte er. «Das würde ausreichen, euch festzunehmen.»

«O nein, das würde nicht ausreichen», erwiderte Claud. Dieses Gespräch machte mich ziemlich nervös.

«Ich habe schon seit einiger Zeit ein Auge auf dich», fuhr der Wildhüter fort, indem er Claud ansah.

«Es wird spät», sagte ich. «Müssen wir nicht nach Hause?»

Claud zertrat seine Zigarette und erhob sich langsam.

«Schön», sagte er, «ich habe nichts dagegen.»

Wir ließen den Wildhüter stehen und schlenderten den Weg zurück, den wir gekommen waren. In dem Halbdunkel war der Mann hinter uns bald außer Sicht.

«Das ist der Oberaufseher», erklärte Claud. «Er heißt Rabbetts.»

«Komm bloß weiter.»

«Nein, wir warten hier», entschied Claud.

Zu unserer Linken war ein Gatter, das auf ein Feld führte. Wir stiegen hinüber und setzten uns hinter die Hecke.

«Für Mr. Rabbetts ist jetzt Essenszeit», sagte Claud. «Der stört uns bestimmt nicht mehr.»

Wir saßen mäuschenstill hinter der Hecke und warteten, daß der Wildhüter auf seinem Heimweg an uns vorbeiginge. Am Himmel blinkten ein paar Sterne, und ein heller Dreiviertelmond stieg im Osten über den Hügeln auf.

«Da ist er», flüsterte Claud. «Rühre dich nicht.»

Mr. Rabbetts näherte sich mit fast unhörbaren Schritten, und sein Hund tappte auf weichen Pfoten hinter ihm her. Wir beobachteten die beiden durch die Hecke.

«Heute abend kommt er nicht mehr zurück», sagte Claud.

«Woher weißt du das?»

«Wenn ein Wildhüter deine Wohnung kennt, lauert er dir nie im Wald auf. Er geht zu deinem Haus, versteckt sich draußen und wartet, bis du kommst.»

«Das ist ja noch schlimmer.»

«Ach wo, man muß nur die Beute irgendwo unterstellen, bevor man heimgeht. Dann kann er einen nicht fassen.»

«Und was ist mit dem anderen – dem auf der Lichtung?»

«Der ist auch fortgegangen.»

«Das kannst du nicht wissen.»

«Ich habe diese Brüder monatelang beobachtet, Gordon. Verlaß dich darauf, ich kenne alle ihre Gewohnheiten. Die Sache ist ganz ungefährlich.»

Widerstrebend folgte ich ihm. Oben im Wald war es stockfinster und sehr still, und als wir uns vorsichtig zwischen den Baumreihen vorwärts bewegten, schienen unsere Schritte widerzuhallen, als wären wir in einer Kathedrale.

«Von hier aus haben wir die Rosinen geworfen», sagte Claud.

Ich spähte durch die Büsche. In milchigen Dunst gehüllt, lag die Lichtung im Mondschein.

«Bist du auch sicher, daß der Wildhüter fort ist?»

«Ich *weiß*, daß er fort ist.»

Unter dem Mützenschirm konnte ich Clauds Gesicht sehen, die blassen Lippen, die weichen, blassen Wangen, die großen Augen, in denen vor Erregung kleine Funken tanzten.

«Schlafen sie?»

«Ja.» – «Wo?»

«Hier rundherum. Sie bleiben immer in der Nähe.»

«Was tun wir jetzt?»

«Wir warten. Ich habe dir eine Lampe mitgebracht», fügte er hinzu und gab mir eine jener kleinen Stablampen, die wie ein Füllfederhalter geformt sind. «Du wirst sie brauchen.»

Allmählich verflog meine Angst. «Wollen wir mal versuchen, ob wir irgendwo in den Bäumen Fasanen entdecken können?» fragte ich.

«Nein.»

«Ich möchte aber gern wissen, wie sie aussehen, wenn sie schlafen.»

«Wir treiben keine Naturstudien», erwiderte Claud. «Sei jetzt still.»

Lange standen wir und warteten, ohne daß etwas geschah.

«Mir kommt da gerade ein scheußlicher Gedanke», sagte ich. «Wenn sich ein schlafender Vogel auf seinem Zweig im Gleichgewicht halten kann, liegt eigentlich kein Grund vor, warum er dann wegen des Schlafpulvers herunterfallen sollte.»

Claud warf mir einen raschen Blick zu.

«Schließlich ist er ja nicht tot», fuhr ich fort. «Er schläft nur.»

«Er ist betäubt», verbesserte mich Claud.

«Das ist doch bloß eine *tiefere* Art von Schlaf. Warum soll er herunterfallen, nur weil er tiefer schläft?»

Düsteres Schweigen.

«Schade, daß wir's nicht zuerst mit Hühnern ausprobiert haben», meinte Claud. «Mein Vater hätte das getan.»

«Dein Vater war ja auch ein Genie», antwortete ich.

In diesem Augenblick ertönte hinter uns ein leises Plumpsen.

«Was ist das?»

«Psst!»

Wir lauschten.

Bum!

«Hörst du's?»

Es war ein tiefer, dumpfer Laut, als sei ein Sandsack aus Schulterhöhe zu Boden gefallen.

Bum!

«Das sind Fasanen!» rief ich.

«Warte noch!»

«Bestimmt sind es Fasanen!»

Bum! Bum!

«Du hast recht!»

Wir liefen in den Wald zurück.

«Wo sind sie?»

«Dort drüben! Da hat's zweimal gebumst!»

«Ich dachte, es wäre auf der anderen Seite gewesen.»

«Schau nach», sagte Claud. «Weit können sie jedenfalls nicht sein.»

Wir suchten ungefähr eine Minute lang.

«Ich habe einen!» schrie er.

Ich lief zu ihm. Er hielt in beiden Händen einen herrlichen Fasanenhahn. Wir betrachteten ihn genau im Licht unserer Taschenlampen.

«Betäubt bis an die Kehllappen», sagte Claud. «Er lebt noch, ich fühle sein Herz, aber er ist betäubt bis an die Kehllappen.»

Bum!

«Noch einer!»

Bum! Bum!

«Wieder zwei!»

Bum!

Bum! Bum! Bum!

«Herr, du meine Güte!»

Bum! Bum! Bum Bum!

Bum! Bum!

Ringsum regnete es Fasanen von den Bäumen. Wir liefen wie die Verrückten im Dunkeln hin und her und leuchteten den Erdboden mit unseren Lampen ab.

Bum! Bum! Bum! Beinahe wären sie mir auf den Kopf gefallen. Ich stand unter dem

Baum, als sie herunterkamen, und ich fand sie sofort – zwei Hähne und eine Henne. Sie waren schlaff und warm, und die Federn fühlten sich wundervoll weich an.

«Wo soll ich sie hinlegen?» rief ich, als ich die drei Vögel an den Beinen gepackt hatte.

«Bring sie rüber, Gordon. Wir werden sie hier aufeinanderschichten, wo es hell ist.»

Claud stand am Rande der Lichtung, von Mondlicht überflutet, in jeder Hand ein großes Bündel Fasanen. Sein Gesicht strahlte, seine Augen waren groß und glänzend, und er schaute sich um wie ein kleiner Junge, der gerade entdeckt hat, daß die ganze Welt aus Schokolade ist.

Bum!
Bum! Bum!

«Das gefällt mir nicht», sagte ich. «Es sind zu viele.»

«Prachtvoll ist es!» rief er, warf die Vögel hin, die er trug, und lief fort, um weiterzusuchen.

Bum! Bum! Bum! Bum!
Bum!

Jetzt waren sie leicht zu finden. Unter jedem Baum lagen zwei oder drei. Schnell hatte ich sechs gesammelt, lief zurück, drei in jeder Hand, und legte sie zu den anderen. Dann wieder sechs. Und noch einmal sechs.

Immer mehr plumpsten herab.

In einem Taumel der Ekstase stürmte Claud wie ein Besessener von Baum zu Baum. Ich sah den Lichtstrahl seiner Lampe durch das Dunkel zucken, und jedesmal, wenn er einen Vogel fand, stieß er einen Triumphschrei aus.

Bum! Bum! Bum!

«Das müßte dieser Schuft Hazel hören!» rief er.

«Brüll nicht so», ermahnte ich ihn. «Ich habe Angst.»

«Was sagst du?»

«Du sollst nicht so brüllen. Es könnten Wildhüter in der Nähe sein.»

«Ach was, die sind alle beim Essen.»

Drei oder vier Minuten hielt der Fasanenregen noch an. Dann wurde es plötzlich still.

«Such weiter!» schrie Claud. «Unter den Bäumen liegen sie haufenweise!»

«Meinst du nicht, wir sollten uns verdrükken, solange die Luft noch rein ist?»

«Nein», antwortete er.

Wir suchten weiter. In einem Umkreis von hundert Schritten, im Norden, Süden, Osten und Westen der Lichtung, sahen wir unter jedem Baum nach, und schließlich hatten wir wohl die meisten gefunden. An unserem Sammelplatz lag ein Berg Fasanen, so groß wie ein Scheiterhaufen.

«Ein Wunder», murmelte Claud. «Verdammt noch mal, ein Wunder.» Er starrte die Vögel wie verzückt an.

«Am besten nehmen wir jeder ein halbes Dutzend und machen uns aus dem Staub», sagte ich.

«Du, Gordon, ich möchte sie zählen.»

«Dazu ist jetzt keine Zeit.»

«Ich muß sie zählen.»

«Nein», protestierte ich. «Komm.»

«Eins... zwei... drei... vier...» Er zählte langsam und sorgfältig, nahm einen Vogel nach dem anderen auf und legte ihn behutsam beiseite. Der Mond stand jetzt genau über uns, und auf der Lichtung war es taghell.

«Ich bleibe hier nicht länger stehen», erklärte ich und trat ein paar Schritte zurück, um im Schatten zu warten, bis er fertig war.

«Hundertsiebzehn... hundertachtzehn... hundertneunzehn... *hundertzwanzig!*» rief er. «Stell dir vor: einhundertzwanzig Fasanen! Das ist der absolute Rekord!»

Daran zweifelte ich keinen Augenblick.

«Mein Alter hat einmal fünfzehn in einer Nacht erwischt. Das war seine Höchstleistung, und danach war er acht Tage betrunken.»

«Du bist der Weltmeister», sagte ich. «Können wir jetzt gehen?»

«Gleich.» Er zog seinen Sweater hoch und wickelte die beiden weißen Baumwollsäcke ab, die er sich um den Bauch gebunden hatte. Einen davon drückte er mir in die Hand. «Hier ist deiner. Pack ihn voll, aber schnell.»

Das Mondlicht war so hell, daß ich den Aufdruck unten am Sack lesen konnte. *J.W. Crump*, stand da, *Keston-Dampfmühlen, London SW 17.*

«Ich muß immerzu daran denken, daß vielleicht der widerliche Kerl mit den braunen Zähnen hinter einem Baum steht und uns beobachtet», flüsterte ich.

«Ausgeschlossen», beruhigte mich Claud.

«Du kannst mir's glauben, der lauert uns bei der Tankstelle auf.»

Wir fingen an, die Fasanen in die Säcke zu stopfen. Die Vögel waren weich, ihre Köpfe hingen schlaff herab, und die Haut unter den Federn war noch warm.

«Unten auf dem Weg wartet ein Taxi», sagte Claud.

«Wie?»

«Ich fahre immer im Taxi zurück, Gordon. Wußtest du das nicht?»

«Nein.»

«Ein Taxi ist anonym», erklärte er. «Außer dem Chauffeur weiß niemand, wer darin sitzt. Das hat mir mein Vater beigebracht.»

«Und wer ist der Chauffeur?»

«Charlie Kinch. Der freut sich, wenn er mir einen Gefallen tun kann.»

Wir hatten nun alle Fasanen eingepackt, und ich versuchte, den schweren Sack auf die Schulter zu heben. Er enthielt etwa sechzig Vögel und wog mindestens anderthalb Zentner.

«Wie soll ich denn das schleppen?» murrte ich. «Wir müssen einen Teil der Beute zurücklassen.»

«Wenn's nicht anders geht, wirst du den Sack eben ziehen», meinte Claud.

Wir stapften also durch den pechschwarzen Wald und schleiften die Säcke hinter uns her.

«Bis zum Dorf schaffen wir's nie», sagte ich.

«Keine Angst», erwiderte Claud, «der alte Charlie hat mich noch nie im Stich gelassen.»

Wir erreichten den Waldrand und spähten durch die Hecke.

«Hallo, Charlie», wisperte Claud, und der alte Mann am Lenkrad des Taxis steckte den Kopf in den Mondschein hinaus. Sein zahnloser Mund verzog sich zu einem schlauen Grinsen. Wir zwängten uns durch das Gestrüpp und zerrten die Säcke bis zum Wagen.

«Hallo», sagte Charlie. «Was ist denn das?»

«Kohlköpfe», antwortete Claud. «Mach die Tür auf.»

Zwei Minuten später saßen wir sicher im Taxi und fuhren langsam den Hügel hinunter auf das Dorf zu.

Jetzt war alles vorüber, ausgenommen die Freude. Claud triumphierte und war nahe daran, vor Stolz und Aufregung zu platzen. Immer wieder beugte er sich vor, schlug Charlie Kinch auf die Schulter und rief: «Na, was sagst du, Charlie? Ist das ein Fang oder nicht?» Und jedesmal wandte sich Charlie um, blickte mit großen Augen auf die vollgestopften Säcke, die zwischen uns auf dem Boden lagen und murmelte: «Mein Gott, Mann, wie hast du das bloß fertiggebracht?»

«Sechs Paar davon sind für dich, Charlie», erklärte Claud, und Charlie meinte: «Diesmal werden Mr. Hazels Gäste wohl nicht allzu viele Fasanen schießen», worauf Claud sagte: «Bestimmt nicht, alter Junge, bestimmt nicht.»

«Was willst du um Himmels willen mit hundertzwanzig Fasanen anfangen?» fragte ich.

«Sie für den Winter einfrieren», erwiderte Claud. «Ich packe sie mit dem Fleisch für die Hunde in unsere Kühltruhe.»

«Aber nicht heute abend, wie?»

«Nein, Gordon, heute nicht mehr. Wir bringen sie über Nacht zu Bessie.»

«Zu was für einer Bessie?»

«Bessie Organ.»

«Bessie *Organ*!»

«Ja, die versteckt immer meine Beute. Wußtest du das nicht?»

«Gar nichts weiß ich», stammelte ich und glotzte ihn entgeistert an. Mrs. Organ war die Frau von Reverend Jack Organ, dem Vikar des Dorfes.

«Man darf seine Beute immer nur von einer ehrbaren Frau transportieren lassen», verkündete Claud. «So ist's doch, Charlie, nicht wahr?»

«Bessie versteht ihre Sache», bestätigte Charlie

Inzwischen hatten wir das Dorf erreicht. Die Straßenlaternen brannten noch, und die Männer waren auf dem Heimweg vom Wirtshaus. Ich sah, wie Will Prattley durch die Seitentür seines Fischgeschäftes ins Haus schlüpfte, während Mrs. Prattley, ohne daß er es wußte, im ersten Stock aus dem Fenster schaute und ihn beobachtete.

«Der Vikar ißt nichts lieber als Fasanenbraten», bemerkte Claud.

«Er läßt die Vögel achtzehn Tage hängen», fügte Charlie hinzu. «Dann schüttelt er sie ordentlich, und alle Federn fallen ab.»

Das Taxi bog nach links in den Pfarrhof ein. Im Haus brannte kein Licht, und niemand ließ sich blicken. Claud und ich warfen die Fasanen in den Kohlenschuppen, verabschiedeten uns dann von Charlie und kehrten im Mondschein mit leeren Händen zur Tankstelle zurück. Ob Mr. Rabbetts irgendwo auf der Lauer lag, weiß ich nicht. Gesehen haben wir jedenfalls nichts von ihm.

«Da kommt sie», sagte Claud am nächsten Morgen zu mir.

«Wer?»

«Bessie – Bessie Organ.» Er sprach den Namen mit einem gewissen Besitzerstolz aus, etwa so wie ein General seinen tapfersten Offizier erwähnt.

Ich folgte ihm nach draußen.

«Dort hinten.» Er deutete mit der Hand.

Auf der Straße, noch sehr weit entfernt, entdeckte ich eine kleine weibliche Gestalt, die auf uns zukam.

«Was schiebt sie?» fragte ich.

Claud sah mich verschmitzt an. «Es gibt nur eine sichere Methode, Wildererbeute zu transportieren», erklärte er. «Im Kinderwagen unter einem Baby.»

«Ja», murmelte ich, «ja, natürlich.»

«In dem Wagen sitzt Christopher Organ, anderthalb Jahre alt. Ein entzückender Junge, Gordon.»

Ich strengte meine Augen an, und nun sah ich auch das Kind. Es thronte hoch oben auf dem Wagen, dessen Verdeck heruntergeklappt war.

«Unter dem kleinen Burschen liegen mindestens sechzig bis siebzig Fasanen», behauptete Claud. «Stell dir das vor!»

«Sechzig oder siebzig Fasanen kann man unmöglich in einen Kinderwagen stopfen.»

«Man kann, wenn der Boden tief genug ist, und wenn man die Matratze herausnimmt. Die Vögel werden ganz eng gepackt, bis oben hin, dann kommt ein Laken darüber und fertig. Du wirst dich wundern, wie wenig Platz so ein schlaffer Fasan braucht.»

Wir standen neben den Pumpen und warteten auf Bessie Organ. Es war einer jener schwülen, windstillen Septembermorgen, an denen sich der Himmel allmählich bezieht und die Luft nach Gewitter riecht.

«Keck und unerschrocken mitten durchs Dorf», sagte Claud. «Gute alte Bessie.»

«Sie scheint es ziemlich eilig zu haben.»

Claud zündete sich eine neue Zigarette am Stummel der vorigen an. «So was gibt's bei Bessie nicht», erwiderte er.

«Sieht aber ganz so aus», widersprach ich. «Schau doch hin.»

Er blinzelte durch den Rauch seiner Zigarette. Dann nahm er die Zigarette aus dem Mund, um besser sehen zu können.

«Tatsächlich, sie geht ein ganz klein wenig schnell», meinte er zögernd.

«Verdammt schnell geht sie.»

Eine Pause entstand. Claud wandte keinen Blick von der Frau, die rasch näher kam.

«Vielleicht möchte sie nicht vom Regen überrascht werden, Gordon. Ja, ich wette, das ist es. Sie denkt, es wird regnen, und will nicht, daß der Kleine naß wird.»

«Warum klappt sie dann nicht das Verdeck hoch?»

Auf diese Frage wußte er nichts zu erwidern.

«Sie rennt!» rief ich. «Sieh nur!» Bessie hatte sich plötzlich in Trab gesetzt.

Claud stand unbeweglich und beobachtete die Frau. In der Stille glaubte ich, das Kind schreien zu hören.

«Was ist denn da los?»

Er antwortete nicht.

«Mit dem Kleinen ist irgendwas nicht in Ordnung», sagte ich.

Bessie, die noch ungefähr zweihundert Schritte entfernt war, hastete auf uns zu.

«Hörst du ihn?» fragte ich.

«Ja.»

«Er schreit sich die Seele aus dem Leib.»

Die dünne, schrille Stimme wurde mit jeder Sekunde lauter. Das Kind schrie ununterbrochen, wild, gellend, fast hysterisch.

«Er hat Krämpfe», behauptete Claud.

«Kann schon sein.»

«Deswegen rennt sie so, Gordon. Sie möchte ihn schnell unter die kalte Dusche bringen.»

«Ich glaube, du hast recht», sagte ich. «Im Grunde weiß ich sogar, daß du recht hast. Hör bloß, wie er brüllt.»

«Du kannst Gift darauf nehmen, daß er Krämpfe oder sonst etwas in der Art hat.»

«Ich bin ganz deiner Meinung.»

Claud trat auf dem Kies unserer Einfahrt unbehaglich von einem Fuß auf den anderen. «Mit so kleinen Kindern ist doch dauernd was los», bemerkte er. «Jeden Tag passieren da die unglaublichsten Sachen.»

«Natürlich.»

«Ich kannte mal ein Baby, das kam mit den Fingern in die Radspeichen des Kinderwagens. Glatt abgeschnitten wurden sie ihm. Alle fünf.» – «Ja.»

«Na, wie dem auch sei», schloß Claud, «ich wollte wirklich, sie hörte auf zu laufen.»

Hinter Bessie tauchte jetzt ein langer Lastwagen mit Ziegelsteinen auf. Der Chauffeur steckte den Kopf aus dem Fenster, fuhr neben Bessie her und glotzte sie an. Sie kümmerte sich nicht um ihn und eilte weiter. Nun war sie schon so nahe, daß ich ihr rundes, rotes Gesicht mit dem weit offenen, nach Luft schnappenden Mund sehen konnte. Ich bemerkte, daß sie elegante weiße Handschuhe trug und dazu ein lustiges weißes Hütchen, das wie ein Pilz auf ihrem Kopf saß.

Plötzlich flog ein riesiger Fasan aus dem Kinderwagen auf und schwang sich in die Luft.

Claud stieß einen Schreckensschrei aus.

Der Idiot in dem Lastwagen brüllte vor Lachen.

Der Fasan flatterte wie betrunken umher, bis ihn nach wenigen Sekunden seine Kräfte verließen und er am Straßenrand im Gras landete.

Ein Lieferwagen, der das Lastauto überholen wollte, begann laut zu hupen. Bessie rannte, so schnell sie nur konnte.

Und schon flog ein zweiter Fasan aus dem Wagen. Dann ein dritter, ein vierter, ein fünfter.

«Mein Gott!» keuchte ich. «Das Schlafmittel! Es wirkt nicht mehr!»

Claud sagte kein Wort.

Die letzten fünfzig Schritte legte Bessie in rasendem Tempo zurück. Sie kam die Einfahrt zur Tankstelle entlanggejagt, während die Vögel nach allen Himmelsrichtungen aufstiegen.

«Zum Teufel, was soll denn das heißen?» kreischte sie.

«Hinten herum!» rief ich. «Fahren Sie hinten herum!»

Aber sie stoppte scharf bei der ersten

Pumpe, und bevor wir sie erreichen konnten, hatte sie das weinende Kind aus dem Wagen gerissen.

«Nein, nein!» schrie Claud, auf sie zustürzend. «Nehmen Sie den Jungen nicht hoch! Setzen Sie ihn hin! Halten Sie das Laken fest!»

Bessie hörte gar nicht auf ihn, und da der Gegendruck des Kindes auf einmal fehlte, quoll eine ganze Wolke von Fasanen aus dem Wagen, mindestens fünfzig bis sechzig große braune Vögel, die wild mit den Flügeln schlugen, um höher in die Luft zu steigen.

Verzweifelt mit den Armen fuchtelnd, liefen Claud und ich hin und her und versuchten, sie von dem Grundstück zu verscheuchen. «Fort mit euch!» schrien wir. «Husch, husch!» Die Fasanen nahmen jedoch keine Notiz von uns; sie waren noch halb betäubt. Es dauerte kaum dreißig Sekunden, da kamen sie wieder herunter und ließen sich wie ein Heuschreckenschwarm auf meine Tankstelle nieder. Alles war voll von ihnen. Flügel an Flügel saßen sie auf den Dachrändern und auf dem Schutzdach über den Pumpen. Etwa ein Dutzend Vögel hatten sich auf dem Sims unseres Bürofensters zusammengedrängt. Einige hockten zwischen den Schmierölflaschen, andere rutschten auf den Motorhauben meiner Gebrauchtwagen herum. Ein Fasanenhahn mit prächtigem Schwanz thronte stolz auf einer Benzinpumpe, und viele, die noch zu betäubt waren, sich aufzuschwingen, saßen mit gesträubten Federn und blinzelnden kleinen Augen im Kies zu unseren Füßen.

Auf der Straße hatte sich hinter dem Lastauto mit Ziegelsteinen und dem Lieferwagen bereits eine lange Wagenschlange gebildet. Leute kamen aus den Häusern, überquerten den Fahrdamm, um alles möglichst genau zu sehen. Ich schaute auf die Uhr. Zwanzig vor neun. Jeden Moment, dachte ich, kann sich vom Dorf her ein großer schwarzer Wagen nähern, und der Wagen wird ein Rolls-Royce sein, und das feiste, glänzende Gesicht hinter dem Lenkrad wird dem Brauereibesitzer Mr. Victor Hazel gehören.

«Sie haben ihn ganz zerpickt!» rief Bessie und preßte das schreiende Kind an ihren Busen.

«Gehen Sie nach Hause, Bessie», sagte Claud, der kreidebleich war.

«Schließ zu», befahl ich. «Häng das Schild raus. Wir sind heute nicht da.»

Inhaltsverzeichnis

Die Wirtin	7
William und Mary	27
Der Weg zum Himmel	85
Des Pfarrers Freude	113
Mrs. Bixby und der Mantel des Obersts	167
Gelée Royale	203
Georgy Porgy	259
Genesis und Katastrophe	313
Edward der Eroberer	327
Schwein	369
Der Weltmeister	413

Die Erzählungen «Die Wirtin» («The Landlady»),
«Der Weg zum Himmel» («The Way up to Heaven»),
«Edward der Eroberer» («Edward the Conqueror»)
und «Der Weltmeister» («The Champion of the World»)
erschienen ursprünglich in «The New Yorker»;

«Des Pfarrers Freude» («Parson's Pleasure»)
erschien im «Esquire Magazine»;

«Mrs. Bixby und der Mantel des Obersts»
(«Mrs. Bixby and the Colonel's Coat») in «Nugget»;

«Genesis und Katastrophe» («Genesis and Catastrophe»)
unter dem Titel «A Fine Son» in «Playboy».

Von Roald Dahl erschienen ferner: «... steigen aus... maschine brennt...» (rororo Nr. 868), «Der krumme Hund» (rororo Nr. 959), «Ich sehe was, was du nicht siehst» (rororo Nr. 5362), «Onkel Oswald und der Sudan-Käfer» (rororo Nr. 5544), «Boy. Schönes und Schreckliches aus meiner Kinderzeit» (rororo Nr. 5693), «Konfetti» (rororo Nr. 5847), «Im Alleingang. Meine Erlebnisse in der Fremde» (rororo Nr. 12182), «Roald Dahl's Buch der Schauergeschichten» (rororo Nr. 12629), «Mein Freund Claud» (rororo Nr. 12764), «Der Zauberfinger» (rotfuchs Nr. 422), «James und der Riesenpfirsich» (rotfuchs Nr. 433), «Hexen hexen» (rotfuchs Nr. 587), «Die Zwicks stehen kopf» (rotfuchs Nr. 609), «Der fantastische Mr. Fox» (rotfuchs Nr. 615), «Das riesengroße Krokodil» (Rowohlt 1978), «Das Wundermittel» (Rowohlt 1982), «Georgy Porgy. Gesammelte Erzählungen» (Rowohlt 1983), «Charlie und die Schokoladenfabrik / Charlie und der große gläserne Fahrstuhl» (Wunderlich 1987), «Matilda» (Wunderlich 1989), «Die Prinzessin und der Wilderer» (Wunderlich 1989), «Reimtopf» (Wunderlich 1990), «Ottos Geheimnis» (Wunderlich 1991), «Das Konrädchen bei den Klitzekleinen» (Wunderlich 1992) und «Die Giraffe, der Peli und ich» (Wunderlich 1993) und «Durch das Jahr mit Roald Dahl» (Wunderlich 1994).

Bestseller

Ab 1994 erscheinen bei rororo **Bestseller** aus Belletristik und Sachbuch auch in **großer Druckschrift.**

Rosamunde Pilcher
Karussell des Lebens *Roman*
rororo Großdruck 33100
Lichterspiele *Roman*
rororo Großdruck 33101
Sommer am Meer *Roman*
rororo Großdruck 33102

Christian Graf von Krockow
Die Deutschen in ihrem Jahrhundert *1890-1990*
rororo Großdruck 33103

Peter Lauster
Die Liebe *Psychologie eines Phänomens*
rororo Großdruck 33104

Marga Berck
Sommer in Lesmona
rororo Großdruck 33105
(Juni 1994)

Ernest He mingway
Der alte Mann und das Meer
Roman
rororo Großdruck 33106
(Juli 1994)

Oliver Sacks
Der Tag, an dem mein Bein fortging
rororo Großdruck 33107
(August 1994)

Robert Musil
Drei Frauen *Roman*
rororo Großdruck 33108
(September 1994)

Kathleen Gose/Gloria Levi
Wo sind meine Schlüssel?
Gedächtnistraining in der zweiten Lebenshälfte
rororo Großdruck 33109

rororo Großdruck

Die Reihe **rororo Großdruck** wird monatlich mit jeweils einer Neuerscheinung fortgesetzt.

3455/3

Rabenschwarz

Roald Dahl
Roald Dahl's Buch der Schauergeschichten
(rororo 12629)
Die Zimmertemperatur sinkt? Nach Meinung des Experten Harry Price («Spukhäuser in England») ist das ein sicheres Anzeichen dafür, daß ein Gespenst im Raum ist. – Wer aber könnte ein besserer Führer durch die schaurige Welt der Geister sein als Roald Dahl, dessen literarische «Wechselbäder zwischen Gruseln und Schmunzeln» (Hessischer Rundfunk) bereits Millionen Lesern wohlige Schauer über den Rücken laufen ließen?

John Collier
Mitternachtsblaue Geschichten
(rororo 1559)
Diese fünfzehn merkwürdigen Geschichten sind Glanzstücke durchtriebenen Einfallsreichtums, funkelnden Witzes und teuflischer Pointen. «Mit den mitternachtsblauen Geschichten versüßt Collier die Lesestunden im fahlen Schein der Nachttischlampe... Zwischen Henry Slezar und Roald Dahl hat auch John Collier mit seinen doppelbödigen Geschichten einen festen Platz im Bücherregal.»
Berliner Morgenpost

Denk nichts Böses *Dreizehn neue mitternachtsblaue Geschichten*
(rororo 5751)
«Es gehört zu Colliers Talent, den Leser am Schluß seiner unterhaltsamen Kurzgeschichten jedesmal zu verblüffen.»
Hessische Allgemeine

Harry Kressing
Der Koch *Roman*
(rororo 12300)
Wer Kochrezepte sucht, der wird sie in diesem Buch nicht finden. Was jene Gestalt, die sich in dem Städtchen Cobb als Koch verdingt, unter den Mitgliedern zweier Familien mit ihren Künsten anrichtet, das darf mit Fug als Satanswerk bezeichnet werden. Dabei beginnt alles ganz harmlos...
«Ein Musterstück schwarzer Unterhaltung!»
Die Zeit

rororo Unterhaltung

Lesebücher

Bücher für jeden Geschmack und viele Gelegenheiten. Zum Geburtstag oder als kleine Aufmerksamkeit zwischendurch. Für Urlaub, Freizeit und lange Lese–Nächte.

Lesebuch der Freunschaft
(rororo 13100)
«Ein Freund ist ein Mensch, vor dem man laut denken kann.»
R. W. Emerson

Lesebuch der Liebe
(rororo 13102)
In diesem Band spiegeln sich die vielen Facetten der Liebe wider – vom ersten spielerischen Verliebtsein bis zu den Herausforderungen der großen Liebe.

Lesebuch des schönen Schauders
(rororo 43050)

Lesebuch «Gute Besserung!»
(rororo 13103)

Lesebuch Perlen der Lust
(rotfuchs 13104)

Lesebuch für Katzenfreunde
(rororo 13101)
Nicht nur humorvolle oder spannende Geschichten von Katzen–Freunden für Katzenfreunde, in denen die Spezies Mensch nicht selten entlarvt wird.

Thriller Lesebuch
(rororo43051)

Lesebuch der «Neuen Frau»
Araberinnen über sich selbst
(rororo 13106)

Rotfuchs–Lesebuch Kinder, Kater & Co.
(rororo 20642)

Schmunzel Lesebuch
(rororo 13105)
In sieben Kapiteln werden hier Texte von mehr als 35 berühmten Autoren präsentiert – von «Klassikern» wie Kurt Tucholsky, James Thurber, Karel Capek, Alfred Polgar und Frank Wedekind ebenso wie von modernen Autoren à la Robert Gernhardt, Richard Rogler, James Herriot und Wolfgang Körner.

rororo Unterhaltung

Romane und Erzählungen

Barbara Taylor Bradford
Bewahrt den Traum *Roman*
(rororo 12794 und als gebundene Ausgabe im Wunderlich Verlag)
Eine bewegende Familiensaga: die Erfolgsautorin erzählt mit Charme und Einfühlungsvermögen vor allem die Geschichte zweier Frauen, die sich ihren Platz in einer männlichen Welt erkämpfen.
Und greifen nach den Sternen
Roman
(rororo 13064)
Wer Liebe sät *Roman*
(rororo 12865 und als gebundene Ausgabe im Wunderlich Verlag)

Barbara Chase-Riboud
Die Frau aus Virginia *Roman*
(rororo 5574)
Die mitreißende Liebesgeschichte des amerikanischen Präsidenten Thomas Jefferson und der schönen Mulattin Sally Hemings.

Marga Berck
Sommer in Lesmona
(rororo 1818)
Diese Briefe der Jahrhundertwende, geschrieben von einem jungen Mädchen aus reichem Hanseatenhaus, fügen sich zusammen zu einem meisterhaften Roman zum unerschöpflichen Thema erste Liebe.

Diane Pearson
Der Sommer der Barschinskys
Roman
(rororo 12540)
Die Erfolgsautorin von «Csárdás» hat mit diesem Roman wieder eines jener seltenen Bücher geschrieben, die eigentlich keine letzte Seite haben dürften.

rororo Unterhaltung

Dorothy Dunnett
Die Farben des Reichtums
Der Aufstieg des Hauses Niccolò. Roman
656 Seiten. Gebunden im Wunderlich Verlag und als rororo 12855
«Spionagethriller, Liebesgeschichte, spannendes Lehrbuch (wie lebten die Menschen vor 500 Jahren?) - einer der schönsten historischen Romane seit langem.» *Brigitte*
Der Frühling des Widders
Die Machtentfaltung des Hauseses Niccolò. Roman
640 Seiten. Gebunden im Wunderlich Verlag
Das Spiel der Skorpione
Niccolò und der Kampf um Zypern. Roman
784 Seiten. Gebunden im Wunderlich Verlag

Marti Leimbach
Wen die Götter lieben *Roman*
272 Seiten. Gebunden im Wunderlich Verlag und als rororo 13000
Das Buch zum Film «Entscheidung aus Liebe». Die Geschichte von Hilary und Viktor.

Rowohlt im Kino

John Updike
Die Hexen von Eastwick
(rororo 12366)
Updikes amüsanten Roman über Schwarze Magie, eine amerikanische Kleinstadt und drei geschiedene Frauen hat George Miller mit Cher, Susan Sarandron, Michelle Pfeiffer und Jack Nicholson verfilmt.

Hubert Selby
Letzte Ausfahrt Brooklyn
(rororo 1469)
Produzent: Bernd Eichinger
Regie: Uli Edel
Musik: Mark Knopfler

Alberto Moravia
Ich und Er
(rororo 1666)
Ein Mann in den Fallstricken seines übermächtigen Sexuallebens – erfolgreich verfilmt von Doris Doerrie.

Paul Bowles
Himmel über der Wüste
(rororo 5789)
«Ein erstklassiger Abenteuerroman von einem wirklich erstklassigen Schriftsteller.»
Tennessee Williams
Ein grandioser Film von Bernardo Bertolucci mit John Malkovich und Debra Winger

John Irving
Garp und wie er die Welt sah
(rororo 5042)
Irvings Bestseller in der Verfilmung von George Roy Hill.

Alice Walker
Die Farbe Lila
(rororo neue frau 5427)
Ein Steven Spielberg-Film mit der überragenden Whoopi Goldberg.

rororo Unterhaltung

Henry Miller
Stille Tage in Clichy
(rororo 5161)
Claude Chabrol hat diesen Klassiker in ein Filmkunstwerk verwandelt.

Oliver Sacks
Awakenings – Zeit des Erwachens
(rororo 8878)
Ein fesselndes Buch – ein mitreißender Film mit Robert de Niro.

Ruth Rendell
Dämon hinter Spitzenstores
(rororo thriller 2677)
Rendells atemberaubender Thriller wurde jetzt unter dem Titel «Der Mann nebenan» mit Anthony Perkins in der Hauptrolle verfilmt.

Marti Leimbach
Wen die Götter lieben
(rororo 13000)
Das Buch zum Film «Entscheidung aus Liebe» mit Julia Roberts und Campbell Scott in den Hauptrollen.

Literatur für KopfHörer

Wer nicht lesen will, kann hören - eine Auswahl von Rowohlt's Hörcassetten:

Simone de Beauvoir
Eine gebrochene Frau
Erika Pluhar liest
2 Toncassetten im Schuber
(66012)

Wolfgang Borchert
Erzählungen
Marius Müller-Westernhagen liest
Die Hundeblume. Nachts schlafen die Ratten noch. Die Küchenuhr. Schischyphusch
1 Toncassette im Schuber
(66011)

Albert Camus
Der Fremde
Bruno Ganz liest
3 Toncassetten im Schuber
(66024)

Truman Capote
Frühstück bei Tiffany
Ingrid Andree liest
3 Toncassetten im Schuber
(66023)

Roald Dahl
Küßchen, Küßchen!
Eva Mattes liest
Die Wirtin. Der Weg zum Himmel. Mrs. Bixby und der Mantel des Obersten
1 Toncassette im Schuber
(66001)

Louise Erdrich
Liebeszauber
Elisabeth Trissenaar liest
Die größten Angler der Welt
2 Toncassetten im Schuber
(66013)

Elke Heidenreich
Kolonien der Liebe
Elke Heidenreich liest
1 Toncassette im Schuber
(66030)

Jean-Paul Sartre
Die Kindheit des Chefs
Christian Brückner liest
3 Toncassetten im Schuber
(66014)

Henry Miller
Lachen, Liebe, Nächte
Hans Michael Rehberg liest
Astrologisches Frikassee
2 Toncassetten im Schuber
(66010)

Vladimir Nabokov
Der Zauberer
Armin Müller-Stahl liest
2 Toncassetten im Schuber
(66005)

Kurt Tucholsky
Schloß Gripsholm
Uwe Friedrichsen liest
4 Toncassetten im Schuber
(66006)

rororo Toncassetten werden produziert von Bernd Liebner. Ein Gesamtverzeichnis der Reihe finden Sie in der *Rowohlt Revue*. Jedes Vierteljahr neu. Kostenlos in Ihrer Buchhandlung.

rororo